JN412446

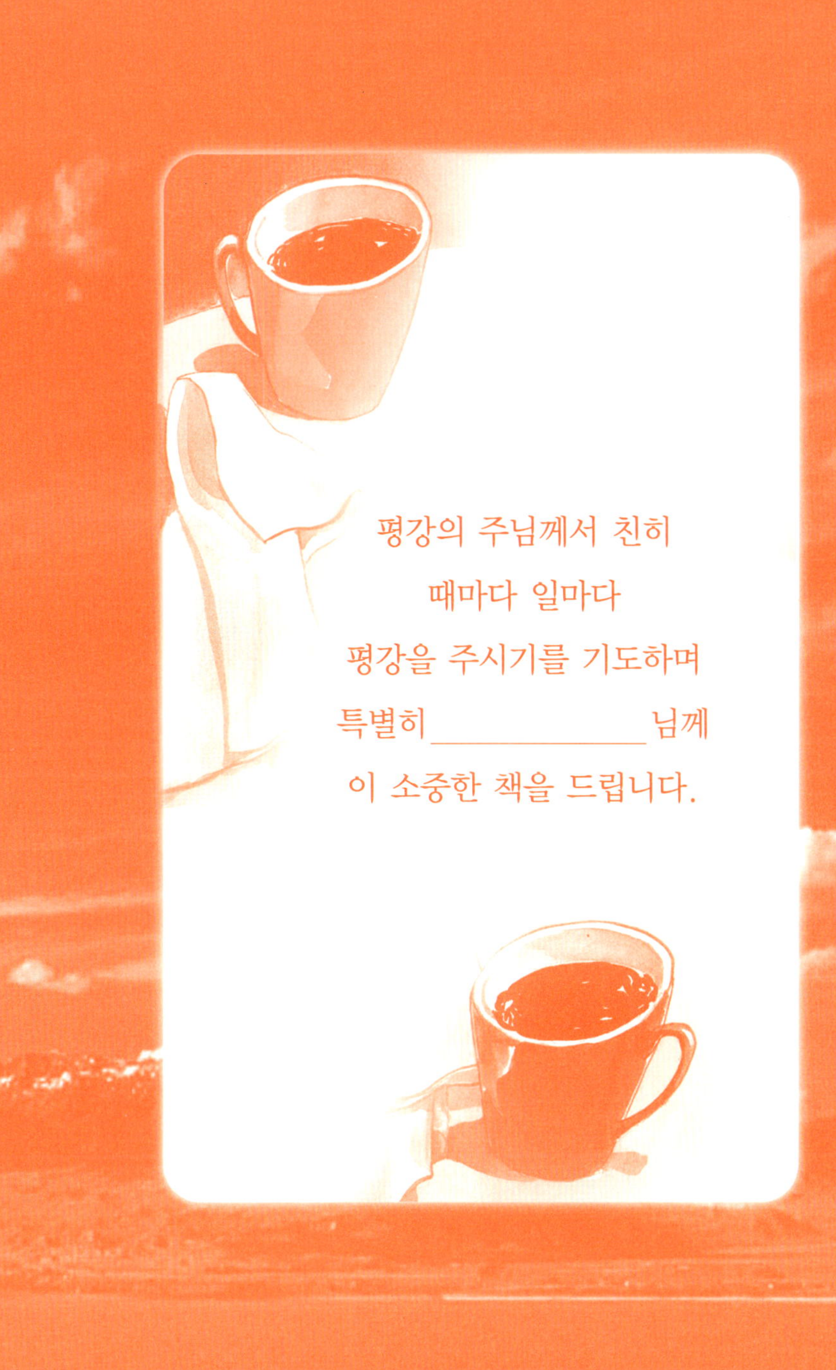
평강의 주님께서 친히
때마다 일마다
평강을 주시기를 기도하며
특별히______________님께
이 소중한 책을 드립니다.

매기 성경본문 주석 강해서

창세기 26-50장

편역 겸 방송 / 송용필 목사

나침반

성경을 간결하면서도 명쾌하게 강해한 책

성경의 권위가 큰 도전을 받고 있는 이 시대를 안타까워 하며, "영감된 하나님의 말씀"인 성경의 권위를 회복하고 성경을 연구해야 할 필요를 절실히 느끼던 때에, 국제 종교 방송인대회(NRB)에서 『THRU THE BIBLE』 관계자들을 만나게 되었습니다. 그리하여 그 동안 극동방송을 통해 매일 30분씩 버논 매기 박사에 의해 영어로 방송되던 『THRU THE BIBLE』 방송을 중단하고, 한국실정에 맞게 내용을 보충하여 한국어로 『매기 성경 본문 강해』 방송을 시작하게 되었습니다.

복음주의자로, 세계적인 방송 설교가로, 목회자로, 교수로, 저술가로, 우리 한국에도 잘 알려진 J. V. 매기 박사는 성경에 대한 독특하면서도 깊은 통찰력을 가지고 있으며, 성경을 간결하면서도 명쾌하게 강해하는 귀한 분으로서 전 세계 복음주의자들에게 큰 존경을 받고 있습니다.

이 책은 극동방송에서 매일 30분씩 방송한 『매기 성경 본문 강해』를 많은 애청자들의 요청에 의하여, 발간하게 되었습니다. 그 동안 방송에서 느낄 수 없었던 강해의 체계성과 말씀의 깊은 뜻을 책을 통해 보다 잘 음미할 수 있을 것이라 확신합니다.

서 론

창세기는 성경을 시작하는 중요한 두 권의 책 가운데 하나입니다. 이 두 권은 구약성경의 첫번째 책인 창세기와 신약성경의 첫번째 책인 마태복음으로서, 성경 전체를 이해하는 데 없어서는 아니 될 가장 중요한 부분이라고 생각합니다.

본 창세기를 연구하기 전에 필자는 당신에게 먼저 창세기 전체를 읽을 것을 권합니다. 한 번에 그것을 통독한다면 더욱 좋을 것입니다. 필자는 이것이 당신에게 쉽지 않은 일이라는 것을 인정합니다. 사실은 필자도 한 번에 창세기를 전부 읽지 못했으니까요. 필자는 그것을 여러 차례 나누어서 읽었읍니다. 그러나 만약 당신이 한 자리에서 창세기를 전부 읽을 수만 있다면 그것은 창세기를 연구하는 데 아주 유익할 것입니다.

이제 필자는 창세기의 전체 내용을 조명할 수 있는 조감도를 제시하겠읍니다. 사실 창세기는 성경 전체와 밀접하게 관련되어 있기 때문에 당신이 특별히 유의해야 할 사항이 몇 가지 있읍니다. **창세기에**

는 처음으로 설명되고 있는 것들이 많이 있읍니다. 예를 들면 창조, 인간, 여자, 죄, 안식일, 결혼, 가족, 노동, 문명, 문화, 살인, 제사, 족속, 언어, 구원 그리고 성읍 등입니다.

창세기에는 또한 특별히 자주 쓰이고 있는 표현들이 있읍니다. 예를 들어 "…의 후예는 이러하니라"와 같은 표현입니다. 왜냐하면 창세기에는 초기 가족의 역사가 기록되어 있기 때문입니다. 우리가 여기에서 시작되고 있는 조상들의 후손이라는 점에서 그것은 우리에게 중요합니다.

창세기에는 매우 재미있는 인물들의 이야기가 많이 나타나고 있읍니다. 따라서 어떤 사람은 이 책을 「전기서」(傳記書)라고도 부릅니다. 아브라함, 이삭, 야곱, 요셉, 바로, 그리고 요셉을 제외한 야곱의 11명의 아들이 나옵니다. 하나님께서는 아브라함, 이삭, 야곱 그리고 요셉을 계속 축복하십니다. 그들 외에 그들과 관계된 롯, 아비멜렉, 보디발, 술 맡은 자와 바로도 하나님의 축복을 받습니다.

창세기에는 또한 언약에 대해 많이 언급되고 있읍니다. 하나님께서는 족장, 그 중에서도 특별히 아브라함에게 자주 나타나셨읍니다. 본 책에서는 또한 제단을 많이 찾아볼 수 있으며, 또한 가정에서 서로 질투하는 모습을 발견하게 됩니다. 그리고 다른 곳에서는 나타나지 않는 애굽이 사건의 배경이 되기도 합니다. 또 여기에는 죄에 대한 심판이 언급되어 있으며, 하나님께서 섭리하시는 역사가 분명하게 설명되어 있읍니다.

우리는 본서를 연구하면서 몇 년 전에 브라우닝(Browning)이 어느 문법학자가 쓴 조문(弔文)을 평가하며 기록한 몇 구절을 기억할 필요가 있읍니다.
"먼저 전체적인 것을 개괄적으로 생각한 다음에 각 부분을 나누기 시작하라. 즉, 땅을 파고 철근을 세우고 벽돌을 쌓기 전에 먼저 건물 전체의 구조를 구상하고 곰곰이 생각하라."

바꾸어 말하면 이 책의 전체 개요를 파악하라는 것입니다. 저는 학생들에게 **성경 연구법**에는 두 가지 방법이 있다고 이야기합니다. 하나는 **망원경적인 연구 방법**이고, 다른 하나는 **현미경적인 연구 방법**입니다. 처음에는 망원경적인 관찰법으로 보는 것이 필요합니다. 그리고 난 다음에는 현미경적인 방법으로 연구해야 할 줄로 압니다. 한때 영국의 위대한 설교가였던 로빈슨(Robinson)은 필자가 오늘날 교인들의 마음 속에 깊이 심어주고자 하였던 말을 다음과 같이 하고 있습니다.

> 우리는 지금 책의 홍수 시대 속에서 살고 있다. 책들은 우리를 위하여 점차 엄청난 숫자로 인쇄기에서 쏟아져 나오고 있다. 그리고 우리는 항상 소책자, 교과서, 신문의 사설, 경건서적, 비평서, 그리고 성경과 복음에 대한 책 들을 읽고 있으며, 그 모든 책은 게걸스럽게 꿀꺽 꿀꺽 삼켜지고 있다. 그러나 진정 우리가 복음 그 자체에 대하여 생각하는 일에는 얼마나 많은 시간과 노력을 바치고 있는가? 우리는 진리에 대하여 설명한 비교적 손쉽게 구입할 수 있는 현대 서적을 읽을 때, 보다 빨리 유익을 얻을 수 있다고 생각하게 되는 유혹을 끊임없이 받고 있다. 왜냐하면, 그러한 책들이 우리가 교육받은 대로 잘 정리된 형태로서 우리의 입장에서 문제를 제시해 주며 또 우리가 그러한 것에 익숙해져 있기 때문이다. 그러나 우리가 쉽게 얻는 유익은 우리 자신의 내면에 깊은 영향을 주지 못하며 영원히 남지 않는다. 노력이 없이는 진정 가치있는 것을 얻을 수 없다. 우리가 자연의 위대한 진리를 깨닫는 것은 결코 쉽게 되어지는 것이 아니다. 은혜의 보화를 찾기 위해서는 마치 값진 진주를 찾는 사람과 같이 자신이 가지고 있는 기술과 노력을 다 기울여야 한다.
>
> —『목회자의 사생활』(*The Personal Life of the Clergy,* Robinson) 중에서

필자는 위의 진술에 전적으로 동감입니다. 왜냐하면 성경은 다른 책들로서는 도저히 할 수 없는 방법으로 우리 마음 가운데 말씀하고 있다고 믿기 때문입니다. 그러므로 본 연구에서는 성경 본문을 책에 수록하였읍니다. 오늘날 새로운 성경 번역이 계속해서 나오고 있읍니다. 사실, 그것은 마치 토끼가 번식하듯이 빠른 속도로 대량 출판되고 있읍니다. 그러나 필자는 『개역 한글성경』을 사용하고자 합니다. 저는 원래의 독특한 표현을, 오늘날 사용하고 있는, 깊은 뜻이 없고 불명확하며 무미건조한 말로 바꾸어 평범하게 표현하는 것을 반대합니다.

창세기의 대략의 구분

만약 당신이 창세기를 크게 두 부분으로 나누고자 한다면, 어디를 중심하여 나누겠읍니까? 처음부터 11 장까지가 하나의 전체를 이루고, 12 장부터 50 장까지가 또 하나의 다른 부분을 이루고 있음에 주의하십시오. 이 두 부분은 여러 면에서 서로가 다릅니다. 첫번째 부분(1–11 장)에는 창조에서 아브라함까지의 역사가 나오며, 두번째 부분(12–50 장)에는 아브라함에서 요셉까지의 역사가 기록되었읍니다. 첫째 부분에서는 대주제로서, 창조(Creation), 타락(Fall), 홍수(Flood), 바벨탑(Tower of Babel) 등이 다루어지고 있는데 그것은 지금까지도 사람들의 깊은 연구 대상으로 남아있는 문제들입니다. 그리고 둘째 부분에서는 개인에 대한 것으로, 믿음의 사람 아브라함, 사랑받는 아들 이삭, 택함과 고통을 받는 야곱, 그리고 고난을 받았으나 나중에 영광을 누리는 요셉이 다루어지고 있읍니다.

이것이 창세기의 대략의 구분이지만, 보다 중요한 의미에서 구분할 수 있는 것이 있읍니다. 그것은 기간에 따른 구분입니다. 처음 11 장까지의 내용은 최소한 2 천년 동안의 기간에 대한 이야기입니다. 저는 그것을 수 천년의 기간이 될지도 모른다고 말하는 것이 안전하다고 생각합니다. 저는 창세기의 첫번째에 해당하는 이 부분은 당신이 과거 어느 시기에 일어난 사건을 설명하든지 그 기간을 다 포함할 수 있으며 오히려 그것으로도 부족하다고 생각합니다. 우리는 창세기의 처음 열한 장이 최소한 2 천년 동안의 역사를 다루고 있으며 두 번째 부분인 나머지 서른 아홉 장은 단지 350 년 동안의 역사가 기록되어 있는 것을 알 수 있읍니다. 사실 창세기 12 장부터 구약성경과 신약성경의 전체를 포함한 기간은 이천 년 밖에 되지 않습니다. 그러므로 시간적인 문제만 놓고 본다면 당신이 창세기의 처음 11 장까지만을 설명한다 해도 성경 전체 기간의 반을 다루는 셈이 됩니다.

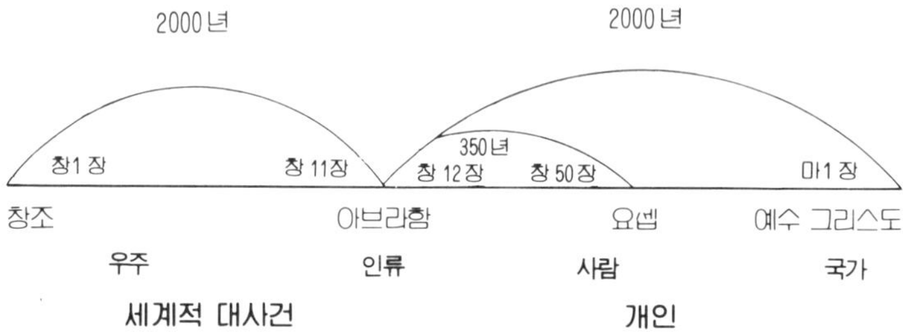

이것은 하나님께서 우리에게 창세기의 첫째 부분을 주실 때에 어떤 분명한 목적을 가지고 계셨다는 것을 당신 마음 가운데 시사하고 있읍니다. 당신은 하나님께서 성경의 첫째 부분에 강조점을 두고 있다고 생각합니까, 아니면 그 나머지 부분에 강조점을 두고 있다고 생각합니까? 하나님께서는 나머지 부분을 강조하고 계시다는 것이 분명하지 않습니까? 그것은 첫째 부분에서는 우주와 창조를 다루고 계시지만 나머지 부분에서는 인간, 국가와 예수 그리스도에 대하여 다루고 있기 때문입니다. 하나님께서는 우주의 모든 창조 세계보다도 아브라함에게 더 많은 관심을 갖고 계셨읍니다. **하나님께서는 모든 물질 세계보다도 당신에게 더 많은 관심과 가치를 부여하십니다.**

이것에 대하여 한 가지 예를 들어 봅시다. 4 복음서의 89 장 가운데서 4 장만이 예수 그리스도의 생애 중 초기 30 년을 이야기하고 있을 뿐 나머지 85 장이 그분의 3 년 동안의 공생애에 대하여 설명하고 있습니다. 그 가운데 27 장은 그분의 생애 최후 8 일 동안에 일어난 사건에 대하여 기록하고 있습니다. 그러면 하나님의 성령께서 과연 강조점을 두고 있는 곳이 어디라고 생각합니까? 저는 하나님의 주된 관심이 27 장이 설명하고 있는 그분의 마지막 8 일 동안에 있다는 사실에 당신이 동의하리라고 확신합니다. 그러면 거기에서 다루고 있는 모든 내용은 무엇입니까? 그것은 예수 그리스도의 죽음과 장사 그리고 부활에 대한 것입니다. 그것은 복음서의 중요한 부분이 됩니다. 다시 말하여 하나님께서는 우리의 죄를 위하여 죽으시고 우리를 의롭다 하시기 위하여 부활하셨다는 것을 당신으로 하여금 믿게 하시려고 복음을 주셨읍니다. 그것이 핵심적인 내용입니다. 그것이 가장 중요한 진리입니다.

창세기의 처음 열한 장은 성경 전체에 대한 단순한 서론이라고 말할 수 있읍니다. 따라서 우리는 그것을 그와 같은 관점에서 보는 것이 필요합니다. 그러나 그것이 우리가 처음의 열한 장을 과소평가하자는 것은 아닙니다. 사실 우리는 그 부분에 많은 지면과 시간을 할애할 것입니다.

창세기는 성경의 "모판"이라 할 수 있으며, 여기에서 우리는 만물의 시작과 근원, 탄생을 발견합니다. 창세기는 마치 아름다운 장미꽃의 봉우리와도 같으며, 성경이 시작되는 관문이기도 합니다. 그리고 성경의 모든 진리가 바로 여기에서 시작됩니다.

창세기를 분해하는 가장 좋은 방법 가운데 하나는 계보, 즉 가족에 따라 나누는 것입니다.

창 1:1–2:6 천지의 계보
창 2:7–6:8 아담의 계보
창 6:9–9:29 노아의 계보

창 10:1–11:9 노아의 아들들의 계보
창 11:10–26 셈의 아들들의 계보
창 11:27–25:11 데라의 계보
창 25:12–18 이스마엘의 계보
창 25:19–35:29 이삭의 계보
창 36:1–37:1 에서의 계보
창 37:2–50:26 야곱의 계보

이것은 모두 창세기에 나타나 있는 것입니다. 이처럼 창세기는 가족의 역사에 대한 책이기도 합니다. 창세기는 매우 훌륭한 책이며 또한 우리가 이러한 관점에서 창세기를 연구할 때 많은 도움이 될 것입니다.

창세기의 개요

1. 이 세상에 죄가 들어옴(1-11장)

1 창조(1–2 장)

1. 천지(1:1)
   "창조하다"(bara)란 말이 3 번만 나옴(1,21,27 절)
2. 땅이 혼돈하고 공허함(1:2)
3. 재창조(1:3–2:25)
   (1) 첫째 날-빛(1:3–5)
   (2) 둘째 날-궁창(1:6–8)
   (3) 세째 날-마른 땅과 식물(1:9–13)
   (4) 네째 날-일(日), 월(月), 성신(星辰)(1:14–19)
   (5) 다섯째 날-물고기와 새(1:20–23)
   (6) 여섯째 날-각 창조물을 번성케 하심과 인간 창조(1:24–31)
   (7) 일곱째 날-안식을 취하심(2:1–3)
   (8) 인간 창조에 대한 재설명(2:4–25)〔반복의 법칙〕

2 타락(3–4 장)

1. 죄의 기원–하나님께 대한 불신과 불순종
2. 죄의 결과–"마음에서 나오는 것은 … 살인과 …"(마 15:19)

3 홍수(5–9 장)

1. 셋을 통한 아담의 계보
   인류 역사의 시작–사망 일람표(5 장)
2. 홍수 이전의 문명–홍수의 원인과 방주의 건조(6 장)
3. 홍수 심판(7 장)
4. 홍수 이후의 문명(8 장)
5. 홍수 이후의 생활(9 장)

4 바벨탑과 언어의 혼잡(10–11 장)

1. 노아 자손의 계보(10 장)
2. 바벨탑(11 장)

2. 온 인류의 구세주의 오심에 대한 준비(12-50장)

1 믿음의 조상 아브라함(12–23 장)

(하나님께서 일곱 번 나타나심으로 믿음이 발전)

1. 아브람의 소명과 약속 - 그의 불신앙적 응답(12 장)
2. 아브람이 애굽을 떠나 가나안 땅으로 돌아감 - 롯과 헤어짐 - 하나님께서 아브람에게 세번째 나타나심(13 장)
3. 첫번째 전쟁 - 아브람이 롯을 구함 - 첫번째 제사장 멜기세덱이 아브람을 축복(14 장)
4. 하나님께서 아브람에게 보다 완전하게 자신의 뜻을 나타내심 그분의 언약을 재확언(15 장)
5. 사래와 아브람의 의심 - 이스마엘의 출생(16 장)
6. 하나님께서 아브람과 언약을 맺으심(아브람에서 아브라함으로 바뀜) - 아브라함에게 아들을 주시겠다는 말씀을 다시 약속

(17 장)

7. 하나님께서 아브라함에게 소돔의 멸망을 예고하심 - 소돔의 백성들을 위한 아브라함의 간구(18 장)
8. 천사들이 롯에게 소돔을 떠날 것을 권함 - 롯이 소돔을 떠남 - 하나님께서 그 성들을 불과 유황으로 멸하심(19 장)
9. 아브라함이 그랄에서 사라와의 관계 때문에 다시 범죄(20 장)
10. 이삭의 출생 - 하갈과 이스마엘이 내어 쫓김 - 브엘세바에서의 아브라함(21 장)
11. 하나님께서 아브라함에게 이삭을 바치라고 명하심 - 그의 아들 이삭을 결박함 - 아브라함에게 언약을 다시 확인시키심 (22 장)
12. 사라의 죽음 - 아브라함이 묘지를 위하여 막벨라 굴을 구입 (23 장)

2 **사랑받는 아들 이삭**(24–26 **장**)

(그의 아내의 선택은 그리스도와 교회의 관계로 비유됨)

1. 아브라함이 이삭의 아내를 위하여 종을 보냄 - 리브가가 종과 함께 옴 - 이삭의 아내가 됨(24 장)
2. 아브라함의 죽음 - 이삭과 리브가로부터 쌍동이 에서와 야곱이 출생 - 에서가 야곱에게 장자권을 팖(25 장)
3. 하나님께서 이삭과의 언약을 확인시키심 - 이삭이 리브가와의 관계를 거짓으로 이야기함 - 이삭이 그랄에서 우물을 팜(26 장)

3 **야곱**(27–36 **장**)

(하나님께서 그를 사랑으로 연단시키심)

1. 에서에게 내릴 축복을 빼앗기 위한 야곱과 리브가의 공모 (27 장)
2. 야곱이 고향을 떠남 - 벧엘에서 하나님이 야곱에게 나타나심 -

아브라함에게 하셨던 언약을 다시 말씀하심(28 장)

3. 야곱이 하란에 도착 - 라헬과 외삼촌 라반을 만남 - 라헬을 위하여 봉사 - 속아, 레아와 먼저 결혼하게 됨(29 장)
4. 야곱의 아들들의 출생 - 야곱이 라반을 떠날 준비를 함 - 외삼촌과의 계약에서 야곱은 풍부하게 됨(30 장)
5. 야곱이 하란에서 도망함 - 라반이 그를 쫓아옴 - 야곱과 라반이 미스바에서 언약을 맺음(31 장)
6. 야곱의 생애에서의 위기 : 브니엘에서 어떤 사람과 씨름 - 야곱의 이름이 이스라엘로 바뀜(32 장)
7. 야곱이 에서를 만남 - 야곱이 세겜으로 감(33 장)
8. 야곱 가정의 수치 : 야곱의 딸 디나가 욕을 당함 - 오라비들이 하몰 사람을 살해하여 복수함(34 장)
9. 야곱이 벧엘을 재방문 - 라헬이 베들레헴에서 죽음 - 이삭이 헤브론에서 죽음(35 장)
10. 에돔 족속이 된 에서의 가족(36 장)

4 고난과 영광의 요셉(37–50 **장**)

1. 야곱이 가나안 땅에 거주 - 요셉이 노예로 팔림(37 장)
2. 유다의 범죄와 수치(38 장)
3. 애굽에서 당한 요셉의 굴욕(39–40 장)
   (1) 보디발의 집에 가정 총무가 됨 - 보디발의 아내의 유혹 - 보디발의 아내로부터 누명을 씀 - 투옥당함(39 장)
   (2) 감옥에서의 요셉 - 떡 굽는 자와 술 맡은 자의 꿈을 해석(40 장)
4. 애굽에서 고위직에 임명됨(41–48 장)
   (1) 바로의 꿈을 해석함 - 애굽의 총리가 됨 - 아스낫과 결혼함 - 므낫세와 에브라임의 출생(41 장)
   (2) 야곱의 열 아들이 양식을 구하려고 애굽으로 내려감 - 총리가 된 요셉을 알현함 - 시므온을 담보로 남김 - 양식과 반환된 돈뭉치를 가지고 귀향(42 장)

(3) 야곱이 베냐민과 함께 그의 아들들을 다시 애굽에 보냄-요셉의 집에서 환대를 받음〔그러나 요셉의 신분을 밝히지 않음〕(43 장)
(4) 요셉이 그의 형제들을 고향으로 돌려 보냄-청지기에게 체포됨-유다가 베냐민을 위해 변호함(44 장)
(5) 요셉이 형제들에게 자기 신분을 폭로함-형제들과의 감격적인 재결합-야곱과 그의 모든 가족을 애굽으로 부름(45 장)
(6) 야곱이 그의 가족(70 명)과 애굽으로 이주-야곱과 요셉의 재회(46 장)
(7) 야곱과 그 자손들이 고센 땅에 거주-바로를 만난 야곱-애굽 사람이 기근으로 인해 그들의 모든 땅을 요셉에게 팖-요셉이 야곱을 가나안 땅에 장사할 것을 약속함(47 장)
(8) 임종시 야곱이 요셉의 두 아들에게 축복(48 장)

5. 야곱과 요셉의 죽음 및 장사(49–50 장)
(1) 죽음을 앞둔 야곱의 열두 아들에 대한 축복과 예언(49 장)
(2) 야곱의 죽음과 가나안에서의 장사-요셉의 애굽에서의 죽음과 장사(50 장)

차 례

제 26 장

하나님께서 이삭과 언약을 맺으심 / 이삭이 리브가를 거짓 소개함 / 그랄에서 번영하는 이삭 / 그랄에서 우물을 파는 이삭 / 브엘세바로 이동하는 이삭 / 아비멜렉과 화친을 맺는 이삭

제가 꽤 오래 전에 목회할 때에는 창세기 26 장이 그렇게 흥미있어 보이지 않았었읍니다. 왜냐하면 흥미진진한 아브라함과 야곱의 이야기에 비해 본 장 전체에서 다루고 있는 이삭의 이야기는 별로 흥미로운 사건이 없기 때문입니다. 이 26 장 전체는 이삭이 우물을 파는 기록으로 일관되어 있읍니다. 그러나 몇년 후 제가 이 26 장을 자세히 연구해 보았을 때, 여기에는 평소에 우리가 깨닫지 못했던 귀한 교훈과 진리들이 있음을 알게 되었읍니다. 사실, 그것은 매우 중요한 멧세지입니다. 바울은 이 점을 매우 정확하게 지적합니다. "무엇이든지 전에 기록한 바는 우리의 교훈을 위하여 기록된 것이니 우리로 하여금 인내로 또는 성경의 안위로 소망을 가지게 함이니라" (롬 15:4).

본 장은 특별히 우리에게 인내심을 가져야 할 것을 가르치고 있읍니다. 사실 우리 주위에는 이 인내심이 꼭 필요한 사람들이 많이 있읍니다. 하지만 하나님께서는 우리에게 인내심만 요구하시는 것은 아닙니다. 하나님께서는 아브라함, 야곱, 다윗과 같이 인내심이 부족하고 호전적인 사람도 창조하셔서 사용하셨읍니다. 그럼에도 불구하고 이삭의 일생은 많은 사람들에게 귀한 신앙의 본이 되고 있읍니다. "모든 성경은 하나님의 감동으로 된 것으로 교훈과 책망과 바르게 함과 의로 교육하기에 유익하니 이는 하나님의 사람으로 온전케 하며 모든 선한 일을 행하기에 온전케 하려 함이니라"(딤후 3:16,17). 우리는 이 말씀을 잘 기억하면서 본 장을 대해야 하겠읍니다.

아브라함의 극진한 사랑을 받은 아들, 이삭은 하나님께로부터 그 아버지 아브라함이 받았던 것과 똑같은 언약의 말씀을 받았읍니다. 하지만 이삭은 그의 아버지 아브라함이 저지른 것과 똑같은 죄를 범합니다. 이어서 그는 그랄에서 우거하며 우물을 파는데, 이것은 그다지 흥미있는 장면은 못 되지만, 여기에는 중요한 교훈이 있읍니다.

하나님께서 이삭과 언약을 맺으심

"아브라함 때에 첫 흉년이 들었더니 그 땅에 또 흉년이 들매 이삭이 그랄로 가서 블레셋 왕 아비멜렉에게 이르렀더니"(1절).

이것은 성경에 언급된 두번째 흉년입니다. 당신은 아브라함 때에도 흉년이 들어 아브라함과 롯이 애굽으로 옮겨갔다는 것을 기억할 것입니다.

"여호와께서 이삭에게' 나타나 가라사대 애굽으로 내려가지 말고 내가 네게 지시하는 땅에 거하라"(2절).

하나님께서는 왜 이삭에게 애굽으로 내려가지 말라고 말씀하셨을까요? 그것은 이삭이 그 아버지 아브라함이 범했던 죄와 똑같은 죄를 저지르려고 했기 때문입니다. 참으로 부전자전(父傳子傳)이 아닐 수 없습니다. 우리는 세대차라는 것에 대해서 얼마든지 말할 수 있지만 죄에 있어서는 세대차가 있을 수 없습니다. 죄는 한 세대에서 다음 세대로 전승됩니다. 특별한 경우를 제외하고는 아버지가 범한 똑같은 과오를 자식이 저지르는 것이 일반적인 예입니다.

이 때문에 하나님께서는 기근이 일어나자 이삭에게 구체적으로 명령을 주셨읍니다. 그리고 이어서 아브라함에게 맺으셨던 언약을 다시금 이삭에게 재다짐해 주셨읍니다.

> "이 땅에 유하면 내가 너와 함께 있어 네게 복을 주고 내가 이 모든 땅을 너와 네 자손에게 주리라 내가 네 아비 아브라함에게 맹세한 것을 이루어 네 자손을 하늘의 별과 같이 번성케 하며 이 모든 땅을 네 자손에게 주리니 네 자손을 인하여 천하 만민이 복을 받으리라"(3, 4절).

하나님께서는 이삭에게 이처럼 이곳을 떠나 애굽으로 내려가지 말라고 말씀하신 후에 아브라함과 맺으셨던 세 가지 약속을 다시금 이삭과 해주셨읍니다. 첫째는 「땅」에 관한 약속으로 "이 모든 땅을 네 자손에게 주리니"라고 하셨고, 둘째는 「민족」에 관한 약속으로 "네 자손을 하늘의 별과 같이 번성케 하며"라고 하셨읍니다. 그리고 세째는 「복」에 관한 약속으로 "네 자손을 인하여 천하 만민이 복을 받으리라"고 말씀하셨읍니다.

> "이는 아브라함이 내 말을 순종하고 내 명령과 내 계명과 내 율례와 내 법도를 지켰음이니라 하시니라"(5절).

이때에는 하나님께서 모세의 율법을 베풀지 않으셨던 때입니다. 따라서 아브라함은 율법의 지배를 받지 않았었읍니다. 그러나 우리가 여기에서 깨달아야 할 중요한 사실은 아브라함이 하나님께서 그에게 말씀하시는 모든 것을 다 믿고 그대로 순종하여 행했다는 사실입니다. 그는 행함을 통하여 그의 믿음을 증시했읍니다.

오늘날 수많은 사람들이 그리스도인의 삶 속에 어떤 그리스도인다운 행함이 없다고 불평합니다. 얼마 전, 저에게 상담하러 온 한 여인이 자신은 신앙을 가지고 있으나 도무지 확신할 수 없으며 어떤 감정을 느낄 수 없다고 말하였읍니다. 그런 것은 불신앙이 아닙니까! 저는 곧 그녀의 삶 속에 행함이 없음을 깨달았읍니다. 그녀는 구석에서 손을 만지작거리며 "저는 믿습니다"라고 중얼거리며 어떤 거대한 일이 일어나기를 기대하며 앉아 있었을 뿐이었던 것입니다. 만약 당신이 지금 저에게, 저를 위하여 은행에 상당량의 돈을 예치해 두었다고 전화를 한다면 제가 그 말을 듣고도 가만히 앉아 있을 것이라고 생각합니까? 저는 아마 당신이 전화를 끊자마자 그 은행으로 달려갔을 것입니다. 믿음은 행함을 수반합니다. 믿음이란 당신이 믿는 것을 행동으로 옮기는 것입니다. 아브라함은 하나님을 믿었읍니다. 하나님께서는 이를 그에게 의로 여기셨읍니다. 하나님께서는 이제 이삭에게, 그도 아브라함과 같은 사람이 되기를 원하신다고 말씀하고 계십니다.

이삭이 리브가를 거짓 소개함

"이삭이 그랄에 거하였더니"(6절).

그랄은 남쪽 지방에 위치해 있었읍니다. 아브라함과 이삭은 그랄 땅 남부 지역에서 살았읍니다. 사실 아브라함은 그 전에는 세겜 땅 북쪽에서 산 적도 있었지만, 훗날 "만남의 장소"란 뜻인 헤브론 남부 지방에 와서 살다가 세상을 떠났읍니다.

> "그곳 사람들이 그 아내를 물으매 그가 말하기를 그는 나의 누이라 하였으니 리브가는 보기에 아리따우므로 그곳 백성이 리브가로 인하여 자기를 죽일까 하여 그는 나의 아내라 하기를 두려워함이었더라"(7절).

이삭은 이때 자기 아버지의 죄를 다시 되풀이합니다. 하나님께서는 그에게 애굽으로 가지 말라고 경고하셨습니다. 그래서 그는 애굽으로 가지 않고 대신 그랄로 갔습니다. 그런데 그는 그랄에 사는 사람들이 리브가에게 욕심을 내는 것을 알았습니다. 그래서 그는 리브가에게 "당신은 저들에게 나의 아내라 하지 말고 누이라 하시오"라고 미리 다짐해 두었습니다. 아브라함과 이삭의 사이에 차이점이 있다면 아브라함은 반쪽 거짓말을 했다는 것이고 이삭은 완전한 거짓말을 했다는 것입니다. 아뭏든 이삭은 전혀 근거없는 거짓말을 했습니다.

> "이삭이 거기 오래 거하였더니 이삭이 그 아내 리브가를 껴안은 것을 블레셋 왕 아비멜렉이 창으로 내다본지라"(8절).

그들은 아마 부부간에만 나눌 수 있었던 애정 표현을 했던 것 같습니다.

> "이에 아비멜렉이 이삭을 불러 이르되 그가 정녕 네 아내여늘 어찌 네 누이라 하였느냐 이삭이 그에게 대답하되 내 생각에 그를 인하여 내가 죽게 될까 두려워하였음이로다 아비멜렉이 가로되 네가 어찌 우리에게 이렇게 행하였느냐 백성 중 하나가 네 아내와 동침하기 쉬웠을뻔 하였은즉 네가 죄를 우리에게 입혔으리라"(9, 10절).

이삭 때문에 그랄 백성들은 하마터면 큰 죄를 범할 뻔했습니다. 그래서 아비멜렉은 이렇게 말했습니다.

> "아비멜렉이 이에 모든 백성에게 명하여 가로되 이 사람이나 그 아내에게 범하는 자는 죽이리라 하였더라"(11절).

아비멜렉은 이제 이삭과 매우 가까운 사이가 되었읍니다. 이삭은 아브라함처럼 그곳에서 좋은 대우를 받았읍니다. 하나님께서는 또 이렇게 저들을 지켜주셨읍니다.

그랄에서 번영하는 이삭

"이삭이 그 땅에서 농사하여 그 해에 백 배나 얻었고 여호와께서 복을 주시므로"(12절).

하나님께서는 이삭과 함께하셨읍니다. 하나님께서는 아브라함을 부르신 이후 계속해서 그의 자손들에게 이러한 은혜를 베푸셨읍니다. 그것은 땅 위에서의 복이었읍니다. 이후에 하나님께서 그들을 가나안 땅으로 인도하실 때 그분은 그들의 바구니를 축복하시겠다고 말씀하셨읍니다. 즉, 그 바구니는 온갖 소산으로 가득할 것이라고. 하나님께서는 그들이 당신과 교제하며 동행할 때 그 약속을 성실히 지키셨읍니다.

그러나 하나님께서 우리에게는 그러한 약속을 하시지 않았다는 것을 기억해야 합니다. 하나님께서 우리에게 약속하신 것은 영적 축복입니다. 따라서 그 영적인 복이 오늘날 우리의 분깃입니다. 그러나 우리가 영적인 축복을 누리는 것도 이삭이 하나님으로부터 복을 받았던 것과 똑같은 원리에서만 가능합니다. 즉, 우리는 하나님의 말씀에 순종할 때 그 영적인 축복을 받아 누릴 수 있읍니다. 만일 당신이 하나님의 뜻대로 순종하기만 한다면 그분께서는 당신의 영적 생활에 무한한 복을 기꺼이 주려고 하실 것입니다. 여기서 이삭은 하나님께로부터 물질적인 큰 복을 받습니다.

"그 사람이 창대하고 왕성하여 마침내 거부가 되어"(13절).

이삭은 농사를 지어 백배의 수확을 올렸고 또 하나님께서 내리시는 복으로 마침내 거부가 되었습니다. 이삭은 아브라함처럼 매우 훌륭한 사람이었습니다. 사실 우리는 이삭에 대해서는 이러한 사실을 잘 인식하지 못할 때가 많이 있습니다.

이삭과 아브라함의 생애 사이에 많은 유사점이 있다는 것은 매우 중요한 의미를 지니고 있습니다. 이삭의 출생과 그의 생애는 아브라함이 경험한 것과 뒤엉켜 있습니다. 이삭이 제물로 바쳐졌을 때 그것도 이삭과 아브라함의 공동 경험이었습니다. 그러면 왜 이렇게 아브라함과 이삭의 생애가 유사하게 나타났을까요? 우리가 이미 앞에서 살펴보았듯이 이것은 주 예수 그리스도와 아버지 간의 친밀함에 대한 매우 놀라운 예표를 나타냅니다. 예수께서는 이렇게 말씀하셨습니다.
"나를 본 자는 아버지를 보았거늘…"(요 14:9).
또한 예수께서는 대제사장으로서의 자신의 기도에서 이렇게 말씀하셨습니다.
"아버지께서 내게 하라고 주신 일을 내가 이루어…"(요 17:4).
또 그분은 이렇게 말씀하십니다.
"내 아버지께서 이제까지 일하시니 나도 일한다"(요 5:17).
그러므로 이삭의 이야기와 아브라함의 이야기가 서로 비슷하다는 것은 매우 타당한 일이라 하겠습니다.

"양과 소가 떼를 이루고 노복이 심히 많으므로 블레셋 사람이 그를 시기하여"(14절).

블레셋 사람들은 이삭이 이처럼 번영하는 것을 보고 도저히 그냥둘 수가 없었습니다.

"그 아비 아브라함 때에 그 아비의 종들이 판 모든 우물을 막고 흙으로 메웠더라"(15절).

아브라함은 전에 그곳에다가 많은 우물을 팠었읍니다. 이제 이삭이 다시 그곳에 거하게 되었기에 그 우물들은 이삭의 소유가 되었읍니다. 그런데 이삭이 어느 날 아침, 밖에 나가 보니까 모든 우물들이 메워져 있었읍니다. 그 범인들은 바로 블레셋 사람들이었읍니다. 이렇게 해서 블레셋 사람들의 적대 행위가 시작되었읍니다. 그들의 이러한 대적 행위는 다윗 시대까지 계속되었읍니다.

> "아비멜렉이 이삭에게 이르되 네가 우리보다 크게 강성한즉 우리를 떠나가라"(16절).

이때 이삭이 아비멜렉에게는 매우 두려운 인물이었다는 것을 주목할 필요가 있겠읍니다.

> "이삭이 그곳을 떠나 그랄 골짜기에 장막을 치고 거기 우거하며"(17절).

아비멜렉은 이삭에게 "당신 때문에 우리가 지금 많은 어려움을 겪고 있소. 그 해결책은 당신이 이곳을 떠나는 것 뿐이오"라고 말하였읍니다. 사실 아비멜렉은 이때 이삭을 매우 정중하게 대하였읍니다. 그러자 이삭은 그곳을 그의 부탁대로 떠났읍니다.

그랄에서 우물을 파는 이삭

이 때의 이삭의 태도는 어떻게 보면 아주 소극적인 것처럼 보입니다. 그러나 사실은 그렇지 않습니다. 그는 그의 아버지 아브라함이 거했던 곳으로 찾아갔던 것입니다.

> "그 아비 아브라함 때에 팠던 우물들을 다시 팠으니 이는 아브라함 죽은 후에 블레셋 사람이 그 우물들을 메웠음이라 이삭이 그 우물들의 이름

> 을 그 아비의 부르던 이름으로 불렀더라 이삭의 종들이 골짜기에 파서 샘 근원을 얻었더니 그랄 목자들이 이삭의 목자와 다투어 가로되 이 물은 우리의 것이라 하매 이삭이 그 다툼을 인하여 그 우물 이름을 에섹이라 하였으며"(18-20절).

이삭은 가는 곳마다 우물로 인해 계속 고통을 받았습니다. 저들은 계속 이삭의 우물을 빼앗았습니다.

저는 여기서의 물이 하나님의 말씀을 상징한다고 봅니다. 우리는 그 말씀을 심령 깊숙히 마셔야 하겠습니다. 성경은 "말씀의 우물"이라고 부를 수 있겠습니다. 그 말씀은 우리 영혼의 갈증을 해소하고 우리를 깨끗이 씻어줍니다. 예수께서는 당신의 말씀을 통하여만 우리가 깨끗하게 될 것이라고 말씀하셨읍니다.

물은 우리 생활 가운데서 없어서는 안 될 아주 중요한 것입니다. 물이 없다면 우리는 세상에서 살아갈 수 없읍니다. 당신이 비행기를 타고 아리조나와 뉴 멕시코 그리고 켈리포니아의 사막 위를 비행하면 넓은 건조지를 볼 수 있을 것입니다. 그러다가 갑자기 울창한 녹지대가 있는 것을 발견하고는 어떻게 된 영문일까 하고 깜짝 놀라게 될 것입니다. 그 유일한 이유는 녹지대에는 물이 있다는 것입니다.

물은 어느 교회에서나 하나님의 자녀들 간의 차이를 나타내 줍니다. 하나님의 말씀을 공부하는 신자들의 삶 속에는 그렇지 않은 자와 상당한 차이가 있으니까요. 그리고 거기에는 늘 싸움이 있기 마련입니다. 당신이 진실로 하나님의 말씀을 공부하려 한다면 당신은 대가를 지불해야 할 것입니다. 사단은 늘 당신이 하나님의 말씀을 공부하는 것을 방해하려 드니까요.

> "또 다른 우물을 팠더니 그들이 또 다투는고로 그 이름을 싯나라 하였으며 이삭이 거기서 옮겨 다른 우물을 팠더니 그들이 다투지 아니하였으므로 그 이름을 르호봇이라 하여 가로되 이제는 여호와께서 우리의 장소를 넓게 하셨으니 이 땅에서 우리가 번성하리로다 하였더라"(21,22절).

이삭은 우물의 이름을 『르호봇』(Rehoboth)이라 불렀는데, 그것은 "넓은 장소"라는 뜻입니다. 그는 전에도 우물을 팠으나 블레셋 사람들이 그것을 빼앗았읍니다. 이삭은 장소를 옮겨 가면서 우물을 팠으나 그때마다 그들은 그것을 빼앗았읍니다. 그럼에도 그는 계속 장소를 옮기면서 우물을 팠읍니다. 이것은 분명히 그가 온유하며 인내심이 강한 사람이었다는 것을 보여 줍니다. 시몬 베드로 같은 사람이었다면 결코 그렇게 하지 않았을 것입니다. 이삭은 인내의 사람이었읍니다. 우리는 이삭을 본받아 인내의 성품이 더욱 계발이 되어야 하겠읍니다.

브엘세바로 이동하는 이삭

"이삭이 거기서부터 브엘세바로 올라갔더니 그 밤에 여호와께서 그에게 나타나 가라사대 나는 네 아비 아브라함의 하나님이니 두려워 말라 내 종 아브라함을 위하여 내가 너와 함께 있어 네게 복을 주어 네 자손으로 번성케 하리라 하신지라"(23,24절).

하나님께서는 이삭에게 나타나셔서 그를 위로하셨읍니다. 하나님께서는 요셉만을 제외하고 모든 족장, 즉 아브라함과 이삭과 야곱에게 친히 나타나셨읍니다.

"이삭이 그곳에 단을 쌓아 여호와의 이름을 부르고 거기 장막을 쳤더니 그 종들이 거기서도 우물을 팠더라"(25절).

이삭은 이곳에서도 다시 우물을 팠읍니다. 우리는 아브라함이 사는 근처에서는 언제나 제단을 볼 수 있었듯이 이삭이 사는 근방에서는 언제나 우물을 볼 수 있읍니다.

아비멜렉과 화친을 맺는 이삭

> "아비멜렉이 그 친구 아훗삿과 군대장관 비골로 더불어 그랄에서부터 이삭에게로 온지라 이삭이 그들에게 이르되 너희가 나를 미워하여 나로 너희를 떠나가게 하였거늘 어찌하여 내게 왔느냐 그들이 가로되 여호와께서 너와 함께 계심을 우리가 분명히 보았으므로 우리의 사이 곧 우리와 너의 사이에 맹세를 세워 너와 계약을 맺으리라 말하였노라 너는 우리를 해하지 말라 이는 우리가 너를 범하지 아니하고 선한 일만 네게 행하며 너로 평안히 가게 하였음이니라 이제 너는 여호와께 복을 받은 자니라"(26-29절).

이삭은 그랄 사람들을 상대하는 데 있어 매우 유약(柔弱)하게 보였음에도 불구하고, 그랄 왕 아비멜렉은 그가 이삭과 좋은 관계를 맺기 위하여 브엘세바까지 이삭을 찾아 오지 않으면 안 되었습니다. 이처럼 그 땅에서 이삭이 가지고 있던 영향력이란 대단하였습니다.

> "에서가 사십세에 헷 족속 브에리의 딸 유딧과 헷 족속 엘론의 딸 바스맛을 아내로 취하였더니 그들이 이삭과 리브가의 마음의 근심이 되었더라"(34, 35절).

에서는 벌써 이방인과 결혼하는 모습을 보임으로써 아브라함의 씨가 될 수 없는 자임을 증시하고 있읍니다. 이제 우리는 다음 창세기 27장에서 야곱의 참 모습을 보게 될 것입니다.

제 27 장

> 에서에게 축복을 약속하는 이삭 / 야곱이 이삭을 속이도록 꾀하는 리브가 / 아버지를 속이는 야곱 / 속임수가 발각됨 / 라반에게 도피하는 야곱

본 장의 전체 주제는 “이삭의 축복을 받아내기 위한 야곱과 리브가의 연합 작전”이라고 할 수 있읍니다. 그것은 원래 이삭이 에서에게 주고자 한 축복이었읍니다. 그런데 야곱은 아버지의 그 축복을 원하였읍니다. 야곱은 하나님께서 그 어머니에게 “큰 자는 어린 자를 섬기게 되리라”고 약속하신 사실을 이미 알고 있었읍니다. 따라서 그 축복은 이미 그의 것이나 다름 없었읍니다. 그럼에도 그는 하나님의 말씀을 믿지 않았읍니다. 그의 어머니, 리브가도 하나님을 이 점에서 신뢰하지 않았읍니다. 그런데 이삭도 역시 하나님의 그 말씀을 믿지 않았음이 분명합니다. 이삭이 하나님의 그 말씀을 믿었다면 에서보다는 야곱에게 축복하려고 했어야 했을 것이기 때문입니다. 이삭은 하나님께서 분명하게 말씀하신 것과 정반대로 자신의 감정과 욕심에 따라 행동하였읍니다.

야곱이 장자권을 차지하기 위하여 사용한 방법은 결코 용납할 수 없는 것입니다. 그는 아주 간사하고 교활한 방법을 사용하였읍니다. 그의 행동은 참으로 비열한 것이었읍니다. 하나님께서는 하갈과 이스마엘의 문제에 있어 사라와 아브라함의 죄를 묵인하시지 않은 것처럼 야곱의 범죄에 대하여도 묵과하시지 않았읍니다. 하나님께서는 야곱이 사용한 교활하고 야비한 방법을 결코 인정하실 수 없었읍니다. 우리가 앞으로 보게 되겠지만 하나님께서는 그 후로 야곱을 매우 엄하게 징계하셨읍니다. 야곱은 그가 범한 죄에 대해 마땅히 대가를 지불해야만 하였읍니다. 우리는 이 27 장을 연구하면서 그러한 사실을 잘 볼 수가 있을 것입니다.

창세기 26 장은 에서가 40 세에 헷 족속의 두 딸과 결혼하는 내용으로 결론을 맺었읍니다. 이것은 이삭과 리브가에게 큰 근심이 되었읍니다. 그들은 이때 야곱이 헷 족속이나 블레셋 족속의 딸과 결혼하지 않도록 하기 위해서는 그를 고향 친척들이 살고 있는 하란으로 보내야 할 것을 깨달았읍니다.

에서에게 축복을 약속하는 이삭

"이삭이 나이 많아 눈이 어두워 잘 보지 못하더니 맏아들 에서를 불러 가로되 내 아들아 하매 그가 가로되 내가 여기 있나이다 하니 이삭이 가로되 내가 이제 늙어 어느 날 죽을는지 알지 못하노니 그런즉 네 기구 곧 전통과 활을 가지고 들에 가서 나를 위하여 사냥하여 나의 즐기는 별미를 만들어 내게로 가져다가 먹게 하여 나로 죽기 전에 내 마음껏 네게 축복하게 하라"(1-4절).

우리는 이삭이 위대한 인물이었다는 사실을 이미 앞에서 살펴 보았읍니다. 아비멜렉과 블레셋 사람들은 그를 두려워한 나머지 그를 찾아와 화친을 청할 정도였읍니다. 그는 특별히 인내심이 강했으며, 평화를 사랑했읍니다. 그뿐 아니라 그는 여러 면에서 뛰어나고 유능한 사람이었읍니다. 그러나 이때 그는 자신의 육신적인 약점을 드러냈읍니다. 리브가가 야곱을 사랑했듯이 그는 오로지 에서만을 사랑했읍니다. 에서는 자주 사냥을 나가 사슴 등 여러 짐승들을 잡아 오는 야성적인 청년이었읍니다. 에서가 잡아온 고기를 요리하여 이삭에게 주면 그는 그것을 아주 맛있게 먹곤 했읍니다. 그런데 이삭은 이제 나이가 많이 들어 기력이 쇠하자 그의 사랑하는 아들 에서에게 축복하기를 원했읍니다. 그는 하나님께서 큰 자는 어린 자를 섬기게 되리라고 말씀하신 것을 잘 알고 있었지만, 자기가 사랑하는 에서에게 축복하기를 원하였기 때문에 그는 그 말씀을 그만 무시해버렸읍니다. 따라서 그는 에서를 불러 그가 나가서 사냥하여 별미를 만들어 오면 그것으로 그를 축복하겠다고 말했읍니다. 이는 어느 날 갑자기 일어난 일이었읍니다. 아무도 그 때를 예측하지 못하고 있었읍니다.

이로 인해 이제 이삭의 가정에 불화가 생깁니다.

야곱이 이삭을 속이도록 꾀하는 리브가

> "이삭이 그 아들 에서에게 말할 때에 리브가가 들었더니 에서가 사냥하여 오려고 들로 나가매 리브가가 그 아들 야곱에게 일러 가로되 네 부친이 네 형 에서에게 말씀하시는 것을 내가 들으니 이르시기를 나를 위하여 사냥하여 가져다가 별미를 만들어 나로 먹게 하여 죽기 전에 여호와 앞에서 네게 축복하게 하라 하셨으니 그런즉 내 아들아 내 말을 좇아 내가 네게 명하는 대로"(5-8절).

리브가는 이삭이 에서에게 말하는 것을 몰래 엿들었읍니다. 그녀는 특별히 야곱을 사랑하였기에 한 가지 교활한 생각을 하게 되었읍니다. 그것은 완전한 사기 행위였으며, 어떠한 이유로써도 용납될 수 없는 일이었읍니다. 하나님께서는 그것이 하나의 역사적인 사실이기에 성경에 기록하셨지만 그 행위 자체는 엄히 꾸짖으셨읍니다. 여기에서 당신은 앞으로 일어나는 모든 일들을 주의깊게 살펴보시기 바랍니다. 당신은 곧 그가 심은 대로 거두게 된다는 사실을 보게 될 것입니다. 리브가는 계속해서 야곱에게 다음과 같이 말합니다.

> "염소 떼에 가서 거기서 염소의 좋은 새끼를 내게로 가져오면 내가 그것으로 네 부친을 위하여 그 즐기시는 별미를 만들리니 네가 그것을 가져 네 부친께 드려서 그로 죽으시기 전에 네게 축복하기 위하여 잡수시게 하라 야곱이 그 모친 리브가에게 이르되 내 형 에서는 털사람이요 나는 매끈매끈한 사람인즉"(9-11절).

에서는 야성적이고, 피부가 붉은 사람이었을 뿐 아니라 특히 몸에 털이 많은 사람이었습니다.

> "아버지께서 나를 만지실진대 내가 아버지께 속이는 자로 뵈일지라 복은 고사하고 저주를 받을까 하나이다"(12절).

이때 야곱은 잠시 망설이게 되지만, 곧 그 어머니가 그를 더욱 부추깁니다.

> "어미가 그에게 이르되 내 아들아 너의 저주는 내게로 돌리리니 내 말만 좇고 가서 가져오라 그가 가서 취하여 어미에게로 가져왔더니 그 어미가 그 아비의 즐기는 별미를 만들었더라. 리브가가 집안 자기 처소에 있는 맏아들 에서의 좋은 의복을 취하여 작은 아들 야곱에게 입히고 또 염소 새끼의 가죽으로 그 손과 목에 매끈매끈한 곳에 꾸미고 그 만든 별미와 떡을 자기 아들 야곱의 손에 주매"(13-17절).

이제 리브가는 이삭이 야곱을 만져보고 그를 에서로 생각하도록 하기 위하여 그의 목과 손등을 염소털로 분장을 시켰습니다. 그리고 또 야곱에게서 에서의 냄새가 나도록 하기 위해 그에게 에서의 옷도 입혀 주었습니다.

아버지를 속이는 야곱

"야곱이 아버지에게 나아가서 내 아버지여 하고 부른대 가로되 내가 여기 있노라 내 아들아 네가 누구냐"(18절).

그 음성이 에서의 목소리 같지 않아 아버지가 누구냐고 물어 보았던 것 같습니다.

"야곱이 아비에게 대답하되 나는 아버지의 맏아들 에서로소이다 아버지께서 내게 명하신 대로 내가 하였사오니 청컨대 일어나 앉아서 내 사냥한 고기를 잡수시고 아버지의 마음껏 내게 축복하소서 이삭이 그 아들에게 이르되 내 아들아 네가 어떻게 이같이 속히 잡았느냐 그가 가로되 아버지의 하나님 여호와께서 나로 순적히 만나게 하셨음이니이다"(19, 20절).

야곱은 이때 하나님의 뜻을 빙자한 사기 행각을 벌였읍니다. 만일 하나님의 뜻이라면 무슨 짓을 해도 된다는 생각이었읍니다. 그러나 목적은 수단을 정당화할 수 없읍니다. 즉, 목적이 좋다 해서 어떤 방법이든지 다 좋은 것은 아닙니다. 하나님의 일은 그 방법까지도 선해야 합니다. 야곱은 그 목적은 좋았을지 모르나 그 방법은 악했읍니다. 하나님께서는 결코 그러한 방법을 인정하시지 않으십니다.

"이삭이 야곱에게 이로되 내 아들아 가까이 오라 네가 과연 내 아들 에서인지 아닌지 내가 너를 만지려 하노라 야곱이 그 아비 이삭에게 가까이 가니 이삭이 만지며 가로되 음성은 야곱의 음성이나 손은 에서의 손이로다 하며 그 손이 형 에서의 손과 같이 털이 있으므로 능히 분별치 못하고 축복하였더라 이삭이 가로되 네가 참 내 아들 에서냐 그가 대답하되 그러하니이다 이삭이 가로되 내게로 가져 오라 내 아들의 사냥한 고기를 먹고 내 마음껏 네게 축복하리라 야곱이 그에게로 가져가매 그가 먹고 또 포도주를 가져가매 그가 마시고 그 아비 이삭이 그에게 이르되 내 아들아 가까이 와서 내게 입맞추라 그가 가까이 가서 그에게 입맞추니 아비가 그 옷의 향취를 맡고 그에게 축복하여 가로되 내 아들의 향

> 취는 여호와의 복 주신 밭의 향취로다"(21-27절).

이삭은 잠시, 변장한 야곱을 의심했읍니다. 그러나 그 어머니 리브가는 그에 대비해 이미 철저히 준비해 두었읍니다.

> "하나님은 하늘의 이슬과 땅의 기름짐이며 풍성한 곡식과 포도주로 네게 주시기를 원하노라 만민이 너를 섬기고 열국이 네게 굴복하리니 네가 형제들의 주가 되고 네 어미의 아들들이 네게 굴복하며 네게 저주하는 자는 저주를 받고 네게 축복하는 자는 복을 받기를 원하노라"(28, 29절).

이삭은 이제 야곱에게 축복을 내립니다. 즉, 그의 축복을 야곱에게 물려주고 있는 것입니다. 그런데 재미있는 것은 그 축복은 전부터 이미 야곱의 것이었다는 사실입니다. 하나님께서는 그 전에 벌써 야곱에게 축복을 내리셨읍니다. 그 때문에 야곱이 축복을 받은 것이지 야곱의 그런 사기 행위의 결과로 주어진 것이 아님을 우리는 알아야 하겠읍니다.

속임수가 발각됨

> "이삭이 야곱에게 축복하기를 마치매 야곱이 그 아비 이삭 앞에서 나가자 곧 그 형 에서가 사냥하여 돌아온지라 그가 별미를 만들어 아비에게로 가지고 가서 가로되 아버지여 일어나서 아들의 사냥한 고기를 잡수시고 마음껏 내게 축복하소서 그 아비 이삭이 그에게 이르되 너는 누구냐 그가 대답하되 나는 아버지의 아들 곧 아버지의 맏아들 에서로소이다 이삭이 심히 크게 떨며 가로되 그런즉 사냥한 고기를 내게 가져온 자가 누구냐 너 오기 전에 내가 다 먹고 그를 위하여 축복하였은즉 그가 정녕 복을 받을 것이니라"(30-33절).

에서는 사냥해서 잡아온 사슴을 잘 요리해서 이삭에게로 가져왔읍니다. 여기서 우리는 한 가지 의문이 생깁니다. 그것은 곧 이삭이 야곱이 가져온 염소의 고기와 사슴의 고기 맛을 구분을 못했겠느냐 하는 것입니다. 만일 이삭이 그 맛을 잘 구별했더라면 야곱이 염소 고기를 가져왔을 때 사냥해서 잡아온 사슴 고기가 아님을 알고 야곱의 속임수를 금방 알아낼 수 있었을 것입니다. 하지만 사실상 염소 고기 맛과 사슴 고기 맛은 거의 차이가 없읍니다. 만일 그 두 고기를 섞어 놓고 먹는다면 아무도 그 맛을 구별하지 못할 것입니다. 이 때문에 이삭은 야곱이 가져온 고기를 에서가 잡아온 사슴 고기인 줄로만 알았던 것입니다.

그러나 에서가 이삭에게 나아왔을 때 비로소 이삭은 자기가 야곱의 속임수에 넘어갔음을 깨달았읍니다.

> "에서가 그 아비의 말을 듣고 방성대곡하며 아비에게 이르되 내 아버지여 내게 축복하소서 내게도 그리하소서 이삭이 가로되 네 아우가 간교하게 와서 네 복을 빼앗았도다 에서가 가로되 그의 이름을 야곱이라 함이 합당치 아니하니이까 그가 나를 속임이 이것이 두번째니이다. 전에는 나의 장자의 명분을 빼앗고 이제는 내 복을 빼앗았나이다. 또 가로되 아버지께서 나를 위하여 빌 복을 남기지 아니하셨나이까 이삭이 에서에게 대답하여 가로되 내가 그를 너의 주로 세우고 그 모든 형제를 내가 그에게 종으로 주었으며 곡식과 포도주를 그에게 공급하였으니 내 아들아 내가 네게 무엇을 할 수 있으랴 에서가 아비에게 이르되 내 아버지여 아버지의 빌 복이 이 하나뿐이리이까 내 아버지여 내게 축복하소서 내게도 그리 하소서 하고 소리를 높여 우니 그 아비 이삭이 그에게 대답하여 가로되 너의 주소는 땅의 기름짐에서 뜨고 내리는 하늘 이슬에서 뜰 것이며 너는 칼을 믿고 생활하겠고 네 아우를 섬길 것이며 네가 매임을 벗을 때에는 그 멍에를 네 목에서 떨쳐 버리리라 하였더라"(34-40절).

라반에게 도피하는 야곱

> "그 아비가 야곱에게 축복한 그 축복을 인하여 에서가 야곱을 미워하여 심중에 이르기를 아버지를 곡할 때가 가까왔은즉 내가 내 아우 야곱을

죽이리라 하였더니"(41절).

에서는 이렇게 생각했습니다.
"내 아버지는 이제 늙어서 곧 돌아가실 거야. 아버지가 돌아가시자마자 야곱을 죽여야지. 암, 죽이고 말고."
이렇게 그는 자신도 모르게 혼잣말로 중얼거렸습니다.

"맏아들 에서의 이 말이 리브가에게 들리매 이에 보내어 작은 아들 야곱을 불러 그에게 이르되 네 형 에서가 너를 죽여 그 한을 풀려 하나니 내 아들아 내 말을 좇아 일어나 하란으로 가서 내 오라버니 라반에게 피하여"(42, 43절).

우리는 여기에서 또다시 리브가가 모종의 계획을 세우고 있음을 보게 됩니다. 그녀는 야곱에게 "네가 집을 떠나야 하겠구나"라고 말했읍니다. 그녀는 자신의 이러한 범죄로 인하여 받게 될 고통을 전혀 생각지 못하고 있었읍니다. 그녀는 야곱을 잠시 동안만 외삼촌 댁으로 보내면 될 줄로 알았읍니다. 그러나 그것은 매우 오랜 세월이 걸렸기에 그녀는 결국 야곱이 돌아오는 것을 보지 못하고 이 세상을 떠나고 말았읍니다.

우리는 리브가가 야곱을 매우 사랑하였다는 것을 기억합니다. 그녀는 야곱이 그녀의 오라비 라반에게 가서 피신해 있기를 원했기에 그를 그곳으로 보내려 했던 것입니다. 그러나 야곱은 장차 그곳에서 많은 고생을 하게 되었읍니다. 이것은 야곱에게 있어 그가 심은 대로 거둔 결과였읍니다. 외삼촌 라반의 집에서 야곱은 사실 그가 생각지 못했던 몇 가지 훈련들을 받게 됩니다. 야곱은 자신을 매우 약삭빠른 사람이라고 생각하였읍니다. 그러나 라반은 그러한 면에서 야곱보다 한 수 위였읍니다. 야곱은 이제 그 자신이 풋나기였다는 것을 깨닫게 됩니다. 그래서 그는 더 이상 실패하기 전에 필사적으로 하나님께 매달리게 됩니다.

> "네 형의 노가 풀리기까지 몇날 동안 그와 함께 거하라 네 형의 분노가 풀려 네가 자기에게 행한 것을 잊어버리거든 내가 곧 보내어 너를 거기서 불러오리라 어찌 하루에 너희 둘을 잃으랴"(44, 45절).

여기에서 리브가는 야곱을 며칠 동안만 보내면 될 것으로 말하였다는 사실에 주목하시기 바랍니다. 리브가가 생각한 며칠이 20 년이나 걸렸으며, 그 사이에 그녀는 그만 죽고 말았습니다. 리브가는 그녀가 사랑하였던 아들, 야곱을 다시는 보지 못하고 죽었습니다.

리브가가 야곱과 헤어진 후 에서는 아마도 그 어머니에 대하여 많은 불만을 품었을 것입니다. 이러한 상황 가운데서 그녀의 생활은 과연 어떠했을지 상상해 볼 수 있지 않겠습니까?

> "리브가가 이삭에게 이르되 내가 헷 사람의 딸들을 인하여 나의 생명을 싫어하거늘 야곱이 만일 이 땅의 딸들 곧 그들과 같은 헷 사람의 딸들 중에서 아내를 취하면 나의 생명이 내게 무슨 재미가 있으리이까"(46절).

에서는 하나님을 믿지 않는 이방 여자들과 결혼하였다는 것을 당신은 잘 아실 것입니다. 그것은 이삭과 리브가의 큰 고통이요 근심이 되었습니다. 그래서 리브가는 이삭에게 만약 야곱도 그곳에 계속 머물러 있다가는 아마 그와 똑같은 일을 범하게 되리라고 말합니다. 리브가는 이것을 야곱을 에서로부터 보호하기 위하여 피신시킬 수 있는 훌륭한 구실로 사용할 수가 있었습니다. 리브가는 이처럼 그럴듯한 이유를 대면서 이삭의 허락을 쉽게 얻어낼 수가 있었습니다. 아브라함의 종도 그러한 이유 때문에 그곳에 갔었음을 이삭은 누구보다도 잘 알고 있었던 터였습니다. 사실상 야곱이 계속 그 집에 있었다면 에서는 틀림없이 그를 죽였을 것입니다. 그러나 그 이후, 리브가는 야곱의 돌아오는 것을 보지 못하고 먼저 죽었으며, 야곱은 그의 아버지 이삭의 장례식 때가 되어서야 비로소 다시 돌아왔습니다. 그래서 그는 결국 그의 어머니를 이 세상에서는 다시 보지 못했습니다.

제 28 장

고향을 떠나는 야곱 / 이스마엘의 딸을 취하는 에서 / 벧엘에서 하나님을 만나는 야곱 / 아브라함의 언약을 확언하시는 하나님 / 야곱의 서원

우리는 앞 장에서 야곱이 행한 참으로 간교한 행동을 보았습니다. 그런데 그의 그러한 행동은 어머니의 요구에 의한 것이었읍니다. 사람들 가운데는 어머니의 사랑을 제대로 받지 못해서 성격이 비뚤어지고 행실이 나쁜 사람들도 없지 않아 있읍니다. 그러나 야곱의 경우는 정반대의 현상이 나타났읍니다. 야곱은 어머니의 사랑을 너무 많이 받았기에 문제가 되었읍니다. 즉, 그는 어머니가 시키는 것이라면 설혹 그것이 옳지 않은 것일지라도 순종했읍니다. 그의 어머니가 장자의 축복을 탈취하라고 하지 그는 이에 적극적으로 호응했읍니다.

사실 장자권은 이미 그에게 있었읍니다. 이미 하나님께서 이것을 그가 태중에 있을 때에 선포하셨읍니다. 따라서 이삭이 야곱에게 정식으로 장자의 축복을 내린 것은 전혀 불필요한 일이었읍니다. 이삭

에게 축복을 내리신 분은 하나님이시지 아브라함이 아니었읍니다. 그리고 야곱에게 축복을 내리신 분도 역시 하나님이십니다. 그러므로 에서의 축복을 뺏기 위한 사기 행위는 전혀 불필요한 것이었읍니다. 하나님께서는 훗날 그것으로 인해 야곱에게 징계를 내리십니다.

리브가가 그때 생각해낸 계획은 얼핏 보기에 그럴 듯했읍니다. 그리고 설득력도 있었읍니다. 즉, 리브가는 이삭에게 야곱을 그녀의 오라비에게 보내려 하는 이유를, 야곱을 에서의 보복으로부터 구하기 위함이라고 말하지 않고, 그녀의 친족 가운데서 야곱의 아내를 얻기 위함이라고 말하였읍니다.

우리는 본 장에서 야곱이 집을 떠나는 장면을 보게 됩니다. 그가 벧엘에 이르렀을 때 하나님께서는 그에게 나타나 아브라함에게 하셨던 약속을 다시금 확증해 주십니다.

고향을 떠나는 야곱

"이삭이 야곱을 불러 그에게 축복하고 또 부탁하여 가로되 너는 가나안 사람의 딸들 중에서 아내를 취하지 말고"(1절).

우리는 구약성경 어디를 보아도 하나님께서 신자가 불신자와 결혼하도록 허락하신 것을 찾아볼 수가 없읍니다. 그리고 제가 창세기 6 장의 하나님의 아들들과 사람의 딸들을 그런 관점에서 보는 것도 바로 그러한 이유 때문입니다. 즉, 그곳에는 하나님의 아들들이 사람의 딸들을 보고 아내를 삼았다고 기록되어 있는데, 그것은 믿음의 자손들이 가인의 불신 자손들과 결혼하였다는 것을 의미합니다. 이로 말미암아 노아의 가족을 제외하고는 모든 사람들이 홍수로 심판받아 멸망했던 것입니다.

이방인과의 결혼은 반드시 불신앙으로 빠지게 됩니다. 필자는 이것을 하나님께서 우리에게 주시는 하나의 경고라고 말씀드리고 싶습니다. 저는 오늘날 젊은 사람들이 연로한 목회자들의 지도를 잘 따르려 하지 않고 있다는 사실을 잘 알고 있습니다. 이는 참 안타까운 현실이 아닐 수 없습니다.

저는 지금까지 여러해 동안에 걸쳐 저를 찾아온, 장래를 약속한 수많은 남녀들을 상담하여 주면서 그들을 관찰할 수가 있었습니다. 그런데 그들이 상담해 오는 내용은 거의가 매우 비슷하였습니다. 그 젊은이들은 자기가 평소 이상적으로 생각하던 배우자를 만났다고 말했읍니다. 그런데 그 배우자는 그리스도인이 아니었읍니다. 그럼에도 불구하고 그들은 한결같이 상대방과 결혼한 다음에 하나님 앞으로 인도하겠노라고 약속하는 것이었읍니다. 젊은이들이여! 만약 당신이 결혼하기 전에 상대를 하나님 앞으로 인도하지 못한다면 결혼 후에도 그것이 불가능할 것이라는 사실을 말씀드리고 싶습니다. 하나님께서는 신자가 불신자와 결혼하는 것을 금하셨읍니다. 그것은 반드시 불행한 결과를 가져옵니다. 저는 사실 그와 같은 불행한 결혼을 수없이 보아왔읍니다. 단 한 쌍도 그 결과가 좋았던 경우를 보지 못했읍니다. 그렇다고 당신이 하나님을 원망할 수 없읍니다. 하나님께서는 신자가 불신자와 결혼해서는 안 된다는 것을 성경 전체를 통하여 분명하게 말씀하고 계십니다.

"너희는 믿지 않는 자와 멍에를 같이 하지 말라 의와 불법이 어찌 함께하며 빛과 어두움이 어찌 사귀며"(고후 6:14).

신약성경은 그리스도인들에게 그들이 믿지 않는 자와 멍에를 함께 하여서는 안 된다는 사실에 대해 엄하게 경고하고 있읍니다. 우리가 믿지 않는 자와 자리를 함께 한다고 해서 그것이 곧 그들과 멍에를 같이 하는 것은 아닙니다. 그러나 만약 당신이 불신자와 결혼한다면 그것은 분명히 그들과 멍에를 함께 하는 것이 됩니다. 그것은 분명코 당신이 믿지 않는 자와 한 몸을 이루는 것입니다. 하나님께서는 그것을 엄격하게 금하십니다.

"일어나 밧단아람으로 가서 너의 외조부 브두엘 집에 이르러 거기서 너

> 의 외삼촌 라반의 딸 중에서 아내를 취하라 전능하신 하나님이 네게 복을 주어 너로 생육하고 번성케 하사 너로 여러 족속을 이루게 하시고 아브라함에게 허락하신 복을 네게 주시되 너와 함께 네 자손에게 주사 너로 하나님이 아브라함에게 주신 땅 곧 너의 우거하는 땅을 유업으로 받게 하시기를 원하노라"(2-4절).

이때 이삭은 하나님께서 아브라함을 축복하셨고, 그것을 그에게 전수(傳授)하셨으며, 이제는 그 축복이 그 아들 야곱에게 내려져야 한다는 것을 깨닫고 있었음이 분명합니다.

> "이에 이삭이 야곱을 보내었더니 밧단아람으로 가서 라반에게 이르렀으니 라반은 아람 사람 브두엘의 아들이요 야곱과 에서의 어미 리브가의 오라비더라"(5절).

만약 당신이 라반의 가족에게 구태여 국적을 붙인다면, 그들은 성경에 기록되어 있는 것처럼 아람인이라고 할 수 있을 것입니다. 가끔 보면 "아브라함은 유대인인가? 아니면 이스라엘 사람인가?"라고 질문하는 사람들이 있습니다. 그러나 아브라함은 유대인도, 이스라엘 사람도 아닙니다. 오히려 아브라함은 모든 유대인과 이스라엘 사람의 조상입니다. 이스라엘이란 이름이 생기게 된 것은 「야곱」(Jacob)의 이름이 「이스라엘」(Israel)이란 이름으로 바뀌게 된 때부터였읍니다. 그의 열두 아들들이 바로 이스라엘 족속의 열두 지파가 되었읍니다. 그들은 아브라함의 계보에서 출생하였기에 아브라함은 이스라엘 족속의 조상이 되는 것입니다. 그런데 당신이 아브라함을 미디안 사람이라고 잘 말하지는 않을지라도 그는 미디안 족속의 조상도 됩니다.

이스마엘의 딸을 취하는 에서

> "에서가 본즉 이삭이 야곱에게 축복하고 그를 밧단아람으로 보내어 거

기서 아내를 취하게 하였고 또 그에게 축복하고 명하기를 너는 가나안 사람의 딸들 중에서 아내를 취하지 말라 하였고 또 야곱이 부모의 명을 좇아 밧단아람으로 갔으며 에서가 또 본즉 가나안 사람의 딸들이 그 아비 이삭을 기쁘게 못하는지라 이에 에서가 이스마엘에게 가서 그 본처들 외에 아브라함의 아들 이스마엘의 딸이요 느바욧의 누이인 마할랏을 아내로 취하였더라"(6-9절).

여기에는 에서가 이스마엘에게 가서 이스마엘의 딸을 아내로 취하였다고 기록되어 있읍니다. 그는 그렇게 하면 그의 아버지를 기쁘게 할 수 있으리라고 생각하였읍니다. 그러나 우리가 잘 알듯이 그것은 영적으로 참 어리석은 행동이었읍니다. 왜냐하면 이스마엘 족속은 가나안이나 블레셋 족속과 마찬가지로 하나님께서 택하시지 않은 백성이었기 때문입니다.

벧엘에서 하나님을 만나는 야곱

"야곱이 브엘세바에서 떠나 하란으로 향하여 가더니"(10절).

야곱은 지금 북쪽으로 가고 있읍니다.

"한 곳에 이르러는 해가 진지라 거기서 유숙하려고 그곳의 한 돌을 취하여 베개하고 거기 누워 자더니"(11절).

우리가 나중에 알게 되겠지만, 야곱이 이른 곳은 "하나님의 집"이란 뜻의 『벧엘』이었읍니다. 이 벧엘은 예루살렘 북방으로 약 20 ㎞ 정도 떨어진 곳에 위치하고 있읍니다. 그리고 야곱의 집은 예루살렘 남쪽으로 아마 45–50 ㎞ 떨어진 곳에 있었을 것으로 추측이 됩니다. 이로 보아 야곱은 하루 종일 최소한 60 ㎞ 이상 여행했던 것입니다. 우리는 여기에서 그가 에서를 피하여 하루 종일 거의 뛰다시피 도망했다는 사실을 알 수 있읍니다. 그는 가능한 한 에서로부터 멀리 피하기를 원했기에 피곤한 것도 잊고 열심히 뛰었을 것입니다.

그러면 벧엘에서의 야곱의 첫날밤은 어떠했을까요? 아마도 그는 아주 외로왔을 것입니다. 두고 온 집이 무척 그리웠겠지요. 또 어머니 리브가도 보고 싶었을 것입니다. 야곱의 객지 생활은 이렇게 시작이 됐읍니다. 태어나서 처음으로 집을 떠나게 된 야곱, 그것도 자기를 죽이려는 형 에서를 피해 도망하는 야곱의 심정을 당신은 이해할 수 있읍니까? 그리고 이렇다할 미래에 대한 보장도 없이 무작정 집을 떠나 하란을 향하고 있는 야곱의 마음은 심히 착잡했을 것입니다.

그러면 그때 그가 어떻게 하였는지를 보겠읍니다. 본문에 보니까 그는 그곳에 있는 돌을 베개로 삼고 누워 잤다고 했읍니다. 벧엘은 황량한 들판이었읍니다. 그곳은 지금까지도 크고 거친 돌들이 널려 있는 아주 황폐한 황무지로 남아 있읍니다. 그리고 그곳은 해발 약 360 m나 되는 고지대인데, 그 때문인지 이 지역은 사람들의 발길이 거의 없고 개발할 엄두조차 못내는 곳이기도 합니다. 그럼에도 이곳은 야곱의 영적인 삶의 전반에 걸쳐 크게 영향을 준 곳이었읍니다.

> "꿈에 본즉 사닥다리가 땅 위에 섰는데 그 꼭대기가 하늘에 닿았고 또 본즉 하나님의 사자가 그 위에서 오르락내리락하고"(12절).

아브라함의 언약을 확언하시는 하나님

> "또 본즉 여호와께서 그 위에 서서 가라사대 나는 여호와니 너의 조부 아브라함의 하나님이요 이삭의 하나님이라 너 누운 땅을 내가 너와 네 자손에게 주리니"(13절).

아브라함이 가나안 땅에 도착하였을 때 하나님께서 그에게 처음 나타나신 곳이 바로 이 부근이었읍니다.

"네 자손이 땅의 티끌같이 되어서 동서남북에 편만할지며 땅의 모든 족속이 너와 네 자손을 인하여 복을 얻으리라"(14절).

하나님께서는 이때 아브라함에게 처음 약속하셨던 그 약속을 또 야곱에게 하셨읍니다. 즉, 이삭에게도 같은 약속을 해 주셨던 하나님께서 이제는 야곱에게 그것을 확신시키시면서, 다시금 그 약속을 실행하실 것을 말씀해 주셨읍니다.

"내가 너와 함께 있어 네가 어디로 가든지 너를 지키며 너를 이끌어 이 땅으로 돌아오게 할지라 내가 네게 허락한 것을 다 이루기까지 너를 떠나지 아니하리라 하신지라"(15절).

이 말씀은 황급히 집을 떠나온 외롭고 쓸쓸한 야곱에게 커다란 위로와 소망이 되었을 것입니다. 즉, 하나님께서는 "네가 어디로 가든지 너와 함께하며 너를 다시 이 땅으로 돌아오게 하리라"고 말씀하셨던 것입니다.

그리고 하나님께서는 꿈을 통하여 야곱에게 땅에서 시작하여 그 꼭대기가 하늘까지 닿은 사닥다리를 보여 주셨읍니다. 그 사닥다리는 무엇을 의미하는 것일까요?

신약성경에 보면 예수께서 나다나엘과 말씀하시면서 이 꿈에 대해 잠깐 언급하시는 장면이 나옵니다(요1:45–51). 여기서 나다나엘은 다소 겸손치 못한 사람이었읍니다. 그는 빌립으로부터 예수를 만났다는 이야기를 들었을 때, "나사렛에서 무슨 선한 것이 날 수 있느냐?"고 반문했읍니다. 그때 주께서 나다나엘이 걸어오는 것을 보시고 그에 대하여 말씀하시자, 나다나엘은 "어떻게 나를 아시나이까?"라고 예수께 질문했읍니다. 이때 예수께서 대답하시기를 "빌립이 너를 부르기 전에 네가 무화과나무 아래 있을 때에 보았노라"고 말씀하셨읍니다. 그러자 나다나엘은 예수님을 가리켜 "랍비여, 당신은 하나님의 아들이시요 당신은 이스라엘의 임금이로소이다"라고 고백했읍니다. 처음에는 그가 예수께 대한 빌립의 말을 믿지 않았으나, 곧 확신을 갖게 된 것입니다. 이어서 예수께서는 다음과 같이 말씀하십니다.

“예수께서 대답하여 가라사대 내가 너를 무화과나무 아래서 보았다 하므로 믿느냐 이보다 더 큰 일을 보리라 또 가라사대 진실로 진실로 너희에게 이르노니 하늘이 열리고 하나님의 사자들이 인자 위에 오르락 내리락하는 것을 보리라 하시니라”(요 1:50,51).

자, 그러면 여기서의 사닥다리는 무엇을 의미하는 것일까요? **그것은 바로 그리스도를 의미합니다.** 그리고 사자들이 인자 위에 오르락내리락하고 있었는데, 그 사자들은 그리스도를 위하여 일하는 천사들이었읍니다. 즉, 그 천사들은 그리스도를 섬겼으며, 그분의 명령대로 복종하는 자들이었읍니다. 나다나엘은 사닥다리 꼭대기로부터 하나님께서 “이는 내 사랑하는 아들이요 내 기뻐하는 자라”고 말씀하시는 음성을 들었을 것입니다. 사실 하나님께서는 지금도 그리스도를 통하여 우리 사람들에게 말씀하고 계십니다. 우리는 스스로 직접 하나님께 나아갈 수는 없읍니다. 우리는 결코 자신의 힘으로 하나님께 나아갈 수가 없읍니다. 오직 우리는 하나님과 우리 사이의 중보자(仲保者)이신 그리스도를 통해서만 하나님께 나아갈 수 있읍니다. 그분만이 우리를 하나님 앞으로 인도할 수 있는 유일한 길이 되십니다. 예수께서는 “내가 곧 길이요 진리요 생명이니 나로 말미암지 않고는 아버지께로 올 자가 없느니라”(요 14:6)고 말씀하셨읍니다. 예수 그리스도께서는 우리가 스스로 딛고 올라가도록 만들어진 사닥다리가 아니라, 단지 보고 믿고 의지하기 위해 만들어진 사닥다리이신 것입니다.

하나님께서는 이러한 진리를 형으로부터 장자권을 빼앗은 야곱에게 제일 먼저 보여주셨읍니다. 주께서는 나다나엘에게 그 속에 간사함이 없는 참 이스라엘 사람이라고 말씀하셨읍니다. 즉, 그에게는 야곱과 같은 교활함이 없다는 말씀이었읍니다. 나다나엘은 약간 아는 체를 하는 사람이긴 하였지만, 야곱처럼 그렇게 교활한 사람은 아니었습니다. 하지만 야곱은 그와는 달랐습니다. 이 때문에 하나님께서는 그를 연단하시지 않으면 안 되었습니다. 하나님께서는 그에게 이와 같이 놀랍고 영광스러운 약속을 주셨지만 야곱은 아직까지도 사실 너무도 부족한 사람이었습니다.

이 말씀은 오늘날 우리 모두에게도 적용되고 있는 것이 아닙니까? 하나님께서 우리를 가르치시는 일은 당연한 것입니다. 또한 하나님께서 우리를 연단하시는 일도 당연한 것입니다. 하나님께서는 친히 하나님의 모든 자녀를 채찍질하시고 연단시키십니다. 그분께서는 아브라함을 그렇게 하셨으며 이삭에게도 그렇게 하셨습니다. 그리고 이제는 야곱에게도 그렇게 하시기 시작했습니다. 이때까지는 야곱이 모든 것을 자기 마음대로 행하였습니다. 이렇게 자기 마음대로 행하는 자에게 하나님께서는 연단시키기 위해 종종 시련을 주십니다. 그러한 시련들은 우리의 신앙을 보다 견고하게 해 줍니다. 즉, 그러한 시련으로 말미암아 우리는 신앙 생활에 있어 더욱 용기를 얻고 하나님에 대하여 더 큰 확신을 갖게 되는 것입니다.

야곱에게는 아직도 가야 할 길이 많이 남아 있었습니다. 이제 그 다음에 야곱이 어떻게 해 나가는지 살펴 보겠습니다.

> "야곱이 잠이 깨어 가로되 여호와께서 과연 여기 계시거늘 내가 알지 못하였도다 이에 두려워하여 가로되 두렵도다 이곳이여 다른 것이 아니라 이는 하나님의 전이요 이는 하늘의 문이로다 하고"(16, 17절).

이 구절은 제가 교회를 봉헌할 때 여러 번 인용하던 말씀입니다.
"두렵도다 이곳이여!"
야곱은 사실 그곳에 하나님께서 계신 것을 몰랐기에 두려운 마음이 생겼습니다. 모든 교회, 모든 하나님의 전은 하나님께로부터 도망하는 죄인에게는 두려운 곳입니다. 그러나 교회는 죄인들이 하나님과 우리 사이의 사닥다리가 되시는 그리스도를 통하여 하나님께 나아와 그분을 만나는 곳입니다.

야곱은 그의 집을 떠날 때까지도 하나님께 대하여는 사실 거의 아는 바가 없었습니다. 오히려 그는 자신이 지금 집을 떠나고 있는 것은 하나님으로부터 멀리 떠나는 것이라고까지 생각하였습니다. 그러나 그는 집을 떠난 그곳에도 하나님이 계신다는 것을 발견하고는 깜짝 놀랐습니다. 그래서 그는 "여호와께서 과연 여기 계시거늘 내가 알지 못하였도다"하고 고백한 것입니다.

야곱의 서원

> "야곱이 아침에 일찌기 일어나 베개하였던 돌을 가져 기둥으로 세우고 그 위에 기름을 붓고 그곳 이름을 벧엘이라 하였더라 이 성의 본 이름은 루스더라"(18, 19절).

야곱이 말하는 것에 귀를 기울여 보십시오. 그는 하나님에 대하여 너무도 모르고 있었음이 드러납니다.

> "야곱이 서원하여 가로되 하나님이 나와 함께 계시사 내가 가는 이 길에서 나를 지키시고 먹을 양식과 입을 옷을 주사 나로 평안히 아비 집으로 돌아가게 하시오면 여호와께서 나의 하나님이 되실 것이요"(20, 21절).

야곱은 지금 뭐라고 말하고 있습니까? 그는 하나님과 조건부적인 거래를 하려고 합니다. 그는 "만약 하나님께서 나에게 이러한 것을 행하시오면…"하고 말합니다. 그러나 하나님께서는 야곱에게 그 모든 것을 해 주시겠다고 이미 말씀하셨습니다.
"내가 너를 지키며 너를 이 땅으로 돌아오게 할지라…내가 이 땅을 네게 주며 네 후손이 땅의 티끌같이 번성케 되리라."
그러나 벧엘에서 야곱이 취한 자세는 "만약 하나님께서 어떠어떠한 것을 해 주신다면 제가 당신을 섬기겠나이다"하는 식이었습니다.

그러나 하나님께서는 결코 그런 방식으로 우리를 대하시지 않습니다. 그분께서는 야곱에게도 그렇게 대하시지 않았습니다. 만약 하나님께서 그렇게 하셨더라면, 야곱은 결코 가나안 땅에 돌아가지 못했을 것입니다. 야곱이 그곳으로 돌아갈 수 있었던 것은 온전히 하나님의 은혜와 자비하심 때문이었습니다. 야곱이 마지막으로 벧엘에 다시 돌아왔을 때 그는 영적으로 많이 성장해 있었습니다. 당신은 그가 다시 벧엘로 돌아온 이유를 아십니까? 그것은 그가 하나님의 은혜를 찬양하며 그분께 예배드리기 위해서였습니다. 하나님께서는 야곱에게 그 뒤로 계속해서 은혜를 베푸셨던 것입니다.

오늘날도 하나님께 대하여 조건부적인 봉사를 하려는 사람들이 많은 것 같습니다. 그러나 당신은 결코 그렇게 해서는 안 됩니다. 하나님께서는 결코 우리를 그와 같이 조건부적으로 대하시지 않습니다. 하나님께서는 우리에게 은혜와 자비를 베푸시는 데 있어 어떠한 대가도 요구하시지 않습니다. 그러나 하나님께서는 자신을 사랑하는 자는 자신을 위하여 봉사하기를 즐겨한다는 것을 분명하게 말씀하셨읍니다. 그것이 곧 사랑의 구속력입니다. 그것은 어머니의 자기 자녀에 대한 사랑과도 같습니다. 어머니는 자식에 대하여 사랑의 노예가 됩니다. 하나님께서 우리에게 원하시는 것이 바로 그러한 관계인 것입니다.

"내가 기둥으로 세운 이 돌이 하나님의 전이 될 것이요 하나님께서 내게 주신 모든 것에서 십분 일을 내가 반드시 하나님께 드리겠나이다 하였더라"(22절).

야곱은 돌을 취하여 기둥을 세웠읍니다. 이것은 분명히 그가 하나님과 계약을 맺으려 하였다는 것을 보여줍니나. 매우 많은 사람들이 그런 식으로 하나님과 계약 관계를 맺으려고 합니다. 그러나 하나님께서는 오직 그리스도를 믿는 우리의 믿음을 통하여서만 우리의 아버지가 되기를 원하십니다.

제 29 장

하란에 도착한 야곱 / 라헬을 만나는 야곱 / 라반을 만나는 야곱 / 라헬을 위하여 봉사하는 야곱 / 레아와 결혼하게 되는 야곱

이 창세기 29 장이 우리에게 주는 교훈은 다음의 말씀으로 요약할 수가 있을 것 같습니다.

"스스로 속이지 말라 하나님은 만홀히 여김을 받지 아니하시나니 사람이 무엇으로 심든지 그대로 거두리라 자기의 육체를 위하여 심는 자는 육체로부터 썩어진 것을 거두고 성령을 위하여 심는 자는 성령으로부터 영생을 거두리라"(갈 6:7,8).

이처럼 본 장의 주제를 한 마디로 표현한다면 「인과응보」라고 할 수 있습니다. 우리는 본 장의 서두에서 야곱이 그가 뿌린 악한 행위의 결과를 거두기 시작하는 것을 보게 됩니다. 갈라디아서의 본문은 주로 그리스도인들을 위하여 기록된 것이지만, 그것은 모든 시대의 모든 계층의 사람들에게 적용되는 만고불변의 진리인 것입니다. 그것은 삶의 모든 영역에 적용되는 원리입니다. 만약 당신이 밭에 옥수수를 심었다면 당신은 반드시 옥수수를 거두게 될 것입니다. 또 당신이 목화를 심었다면 목화를 거두게 될 것이며, 밀을 심었다면 밀을 수확하게 될 것입니다. 그리고 만약 당신이 가라지를 심었다면 당신은 거기에서 가라지를 거두게 될 것입니다.

이러한 원리의 실례들은 성경 전체에 걸쳐 나타나고 있습니다. 예를 들어 애굽의 바로가 히브리 족속의 남아들을 학살하였을 때, 그의 아들은 후에 사람의 영혼을 불러가는 천사에 의하여 죽임을 당했읍니다. 아합은 거짓 죄명을 가지고 나봇을 살해하여 개들로 그의 피를 핥아 먹게 하였읍니다. 하나님께서 그러한 아합에게 엘리야를 보내사 아합이 개들로 나봇의 피를 핥아 먹게 한 것처럼 아합의 피도 개들이 핥아 먹게 될 것이라고 말씀하셨읍니다. 그리고 그것은 예언한 그대로 이루어졌읍니다. 당신은 다윗에게도 이 원리가 적용되었던 것을 기억하실 것입니다. 그는 무서운 간통죄와 살인죄를 범하였읍니다. 하나님께서는 그의 죄를 용서하셨지만 그에게는 인과응보(因果應報)의 법칙이 따랐읍니다. 그는 자기가 심은 그대로 열매를 거두었읍니다. 그의 딸은 강간을 당하였으며 그의 어린 아들은 죽고 말았읍니다. 사도 바울도 아마 이러한 법칙을 깊이 깨달았을 것입니다. 그는 사람들이 스데반을 돌로 쳐죽일 때 그것에 찬성한 사람이었읍니다. 그런데 그 후 바울은 자신이 루스드라 성 밖으로 끌려나가 돌에 맞아 버려지게 되었읍니다.

이 법칙은 야곱에 있어서도 예외는 아니었읍니다. 야곱은 그 동안 자신의 꾀대로 살아온 사람입니다. 그는 자만심이 컸으며 또 아주 교활한 사람이었읍니다. 그는 자신의 목적 달성을 위하여는 어떠한 야비한 행동도 서슴지 않고 행하였읍니다. 그리고 그는 이같은 자신의 간교한 꾀에 자신감을 가지고 있었읍니다. 그러나 그도 결국은 자기가 심은 대로 열매를 거두었읍니다.

야곱은 이제 벧엘을 떠나 계속 여행하다가 드디어 하란에 도착합니다.

하란에 도착한 야곱

"야곱이 발행하여 동방 사람의 땅에 이르러 본즉 들에 우물이 있고 그 곁에 양 세 떼가 누웠으니 이는 목자들이 그 우물에서 물을 양떼에게 먹임이라 큰 돌로 우물 아구를 덮었다가 모든 떼가 모이면 그들이 우물 아구에서 돌을 옮기고 양에게 물을 먹이고는 여전히 우물 아구 그 자리에 돌을 덮더라"(1-3절).

우리는 여기에서 야곱이 도착한 지방은 물이 귀한 곳이었다는 것을 금방 알 수 있을 것입니다. 이 지방은 지금도 물이 아주 귀합니다. 왜냐하면 이 지방에는 비가 잘 내리지 않기 때문이지요. 따라서 그들은 물을 아껴 쓸 뿐만 아니라, 조금씩 생기는 물을 잘 저장해 두어야 했읍니다. 그리고는 하루 중에서 우물 아구의 돌을 옮기는 일정한 시간을 정하여 사람들로 하여금 그들의 양떼에게 물을 먹이고 필요한 물을 길어 가도록 하였읍니다. 그렇게 한 다음에는 그 돌을 다시 우물 아구의 제자리에 덮어 놓았읍니다.

그때 야곱이 그곳에 도착한 것은 사람들이 돌을 우물 아구에서 옮겨놓기 바로 직전이었읍니다. 그는 이때까지도 여전히 자만심이 강한 사람이었읍니다.

"야곱이 그들에게 이르되 나의 형제여 어디로서뇨 그들이 가로되 하란에서로라 야곱이 그들에게 이르되 너희가 나홀의 손자 라반을 아느냐 그들이 가로되 아노라"(4, 5절).

거기에 모인 사람들은 라반을 잘 알고 있었으나 야곱은 그때까지도 그에 대하여 아는 바가 별로 없었읍니다. 그러나 그는 이제 곧 그를 만나게 됩니다.

"야곱이 그들에게 이르되 그가 평안하냐 가로되 평안하니라 그 딸 라헬이 지금 양을 몰고 오느니라 야곱이 가로되 해가 아직 높은즉 짐승 모일 때가 아니니 양에게 물을 먹이고 가서 뜯기라"(6, 7절).

야곱은 방금 그곳에 도착한 나그네인데도 불구하고 그들더러 양에게 물을 먹이고 가서 풀을 뜯기라고 지시했습니다. 야곱의 오만한 행동은 바로 여기서도 나타나고 있습니다.

"그들이 가로되 우리가 그리하지 못하겠노라 떼가 다 모이고 목자들이 우물 아구에서 돌을 옮겨야 우리가 양에게 물을 먹이느니라"(8절).

라헬을 만나는 야곱

"야곱이 그들과 말하는 중에 라헬이 그 아비의 양과 함께 오니 그가 그의 양들을 침이었더라"(9절).

라헬은 양을 치는 목자였습니다. 양 치는 일은 그 당시의 여자들이 일반적으로 하는 일이었습니다.

"야곱이 그 외삼촌 라반의 딸 라헬과 그 외삼촌의 양을 보고 나아가서 우물 아구에서 돌을 옮기고 외삼촌 라반의 양떼에게 물을 먹이고"(10절).

누가 야곱으로 하여금 라반의 양떼에게 물을 먹이라고 말하였는지 우리는 알 수 없습니다. 하지만 그는 분명히 라반의 양떼에게 물을 먹였습니다. 이때 야곱은 그들의 풍습을 따르지 않고 자기 마음대로 행하고 있었습니다. 그에게는 인생을 살아가는 한 가지 생활 철학이 있었는데, 그것은 바로 자기 중심적인 생활 태도였습니다. 그는 앞으로 많은 것을 배워야 했는데 그 일부분을 그의 외삼촌 라반이 담당하게 됩니다.

"그가 라헬에게 입맞추고 소리내어 울며"(11절).

본문은 사실 우리에게 쉽게 납득이 가지 않는 부분입니다. 야곱이 라헬에게 입맞추고 울었다고 하는 것에 대해 어떻게 이해해야 좋을지 모르겠읍니다. 그러나 야곱이 집을 떠난 순간부터 그때까지 외로운 여행을 하였다는 것에는 저도 동감입니다. 여기에서 우리는 그가 벧엘에서 수리아에 오기까지는 갈릴리 바다를 거쳐 계속 북쪽으로 길을 걸어야만 했다는 것을 기억해야 할 것입니다. 그리고 그는 사막도 지나야 했읍니다. 우리가 잘 알 수는 없지만 아마도 그는 여행 도중에 많은 어려움도 겪었을 것입니다. 이 때문에 야곱은 이렇게 멀리까지 와서 드디어 그가 찾던 외척 중의 한 사람을 만나자 그만 감정에 북받쳐 울었을 것입니다.

"그에게 자기가 그의 아비의 생질이요 리브가의 아들됨을 고하였더니 라헬이 달려가서 그 아비에게 고하매"(12절).

야곱은 자신을 가리켜 라반의 생질, 즉 그녀 아버지의 누이 동생인 리브가의 아들이라고 말했읍니다.

라반을 만나는 야곱

"라반이 그 생질 야곱의 소식을 듣고 달려와서 그를 영접하여 안고 입맞추고 자기 집으로 인도하여 들이니 야곱이 자기의 모든 일을 라반에게 고하매"(13절).

야곱은 아마도 그의 외삼촌에게 이야기할 거리가 많았을 것입니다. 그는 형 에서의 장자권을 빼앗은 이야기며 어떻게 형의 축복을 빼앗았는지, 그는 얼마나 현명했는지 그리고 벧엘에서 보낸 밤 등 많은 재미있는 이야기로 이야기 꽃을 피웠을 것입니다.

"야곱이 자기의 모든 일을 라반에게 고하매."

"라반이 가로되 너는 참으로 나의 골육이로라 하였더라 야곱이 한 달을 그와 함께 거하더니"(14절).

라반은 이때 야곱이 그의 조카인 것을 확인하고 그를 반갑게 맞이하며 그가 편히 거할 수 있도록 해 주었읍니다.

그 후 한 달이 지난 다음 어떻게 되었는지를 주목해 보십시오. 야곱은 일을 하지 않았읍니다. 그는 멀리서 온 외삼촌의 조카였으며, 또 그가 온 것은 외삼촌을 방문하기 위함이었읍니다. 그래서 그는 아마도 일할 필요성을 느끼지 않았을 것입니다. 그러면서 그는 라반의 딸 라헬에게 관심을 갖고 있었읍니다. 어쩌면 라헬도 야곱에게 관심을 가졌는지도 모르겠읍니다.

"라반이 야곱에게 이르되 네가 비록 나의 생질이나 어찌 공으로 내 일만 하겠느냐 무엇이 네 보수겠느냐 내게 고하라"(15절).

라반은 교묘한 사람이었읍니다. 야곱의 일하는 것에 대하여 보수를 제의한 사람은 누구입니까? 야곱은 결코 그러한 말은 하지 않았읍니다. 라반은 눈치가 매우 빠른 사람이어서 야곱이 자기를 위하여 공으로 일해 주는 것을 결코 원치 않는다고 말했읍니다. 솔직히, 당신은 라반의 집에서 식비를 줄 수 있는 어떤 계획이 없으면 한 달도 그의 집에서 살 수 없을 것입니다. 라반도 야곱과 마찬가지로 간교한 사람이었읍니다. 그래서 이제 그가 야곱을 연단시키게 됩니다.

"라반이 두 딸이 있으니 형의 이름은 레아요 아우의 이름은 라헬이라"(16절).

여기에서 우리는 라반에게 또 하나의 딸 레아가 있음을 볼 수 있읍니다. 사실, 외삼촌 라반은 계속 야곱을 주시한 결과 그가 둘째 딸인 라헬에게 깊은 관심을 가지고 있다는 것을 눈치챘읍니다. 그래서 이런 제안을 야곱에게 하게 된 것입니다.

> "레아는 안력이 부족하고 라헬은 곱고 아리따우니"(17절).

라헬은 매우 아름다운 처녀였읍니다. 반면에 레아는 "안력이 부족한" 처녀였는데, 이 말은 시력이 나쁘다는 말이 아니라, 아름답지 못하다는 표현 가운데 하나입니다.

우리는 대학에서 헬라어 강의를 들을 때 유리피데스의 희곡 몇 작품을 공부합니다. 그 극들에서 남자가 자기 애인을 예찬하려 할 때 그녀를 "소의 눈을 가진 여인"이라고 말하곤 합니다. 저는 그러한 대목을 볼 때마다 킬킬거리며, 그 뜻을 이해할 수 없어 이리저리 생각해 보곤 했읍니다. 그런데 당신이 소를 볼 수 있는 기회가 있으면 그 눈을 유심히 바라보십시오. 소의 눈이 얼마나 아름다운가를 알게 될 것입니다. 저도 그 글을 읽은 이후 지금까지 한 번도 못생긴 눈을 가진 소를 본 적이 없읍니다.

그러나 레아는 소의 눈을 가지고 있지 않아 일종의 미운 오리새끼 같다는 의미의 "안력이 부족한" 여인이었읍니다. 라반에게는 이러한 두 딸이 있었읍니다. 그리고 야곱이 사랑한 것은 라헬임이 분명합니다.

라헬을 위하여 봉사하는 야곱

> "야곱이 라헬을 연애하므로 대답하되 내가 외삼촌의 작은 딸 라헬을 위하여 외삼촌에게 칠년을 봉사하리이다"(18절).

우리는 야곱이 사랑에 눈이 먼 것을 봅니다. 그날 아침 식사 때 외삼촌 라반이 야곱에게 일하기를 제안했을 때 야곱은 라반의 그같은 제의를 기다렸다는 듯이 외삼촌의 말이 떨어지기가 무섭게 라헬을 위해 칠년을 봉사하겠다고 선뜻 대답했읍니다. 라반은 야곱이 그의 딸을 사랑하고 있다는 것을 이미 알고 있었읍니다. 따라서 라반은 야곱의 그같은 대답에 그리 놀라지 않았을 것입니다. 어쩌면 라반은 그것을 노렸을지도 모릅니다. 그래서 라반의 홍정은 멋지게 성공했읍니다.

> "라반이 가로되 그를 네게 주는 것이 타인에게 주는 것보다 나으니 나와 함께 있으라"(19절).

라반은 야곱의 계약 조건을 받아들였읍니다.

다음의 20 절은 야곱에 대한 가장 아름다운 이야기 가운데 하나를 우리에게 들려줍니다. 사실 야곱의 초창기 생애 가운데서 가장 아름답고 훌륭하며 고귀한 것 하나가 있다면 그것은 아마도 라헬에 대한 그의 사랑일 것입니다.

> "야곱이 라헬을 위하여 칠년 동안 봉사하였으나 그를 연애하는 까닭에 칠년을 수일같이 여겼더라"(20절).

당신은 여기에서 야곱이 얼마나 열심히 일했는가를 짐작할 수 있을 것입니다. 사실 야곱의 외삼촌 라반은 그에게 심한 일을 시켰읍니다. 그는 비가 오나 더우나 추우나 항상 밖에서 일하면서 라헬에 대하여 잠시도 잊은 적이 없었읍니다. 그리고 고된 하루의 일과가 끝나면 그녀는 이곳에 와서 그를 만났읍니다. 야곱은 라헬과 깊은 사랑에 빠져 있었읍니다.

> "야곱이 라반에게 이르되 내 기한이 찼으니 내 아내를 내게 주소서 내가 그에게 들어가겠나이다 라반이 그곳 사람을 다 모아 잔치하고"(21, 22절).

레아와 결혼하게 되는 야곱

이제 외삼촌 라반이 무슨 일을 행하는지 보십시오.

> "저녁에 그 딸 레아를 야곱에게로 데려가매 야곱이 그에게로 들어가니라 라반이 또 그 여종 실바를 그 딸 레아에게 시녀로 주었더라 야곱이 아침에 보니 레아라 라반에게 이르되 외삼촌이 어찌하여 내게 이같이 행하셨나이까 내가 라헬을 위하여 외삼촌께 봉사하지 아니하였나이까 외삼촌이 나를 속이심은 어찜이니이까 라반이 가로되 형보다 아우를 먼저 주는 것은 우리 지방에서 하지 아니하는 바이라"(23-26절).

그 당시는 결혼식 때 신부의 얼굴을 완전히 가리워 보이지 않게 하였읍니다. 따라서 야곱은 불행하게도 다음 날 아침에야 신부의 모습을 볼 수 있었읍니다. 그런데 이 어찌된 일입니까? 그것은 라헬이 아니었읍니다. 그것은 레아였읍니다. 그 순간 그는 자신이 속았다는 것을 깨달았읍니다. 그때 야곱은 아마도 형으로 가장하여 아버지를 속였을 때의 아버지 모습을 상상했을지도 모르겠읍니다. 그는 아버지를 속였으며, 그것 때문에 가정을 떠나지 않으면 안 되었읍니다. 당신이 알다시피 하나님께서는 그러한 행동을 결단코 용납하시지 않았읍니다. 이러한 결과는 야곱에게 있어 그가 심은 대로 거둔 것이었읍니다. 야곱은 자신이 동생이었지만 형인 것처럼 하여 아버지를 속였읍니다. 그때 야곱은 동생 라헬을 얻었다고 생각하였으나 사실은 그 언니를 얻었읍니다. 그것은 야곱의 기대에 완전히 어긋난 것이었으며, 그로서는 심히 견디기 어려운 일이었읍니다. 라반의 행위는 분명히 야곱에게 죄를 범한 것이었읍니다. 그러나 우리는 여기에서 그가 야곱을 속인 속임수에 주목해야 하겠읍니다. 라반은 그러한 처세술에 있어 아주 능숙한 사람이었읍니다. 라반은 계약 절차에 있어 그가 깜박 잊고 야곱에게 언급하지 않은 것이 있기 때문에 거기에는 약간의 착오가 있었다고 말하였읍니다. 그 지방에서는 풍습상 언니가 먼저 결혼한 다음에야 동생이 결혼할 수 있다는 것이었읍니다. 그리고 라반은 야곱에게 다음과 같이 또 다른 계약을 제시했읍니다.

"이를 위하여 칠일을 채우라 우리가 그도 네게 주리니 네가 그를 위하여 또 칠년을 내게 봉사할지니라"(27절).

라반은 야곱이 칠 일을 더 일하면 라헬을 그의 아내로 줄 것이며 그 대가로 칠 년을 더 봉사하라고 말합니다. 라반은 그가 주는 보수의 값을 완전히 빼내고 있었습니다. 불쌍한 야곱에게는 실로 고통스런 기간이 아닐 수 없었습니다. 사실, 야곱은 두 명의 아내를 결코 취해서는 안 되는 것이었습니다. 이 때문에 그는 훗날 많은 고통을 받게 됩니다.

"야곱이 그대로 하여 그 칠 일을 채우매 라반이 딸 라헬도 그에게 아내로 주고"(28절).

라반은 이렇게 해서 야곱으로 하여금 그와 처음 맺은 계약 기간의 두 배를 봉사하게 하였습니다. 칠 년도 긴 세월인데 십사 년의 기간이란 참으로 긴 세월이었습니다. 그리고 야곱은 이러한 계약 조건으로 이중 결혼을 하게 되었습니다.

당신은 이러한 것이 성경에 기록되어 있다고 해서 하나님께서 일부다처제를 인정하신 것으로 생각할지 모릅니다. 그러나 성경에 기록되어 있다고 해서 다 하나님께서 인정하신 것은 아닙니다. 예를 들어 하나님께서는 성경에 기록되어 있는 사단의 거짓말을 옳다고 인정하시지 않았습니다. 그리고 또 하나님께서는 다윗의 범죄도 묵인하시지 않고 심판하셨습니다. 그러나 이 두 가지 사건은 모두 다 하나님의 영감된 말씀입니다. 하나님께서는 특별한 목적이 있으셨기에 이러한 사건들을 성경에 기록케 하신 것입니다. 이처럼 하나님께서는 창세기 29 장에서도 어떠한 뜻이 있으셔서 야곱이 두 아내를 취한 것을 자세히 기록케 하셨습니다. 그러나 우리가 성경을 계속 읽어 나가면서 깨닫는 것이지만 야곱이 두 아내를 취한 것은 결코 하나님의 원하시는 바가 아니었습니다. 그것은 하나님의 방법이 아니었습니다. 사실 이때부터 야곱은 가정적으로 많은 어려움을 겪게 되었으며, 그 모든 고통은 그가 교활한 방법으로 에서를 기만(欺瞞)한 것에 대한 하나님의 채찍이었읍니다. 이것이 곧 심은 대로 거둔다는 성경의 진리입니다.

> "여호와께서 레아에게 총이 없음을 보시고 그의 태를 여셨으나 라헬은 무자하였더라 레아가 잉태하여 아들을 낳고 그 이름을 르우벤이라 하여 가로되 여호와께서 나의 괴로움을 권고하셨으니 이제는 내 남편이 나를 사랑하리로다 하였더라"(31,32절).

자기 남편이 자기보다 라헬을 더 사랑한다는 것을 알고 있는 레아의 마음은 슬펐읍니다. 그러나 르우벤을 낳았을 때 레아의 마음은 뛸듯이 기뻤으며, 이제부터는 야곱이 그녀를 사랑하리라고 생각하였읍니다.

르우벤은 야곱의 첫째 아들이었지만, 그가 곧 장차 그리스도께서 오실 계열을 잇는 아들은 아니었읍니다. 그리스도께서 오신 계열은 레아의 네째 아들인 유다였읍니다. 레아는 네 명의 아들을 낳았는데, 르우벤에 이어 시므온(33절), 레위(34절), 그리고 유다(35절)를 낳았읍니다. 유다의 계열은 왕의 혈통이었읍니다. 다윗은 바로 이 혈통에서 출생하였으며 그 후 그리스도께서 오신 것도 육체로는 유다의 혈통에서 태어나셨읍니다. 르우벤은 자신의 죄 때문에 장자로서의 자리를 상실하였읍니다. 그리고 레위는 제사장의 혈통이 되었읍니다. 이로써 레아는 야곱에게서 태어난 몇몇 훌륭한 아들들의 아머니가 되었읍니다.

제 30 장

야곱의 아들들의 출생 / 요셉을 낳은 라헬 / 라반에게서 떠나려는 야곱

우리는 이 창세기 30 장을 연구하면서 하나님께서는 야곱이 죄를 범하였음에도 불구하고 그에게 은혜를 베푸시는 것을 보게 됩니다. 창세기 30 장의 주제는 야곱의 가족과 그의 자녀들의 출생이라고 할 수 있겠읍니다. 이제 야곱은 라반을 떠나고 싶어합니다. 그래서 외삼촌 라반과 기발한 계약을 맺습니다.

야곱의 아들들의 출생

"라헬이 자기가 야곱에게 아들을 낳지 못함을 보고 그 형을 투기하여 야곱에게 이르되 나로 자식을 낳게 하라 그렇지 아니하면 내가 죽겠노라" (1절).

그 당시, 여자로서 자식을 낳지 못하는 것은 가장 큰 수치였읍니다. 여자는 자식을 많이 낳으면 낳을수록 대우를 받았읍니다.

> "야곱이 라헬에게 노를 발하여 가로되 그대로 성태치 못하게 하시는 이는 하나님이시니 내가 하나님을 대신하겠느냐 라헬이 가로되 나의 여종 빌하에게로 들어가라 그가 아들을 낳아 내 무릎에 두리니 그러면 나도 그를 인하여 자식을 얻겠노라 하고"(2, 3절).

여기서 우리는 야곱과 라헬이 자녀 문제로 그 당시의 풍습을 좇고 있음을 봅니다. 견디다 못한 라헬이 먼저 이것을 제안합니다. 당신은 아브라함과 사라도 이와 똑같은 과정을 겪었던 것을 기억하십니까? 그때 사라도 아브라함에게 이와 같은 제안을 했었지요. 그러나 하나님께서는 그 당시 아브라함과 사라의 그 같은 행동을 허락하시지 않았듯이 이때에도 야곱과 라헬의 그러한 행동을 인정하시지 않았읍니다. 성경은 그것에 대하여 자세히 기록하고 있지만, 그렇다고 해서 그것이 곧 하나님께서 그러한 행위를 허락하셨다는 것을 의미하는 것은 결코 아닙니다. 사실 하나님께서 그러한 것을 인정하시지 않았다는 것은 성경의 가르침으로 보아 매우 분명합니다. 당신은 이 문제 때문에 일어났던 아브라함 가정의 불화를 잘 기억할 것입니다. 그것은 이삭의 가정에 있어서도 마찬가지였읍니다. 이제는 그것이 야곱의 가정에까지 내려오게 되었읍니다. 야곱은 이로 인해 위의 두 조상들보다도 훨씬 더 많은 고통 가운데 빠지게 됩니다.

창세기 30 장 5–21 절까지의 말씀은 라헬의 여종 빌하와 레아의 여종 실바에게서 각기 태어난 두 아들들과 또 레아에게서 태어난 또 다른 아들들에 대하여 기록하고 있읍니다.

요셉을 낳은 라헬

> "하나님이 라헬을 생각하신지라 하나님이 그를 들으시고 그 태를 여신

> 고로 그가 잉태하여 아들을 낳고 가로되 하나님이 나의 부끄러움을 씻으셨다 하고 그 이름을 요셉이라 하니 여호와는 다시 다른 아들을 내게 더하시기를 원하노라 함이었더라"(22-24절).

이 소년이 후에 애굽 땅에 종으로 팔려간 그 아들이었읍니다. 우리는 매우 훌륭한 인물이 된 그에 대하여 나중에 자세히 살펴보게 될 것입니다.

그 다음에는 라헬에게서 베냐민이 태어났읍니다. 우리는 야곱의 열 두 아들들에 대한 목록을 나열하면서 본 장의 결론을 맺게 될 것입니다. 왜냐하면 그들은 이스라엘 민족의 중심이 되는 중요한 인물들이기 때문입니다. 즉, 이스라엘의 열두 지파가 바로 그들에게서 시작되어 마침내 이스라엘 국가를 이루게 됩니다.

라반에게서 떠나려는 야곱

> "라헬이 요셉을 낳은 때에 야곱이 라반에게 이르되 나를 보내어 내 고향 내 본토로 가게 하시되 내가 외삼촌에게서 일하고 얻은 처자를 내게 주어 나로 가게 하소서 내가 외삼촌께 한 일은 외삼촌이 아시나이다"(25, 26절).

이때 라반이 야곱에게 대답한 것을 들어보십시오. 그는 아직도 야곱의 봉사에 만족하지 못하여 그에게 더 있기를 요구하였읍니다.

> "라반이 그에게 이르되 여호와께서 너로 인하여 내게 복 주신 줄을 내가 깨달았노니 네가 나를 사랑스럽게 여기거든 유하라"(27절).

이것은 아주 재미있는 이야기입니다. 당신은, 이삭이 그들 중에 있을 때 복을 받았던 그랄 왕 아비멜렉을 기억할 것입니다. 이처럼 라반도 하나님께서 야곱과 함께 하시며, 그를 통하여 자신이 복을 받았다는 것을 발견하였읍니다. 그래서 외삼촌 라반은 야곱에게 "야곱아, 나를 떠나지 말아다오. 제발 내 곁에 있어다오. 내가 너로 인하여 복을 받았은즉 품삯을 올려주려고 하는데…" 하고 말하였읍니다.

> "또 가로되 네 품삯을 정하라 내가 그것을 주리라"(28절).

야곱은 그때 이미 라반이 그와 계약할 때마다 자신에게 유리한 조건으로 맺었다는 것을 이미 알고 있었읍니다. 그리하여 더 이상 머물러 있기를 원치 않았읍니다.

> "야곱이 그에게 이르되 내가 어떻게 외삼촌을 섬겼는지, 어떻게 외삼촌의 짐승을 쳤는지 외삼촌이 아시나이다 내가 오기 전에는 외삼촌의 소유가 적더니 번성하여 떼를 이루었나이다 나의 공력을 따라 여호와께서 외삼촌에게 복을 주셨나이다 그러나 나는 어느 때에나 내 집을 세우리이까"(29, 30절).

야곱의 불평하는 소리를 들어 보십시오. 야곱은 이제 자기 마음 속에 있는 걱정거리를 털어 놓았읍니다. 그는 라반에게 "제가 외삼촌을 위하여 그 동안 봉사한 결과 저에게 남은 것은 두 아내와 두 여종 그리고 아들들뿐입니다"라고 말했읍니다. 사실 그때 그에게는 열한 명의 아들들이 있었읍니다. 그는 이로 인해 염려하지 않을 수 없었읍니다. 그래서 그는 라반에게 "하나님께서 외삼촌께는 복을 주사 번성케 하셨읍니다. 하지만 저에게는 남은 것이 아무것도 없군요"라고 말했읍니다.

> "라반이 가로되 내가 무엇으로 네게 주랴 야곱이 가로되 외삼촌께서 아무것도 내게 주실 것이 아니라 나를 위하여 이 일을 행하시면 내가 다시 외삼촌의 양떼를 먹이고 지키리이다 오늘 내가 외삼촌의 양떼로 두루 다니며 그 양 중에 아롱진 자와 점있는 자와 검은 자를 가리어 내며 염소 중에 점있는 자와 아롱진 자를 가리어 내리니 이같은 것이 나면 나의 삯이 되리이다"(31, 32절).

다시 말해서 라반의 양과 염소 중에서 원래의 종자는 라반이 갖고, 돌연변이로 태어나는 종자만 자기에게 품삯으로 달라는 야곱의 제안이었읍니다. 그것은 라반에게는 아주 유리한 조건이었읍니다. 그래서 그는 얼른 그 제안을 수락합니다.

> "후일에 외삼촌께서 오셔서 내 품삯을 조사하실 때에 나의 의가 나의 표징이 되리이다 내게 혹시 염소 중 아롱지지 아니한 자나 점이 없는 자나 양 중 검지 아니한 자가 있거든 다 도적질한 것으로 인정하소서 라반이 가로되 내가 네 말대로 하리라 하고 그 날에 그가 수염소 중 얼룩무늬 있는 자와 점 있는 자를 가리고 암염소 중 흰 바탕에 아롱진 자와 점 있는 자를 가리고 양 중의 검은 자들을 가려 자기 아들들의 손에 붙이고" (33-35절).

그들은 서로의 것을 함께 기를 수 없었을 것입니다. 야곱은 돌연변이 종자만을 그의 품삯으로 취하기로 하였기·때문입니다. 라반의 소유인 본래의 종자는 그들끼리만 교미하여 새끼를 낳게 될 것이며, 그것은 외삼촌 라반의 것이 될 것입니다. 그리고 나머지 "아롱진 것"과 "얼룩 무늬 있는 것"과 "점 있는 것"들은 야곱의 것이 되었읍니다. 야곱은 이처럼 매우 재미있는 계약을 제의하였던 것입니다.

> "자기와 야곱의 사이를 사흘길이 뜨게 하였고 야곱은 라반의 남은 양떼를 치니라 야곱이 버드나무와 살구나무와 신풍나무의 푸른 가지를 취하여 그것들의 껍질을 벗겨 흰 무늬를 내고 그 껍질 벗긴 가지를 양떼가 와서 먹는 개천의 물구유에 세워 양떼에 향하게 하매 그 떼가 물을 먹으러 올 때에 새끼를 배니 가지 앞에서 새끼를 배므로 얼룩얼룩한 것과 점이 있고 아롱진 것을 낳은지라"(36-39절).

이 부분에 대하여는 여러 가지 해석이 분분합니다. 어떤 사람은 이것을 아주 미신적인 것으로 평가하기도 합니다. 그뿐 아니라 이 사건을 하나의 꾸며낸 이야기로 간주해 성경에 기록될 가치가 없는 것이라고 말하는 사람들도 있읍니다. 그러나 이것이 성경에 기록된 것은 그만큼 중요한 이유가 있기 때문입니다. 물론 여기에 유전인자가 관련되어 있겠지만 저는 이것을 전적으로 미신으로 취급해서는 안 된다고 생각합니다. 중요한 사실은 라반과 야곱은 나무껍질에 흰 무늬를 내어 양으로 하여금 새끼를 밸 때에 그것을 보게 하면 아롱진 새끼를 낳는다고 믿었다는 것입니다. 아마 당신은 그것이 비과학적인 것이라 하여 안 믿을지도 모르겠습니다. 그러나 그들은 믿었습니다. 우리는 이 '믿음'이 얼마나 큰 힘을 발휘하는지 여기서 알 수 있습니다. 하나님께서는 때로 사람의 상식을 초월하여 역사하십니다. 하나님께서는 야곱의 하는 일에 복을 내리셨고 은혜를 베푸셨습니다. 우리는 이에 대해 다음 창세기 31 장에서 전체적인 조명을 다시 하도록 하겠습니다.

그러면 여기서 잠깐 이스라엘의 열두 지파를 이루는 야곱의 열두 아들들에 대해 소개하도록 하겠습니다. 우선 레아에게서 태어난 자녀들을 순서적으로 말씀드리면 르우벤, 시므온, 레위, 유다, 잇사갈, 스불론 외에 딸 디나가 있습니다. 그리고 또 라헬의 여종 빌하에게서 태어난 아들은 단과 납달리가 있으며, 레아의 여종 실바에게서 태어난 아들은 갓과 아셀이 있습니다. 그리고 끝으로 라헬에게서 태어난 아들들로는 요셉과 베냐민이 있습니다.

사실 야곱은 그의 이 열두 아들들을 양육하는 일에 매우 바빴습니다. 그리고 우리는 그에게 디나라는 딸이 있었다는 것을 압니다.

이제 당신은 다음 31 장에서 하나님이 야곱에게 하란을 떠나 아브라함과 이삭과 야곱에게 약속하신 땅으로 돌아가라고 말씀하시는 장면을 보게 될 것입니다. 하나님께서 야곱의 자녀들이 라반의 집에서 자라기를 원하지 않으신 것은 그들을 특별히 생각하셨기 때문이었을 것입니다.

제 31 장

하란에서 도망하는 야곱 / 야곱을 뒤쫓아온 라반 / 야곱과 라반의 언약

우리는 이 장에서 야곱이 아무런 기별도 없이 라반의 곁을 떠나는 것을 보게 됩니다. 따라서 그들은 야곱을 위한 송별식조차도 갖지 못하였읍니다. 라반은 야곱의 뒤를 좇아가 그를 만났읍니다. 마침내 야곱과 라반은 서로가 속이거나 근심이 되는 일은 행하지 않겠다는 언약을 맺습니다. 결국 그들은 마지막으로 헤어질 때 만큼은 좋은 관계로 헤어졌읍니다.

또 우리는 하나님께서 야곱으로 하여금 그곳을 떠나게 하시기를 원하셨다는 것을 보게 될 것입니다. 하나님께서는 라반의 가정 환경이 야곱과 그 가족에게 좋지 않음을 아셨읍니다. 야곱의 아들들은 장차 이스라엘의 열두 지파의 조상이 될 사람들이었읍니다. 따라서 하나님께서는 그들을 그곳으로부터 이끌어 내어 아브라함에게 약속하신 땅으로 돌아가기를 원하셨읍니다.

사실 야곱은 그 동안 여러 가지 매우 악한 죄를 범하였음에도 불구하고 하나님께서는 그를 결코 버리시지 않으셨읍니다. 따라서 이러한 사실은 당신과 저에게 아주 큰 격려가 됩니다. 주께서는 우리가 계속해서 그분께 돌아가는 한 우리를 결코 저버리시지 않습니다. 하나님께서는 야곱과 저 같은 사람도 버리지 않으시고 택하신 분이시기에 당신도 결코 버리지 않으실 것입니다.

당신은 야곱이 외삼촌 라반의 집에서 20 년 동안 매우 고된 세월을 보냈다는 것을 기억할 것입니다. 라반은 야곱에게 매우 고된 연단과정을 겪도록 하였읍니다. 야곱은 외삼촌으로부터 당하는 여러 어려움들 때문에 교만하였던 그의 마음이 꺾이기 시작하였읍니다. 그러나 야곱은 양과 염소로 자신에게 불리한 계약을 맺은 뒤부터 오히려 그의 외삼촌보다 더 많은 가축들을 얻게 되었읍니다. 라반은 그것을 아주 못마땅하게 여겼으며, 그 아들들도 그것을 시기하였읍니다.

> "야곱이 들은즉 라반의 아들들의 말이 야곱이 우리 아버지의 소유를 다 빼앗고 우리 아버지의 소유로 인하여 이같이 거부가 되었다 하는지라 야곱이 라반의 안색을 본즉 자기에게 대하여 전과 같지 아니하더라"(1, 2절).

이때 야곱은 하나님으로부터 부르심을 받게 됩니다.

> "여호와께서 야곱에게 이르시되 네 조상의 땅, 네 족속에게로 돌아가라 내가 너와 함께 있으리라 하신지라 야곱이 보내어 라헬과 레아를 자기 양떼 있는 들로 불러다가"(3, 4절).

야곱은 하나님으로부터 그곳을 떠나라는 명령을 받았기 때문에, 이제 그는 그곳을 떠날 준비를 해야만 했읍니다. 야곱은 이 문제를 의논하기 위해 라헬과 레아를 들로 불러내었읍니다. 혹시라도 이 일을 라반이나 그의 아들들이 알게 될까봐 염려했기 때문이었읍니다. 야곱은 이 일을 비밀리에 추진코자 했던 것입니다.

> "그들에게 이르되 내가 그대들의 아버지의 안색을 본즉 내게 대하여 전과 같지 아니하도다 그러할지라도 내 아버지의 하나님은 나와 함께 계셨느니라 그대들도 알거니와 내가 힘을 다하여 그대들의 아버지를 섬겼거늘"(5, 6절).

우리는 그가 힘을 다해 수고했다는 말에 동의합니다. 그는 참으로 열심히 일했읍니다. 하지만 우리는 라반의 공로도 인정해야 할 줄로 압니다. 그를 또 그렇게 일하도록 만든 사람은 바로 라반이 아니겠읍니까? 어찌 됐든 라반은 야곱에게 품삯 이상의 것을 가르쳐 준 사람입니다.

> "그대들의 아버지가 나를 속여 품삯을 열 번이나 변역하였느니라 그러나 하나님이 그를 금하사 나를 해치 못하게 하셨으며"(7절).

20 년 동안 라반이 품삯을 열 번이나 변역하였다는 사실에 주목하십시오. 얼마나 불쌍한 야곱입니까? 그러나 야곱이 어찌할 바를 몰라 당혹함과 실망 가운데 빠져 있을 때 하나님께서는 결코 그를 홀로 버려두시지 않았읍니다.

> "그가 이르기를 점 있는 것이 네 삯이 되리라 하면 온 양떼의 낳은 것이 점 있는 것이요 또 얼룩무늬 있는 것이 네 삯이 되리라 하면 온 양떼의 낳은 것이 얼룩무늬 있는 것이니 하나님이 이같이 그대들의 아버지의 짐승을 빼앗아 내게 주셨느니라"(8, 9절).

야곱은 이때 라헬과 레아에게 라반과 그 아들들이 자신을 질투할 정도로 그를 축복하여 주신 분은 바로 하나님이시라는 것을 설명하여 주었읍니다. 시실 그들은 이 때문에 야곱을 미워하기까지 하였읍니다.

이제 야곱은 자신이 그곳을 떠나고자 하는 실질적인 이유를 말합니다.

"꿈에 하나님의 사자가 내게 말씀하시기를 야곱아 하기로 내가 대답하기를 여기 있나이다 하매 가라사대 네 눈을 들어 보라 양떼를 탄 수양은 다 얼룩무늬 있는 것, 점 있는 것, 아롱진 것이니라 라반이 네게 행한 모든 것을 내가 보았노라"(11, 12절).

아마 당신은 앞의 창세기 30 장에서 야곱이 양을 치는 데 있어 발생하였던 사건에 대하여 설명이 부족한 것을 느꼈을 것입니다. 그러나 저는 성경의 본문이 이 사실을 분명히 밝혀 줄 때까지 기다린 것입니다. 30 장에서는 다소 막연한 감이 있지만 여기서는 분명히 하나님께서 "내가 그것을 했노라"고 밝히셨읍니다. 우리는 하나님의 역사를 이해하는 데 있어서 너무 자연법칙에 매여서는 안 됩니다. 물론 하나님께서는 일반적으로는 그러한 자연법칙을 사용하시지만, 많은 경우에 있어 초자연적으로 역사하실 때가 많은 것입니다. 하나님께서는 라반이 야곱에게 행한 모든 것을 보시고 그에게 이같은 복을 주셨던 것입니다.

"나는 벧엘 하나님이라 네가 거기서 기둥에 기름을 붓고 거기서 내게 서원하였으니 지금 일어나 이곳을 떠나서 네 출생지로 돌아가라 하셨느니라"(13절).

"나는 벧엘 하나님이라."
이것은 하나님께서 야곱이 집을 떠나 도망가는 도중 벧엘에서 첫날 밤을 보낼 때 그에게 나타나신 것을 상기시키는 말씀입니다. 그때의 하나님께서 지금도 나타나셔서 그에게 말씀하시는 것입니다.

"지금 일어나 이곳을 떠나서 네 출생지로 돌아가라."
하나님께서는 야곱이 하란을 떠날 것을 원하셨읍니다. 왜냐하면 그때 야곱에게는 자라나는 열한 명의 아들들이 있었으며, 그들은 그곳에서 옳지 못한 것들을 이미 경험하고 있었기 때문입니다. 하나님께서는 마치 아브라함을 우상이 난무하던 그의 고향에서 인도하여 내신 것처럼 야곱과 그 아들들을 우상의 땅으로부터 떠날 것을 명하셨읍니다.

"라헬과 레아가 그에게 대답하여 가로되 우리가 우리 아버지 집에서 무슨 분깃이나 유업이나 있으리요 아버지가 우리를 팔고 우리의 돈을 다 먹었으니 아버지가 우리를 외인으로 여기는 것이 아닌가"(14,15절).

라헬과 레아는 야곱에게 자신들이 아버지의 딸들로서 당연히 어느 정도의 유산을 받아야 할 것과, 그렇게 되었다면 라반과 그들 사이에 그와 같이 서로 적대시하는 관계가 되지 않았을 것이라고 말하였습니다. 그러나 그들은 라반에게 그것을 기대할 수가 없었습니다.

불행하게도 오늘날 그리스도인들 가운데 금전 거래를 하는 경우가 많이 있습니다. 이러한 금전 거래는 그들 각자에게 있어 나중에 심각한 시험거리가 될 것입니다. 이미 우리 주위에는 그러한 일들이 많이 일어나고 있습니다. 이 때문에 교회 전체에 얼마나 큰 문제가 야기되고 있는지 모릅니다. 아뭏든 교인들 사이에는 어떠한 명목으로든 금전 거래를 해서는 안 됩니다. 세상의 재물로, 그리스도께서 피로 값 주고 사신 교회를 무너지게 할 수는 없지 않습니까? 이 어찌 사단의 역사가 아니고 무엇이겠습니까?

"하나님이 우리 아버지에게서 취하신 재물은 우리와 우리 자식의 것이니 이제 하나님이 당신에게 이르신 일을 다 준행하라"(16절).

저는 이 두 딸들의 처사에 대하여 감탄하지 않을 수 없습니다. 그들은 야곱에게 그가 원하는 대로 하라고 말했습니다. 그들은 야곱의 편을 들었습니다. 그리고 그들은 그들의 아버지가 야곱의 재물을 약탈하였다는 것을 분명하게 인정하고 있었습니다.

하란에서 도망하는 야곱

"야곱이 일어나 자식들과 아내들을 약대들에게 태우고 그 얻은 바 모든 짐승과 모든 소유물 곧 그가 밧단아람에서 얻은 짐승을 이끌고 가나안 땅에 있는 그 아비 이삭에게로 가려할새 때에 라반이 양털을 깎으러 갔으므로 라헬은 그 아비의 드라빔을 도적질하고"(17-19절).

여기서는 아주 재미있는 계시의 일면을 볼 수 있습니다. 야곱은 일어나 다시 급히 하란을 떠났읍니다. 야곱이 이렇게 하란을 떠나는 모습은 그가 형 에서를 피하여 집을 떠날 때의 모습과 아주 비슷합니다. 지금 그는 외삼촌을 피해 떠나고 있읍니다. 그러나 이번에는 전적으로 그의 잘못만은 아니었읍니다. 그는 이미 그곳을 떠날 준비가 되어 있었읍니다. 그는 모든 가축과 종들에게 떠날 준비를 시켜 놓았읍니다.

"라헬은 그 아비의 드라빔을 도적질하고."
이미 제가 앞에서 말씀드렸듯이 라반의 가족은 우상을 숭배하고 있었읍니다. 그래서 하나님께서는 야곱의 자녀들이 그러한 곳에서 자라기를 원하시지 않았읍니다. 그러나 우리가 성경에서 보듯이 라헬은 우상숭배하는 가정에서 성장하였기 때문에 그녀의 몸에 「드라빔」을 지니고 떠나기를 원했읍니다. 여기서 「드라빔」이란 가정을 지켜주는 수호신으로, 사람 모양으로 생긴 우상을 말합니다. 라헬은 얼마나 유치한 생각을 가지고 있었읍니까? 야곱 자신도 젊은 시절, 그가 집을 떠날 때에는 하나님으로부터 피할 수 있다고 생각했읍니다. 그러나 벧엘에서 하나님께서 그에게 나타나셨을 때 그는 자기가 하나님을 피할 수 없다는 사실을 발견했읍니다.

다윗은 다음과 같이 노래합니다.
"내가 주의 신을 떠나 어디로 가며 주의 앞에서 어디로 피하리이까 내가 하늘에 올라갈지라도 거기 계시며 음부에 내 자리를 펼지라도 거기 계시니이다"(시 139:7,8).
즉, 죽음조차도 우리를 하나님으로부터 벗어나게 하지 못합니다.
"내가 새벽 날개를 치며 바다 끝에 가서 거할지라도 곧 거기서도 주의 손이 나를 인도하시며 주의 오른손이 나를 붙드시리이다"(시 139:9,10).

우리가 달나라에 간다 할지라도 하나님께서는 거기에 계십니다. 즉, 우리는 어느 곳으로 갈지라도 결단코 하나님을 피할 수는 없습니다.

"때에 라반이 양털을 깎으러 갔으므로."
이로 보아 야곱은 라반이 양털을 깎으러 밖으로 나갈 때까지 기다렸음을 알 수 있습니다. 아마 라반은 그날 따라 양들을 넓은 초원에서 풀을 먹이도록 하기 위해서 집으로부터 아주 멀리까지 나갔는지도 모릅니다. 그곳에서는 지금도 목동이 양에게 풀을 충분히 먹이기 위하여 넓은 초원이 있는 데까지 멀리 나가곤 합니다. 야곱은 라반이 집을 떠나 있는 동안이었기에 그에게 자신이 떠난다는 사실을 알리지 않고 가만히 떠났습니다.

"야곱은 그 거취를 아람 사람 라반에게 고하지 않고 가만히 떠났더라 그가 그 모든 소유를 이끌고 강을 건너 길르앗 산을 향하여 도망한지"(20, 21절).

그들은 길르앗 산이 보이는 곳에 이르렀습니다. 그곳은 요단강 동쪽이었습니다. 그들은 상당히 먼 길까지 왔던 것입니다.

야곱을 뒤쫓아온 라반

"삼 일만에 야곱의 도망한 것이 라반에게 들린지라 라반이 그 형제를 거느리고 칠일 길을 쫓아가 길르앗 산에서 그에게 미쳤더니"(22, 23절).

라반은 야곱을 붙잡기 위하여 전속력으로 쫓아갔습니다. 라반은 결코 좋은 마음으로 가지는 않았을 것입니다. 아마도 라반은 화가 치밀어 야곱을 죽이려 했을지도 모릅니다. 그러나 하나님께서는 이때도 야곱을 버려두지 않으시고 그를 지키셨습니다.

> "밤에 하나님이 아람 사람 라반에게 현몽하여 가라사대 너는 삼가 야곱에게 선악간 말하지 말라 하셨더라"(24절).

다시 표현하자면, 하나님께서는 라반에게 "너는 말과 행동을 자제하고 야곱의 잘잘못을 따지지 말라"고 말씀하셨읍니다.

> "라반이 야곱을 쫓아 미치니 야곱이 산에 장막을 쳤는지라 라반이 그 형제로 더불어 길르앗 산에 장막을 치고"(25절).

외삼촌 라반은 어떤 사람이었읍니까? 그는 실로 교활하고 파렴치한 사람이었읍니다. 그는 야곱에 대하여 악심을 품고 그가 가지고 있는 모든 재물도 다시 빼앗아가려는 생각을 갖고 그에게 달려왔읍니다. 아마도 그는 야곱을 죽이고 자신의 두 딸과 야곱의 아들들을 데리고 가려 했는지도 모르는 일입니다.

> "라반이 야곱에게 이르되 네가 내게 알리지 아니하고 가만히 내 딸들을 칼로 잡은 자같이 끌고 갔으니 어찌 이같이 하였느냐 내가 즐거움과 노래와 북과 수금으로 너를 보내겠거늘 어찌하여 네가 나를 속이고 가만히 도망하고 내게 고하지 아니하였으며"(26, 27절).

여기서 우리는 다시금 라반이 얼마나 교활하며 책략에 능란한 사람인지 알 수 있읍니다. 그는 야곱에게 왜 멋지게 차려 줄 송별파티를 거절했느냐고 책망했읍니다. 그는 자신이 야곱을 위하여 대축하잔치를 배설하고 그에게 다정한 송별인사라도 해 주었을 것처럼 말했읍니다. 우리가 잘 알고 있듯이, 그는 말은 그렇게 했을지라도 실제로는 그렇게 해 줄 사람이 아니었읍니다. 라반은 이처럼 종종 마음에도 없는 말을 내뱉음으로 사람의 마음을 사려고 했던 인물이었읍니다.

> "나로 내 손자들과 딸들에게 입맞추지 못하게 하였느냐 네 소위가 실로 어리석도다"(28절).

여기서 "손자들"은 야곱의 아들들을 말합니다. 그들은 장차 인류의 장래에 있어 매우 중요한 의미를 갖게 될 특별한 사람들이었습니다.

> "너를 해할 만한 능력이 내 손에 있으나 너희 아버지의 하나님이 어제밤에 내게 말씀하시기를 너는 삼가 야곱에게 선악간 말하지 말라 하셨느니라"(29절).

라반은 그가 야곱에 대하여 나쁜 마음을 품었으나 하나님께서 그것을 행하지 못하게 하셨다고 야곱에게 말했습니다.

> "이제 네가 네 아비 집을 사모하여 돌아가려는 것은 가하거니와 어찌 내 신을 도적질하였느냐"(30절).

여기서 라반은 야곱에게 그의 신상(神像)을 훔친 것에 대하여 책망했습니다. 그러나 사실 야곱은 라헬이 그 아비의 드라빔을 훔쳐왔다는 것을 모르고 있었습니다. 따라서 야곱은 라반의 책망에 대해 대답하면서, 그가 인사없이 도망친 것에 대해서만 변호하였습니다.

> "야곱이 라반에게 대답하여 가로되 내가 말하기를 외삼촌이 외삼촌의 딸들을 내게서 억지로 빼앗으리라 하여 두려워하였음이니이다"(31절).

야곱은 라반이 그의 두 아내와 자녀들, 그리고 재물을 가지고 떠나는 것을 허락하지 않을 것이라고 생각하였습니다.

그런 다음에 야곱은 라반의 신을 훔친 것에 대해서는 다음과 같이 말했습니다.

> "외삼촌의 신은 뉘게서 찾든지 그는 살지 못할 것이요 우리 형제들 앞에서 무엇이든지 외삼촌의 것이 발견되거든 외삼촌에게로 취하소서 하니 야곱은 라헬이 그것을 도적질한 줄을 알지 못함이었더라"(32절).

야곱은 아무도 라반에게서 그것을 훔친 자가 없다고 확신하고 있었읍니다. 야곱은 그 만큼 라반을 신뢰하지 않았읍니다. 라반도 역시 야곱을 신뢰하지 않았읍니다. 그들은 서로를 완전히 불신하고 있었읍니다. 그들이 함께 보낸 지난 20 년 동안의 세월은 결코 유익하고 즐거웠던 시간이 아니었음이 분명합니다.

> "라반이 야곱의 장막에 들어가고 레아의 장막에 들어가고 두 여종의 장막에 들어갔으나 찾지 못하고 레아의 장막에서 나와 라헬의 장막에 들어가매 라헬이 그 드라빔을 가져 약대 안장 아래 넣고 그 위에 앉은지라 라반이 그 장막에서 찾다가 얻지 못하매 라헬이 그 아비에게 이르되 마침 경수가 나므로 일어나서 영접할 수 없사오니 내 주는 노하지 마소서 하니라 라반이 그 드라빔을 두루 찾다가 얻지 못한지라"(33-35절).

라반은 정말로 그의 딸 중 누군가가 드라빔을 가지고 있을 것이라고 생각하였읍니다. 라헬도 역시 간교한 여인이었읍니다. 그 아버지의 그 딸이었던 것입니다. 그녀는 드라빔을 훔쳐 약대의 안장 아래 숨겼읍니다. 그런데 그 당시 여자가 앉는 안장은 약대 등 위에 마치 요람처럼 잘 만들어 놓았었읍니다. 그래서 라헬은 그 드라빔을 안장 밑에다 숨겨 놓고는 그 위에 그대로 앉아 있었읍니다. 그리고는 라반이 오자 자기에게 경수(經水)가 있어, 즉 월경 중이라 일어날 수가 없다고 말하였읍니다. 그리고는 계속하여 그곳에 앉아 있었읍니다. 우리는 여기에서 라반의 가족에 대해 얼마나 생생한 모습을 봅니까?

라헬이 그녀의 아버지의 드라빔을 도적질하여 갔다는 것은 아마 우리가 생각하고 있는 것보다 훨씬 더 심각한 문제였을 것입니다. 가정을 지키는 수호신상을 소유한다는 것은 그 가정의 가장이라는 것을 뜻하였읍니다. 즉, 그것은 야곱이 장차 라반의 모든 재산을 상속받게 된다는 것을 의미합니다. 라반이 드라빔에 대하여 그와 같이 초조해 하였던 것은 바로 그러한 이유 때문이었읍니다. 그는 자신의 모든 재산이 야곱에게 돌아가는 것을 결코 원하지 않았읍니다. 그는 그때에도 야곱이 너무 많은 재산을 가지고 있다고 생각하고 있었읍니다.

그때 야곱은 자기들에게 아무 혐의가 없다는 사실에 점점 확신을 갖게 되었읍니다. 그들은 신상을 찾아낼 수 없었읍니다. 따라서 야곱은 그것이 그들 가운데는 결코 없다고 확신하고 있었읍니다. 그는 이제 그를 뒤쫓아온 장인을 책망합니다.

> "야곱이 노하여 라반을 책망할새 야곱이 라반에게 대척하여 가로되 나의 허물이 무엇이니이까 무슨 죄가 있기에 외삼촌께서 나를 불같이 급히 쫓나이까"(36절).

야곱은 그의 외삼촌에게 불만을 토했읍니다. 그때서야 비로소 야곱은 라반의 모든 억압과 연단의 과정으로부터 졸업한 것입니다. 그는 드디어 그 모든 속박의 과정을 마쳤기에 의기양양했읍니다.

> "내가 이 이십 년에 외삼촌과 함께 하였거니와 외삼촌의 암양들이나 암염소들이 낙태하지 아니하였고 또 외삼촌의 양떼의 수양을 내가 먹지 아니하였으며"(38절).

야곱은 식사조차도 제공받지 못하고, 그 대가를 지불하면서 먹어야 했읍니다.

> "물려 찢긴 것은 내가 외삼촌에게로 가져 가지 아니하고 스스로 그것을 보충하였으며 낮에 도적을 맞았든지 밤에 도적을 맞았든지 내가 외삼촌에게 물어 내었으며"(39절).

그는 외삼촌의 양을 치는 데 있어 아무런 법적 보장도 받지 못했읍니다. 야곱은 라반의 양이 도적을 맞거나, 들짐승에 의하여 죽임을 당하면, 그것을 변상하여야 했읍니다. 라반은 정말로 고용인을 혹사시키는 주인이었읍니다.

> "내가 이와 같이 낮에는 더위를 무릅쓰고 밤에는 추위를 당하며 눈붙일 겨를도 없이 지내었나이다"(40절).

그에게는 더운 여름에도 휴가조차 없었습니다. 계절이 바뀌어 날씨가 추워져도 그는 양과 짐승들을 지키면서 밖에서 떨어야 했습니다. 그는 수많은 밤들을 거의 그와 같이 짐승들을 지키며 보내지 않으면 안 되었습니다.

> "내가 외삼촌의 집에 거한 이 이십 년에 외삼촌의 두 딸을 위하여 십사 년, 외삼촌의 양떼를 위하여 육 년을 외삼촌을 봉사하였거니와 외삼촌께서 내 품값을 열 번이나 변역하셨으니"(41절).

이상이 지금까지 야곱에게 일어났던 일이었습니다. 야곱은 본래 지략이 뛰어난 사람으로 자신이 형 에서에게 범했던 죄의 형벌을 피할 수 있다고 생각하였습니다. 그러나 하나님은 누구든지 반드시 심은 대로 거두게 하시는 분이기 때문에 야곱의 죄에 대하여도 결코 묵인하시지 않았습니다. 야곱은 왜 외삼촌의 집에 와서까지 그에게 그런 고난을 받아야 했읍니까? 그것은 바로 그가 집에 있을 때 하나님께 순종하기를 거부하였기 때문입니다. 야곱이 그곳에 간 것은 형 에서를 피하기 위한 것도 있었지만, 한편으로는 자기의 아내를 구하기 위한 목적도 있었읍니다. 그러나 그가 그곳에서 종이 되었던 것은 하나님께서 그가 교활한 술책으로 장자권을 탈취한 것에 대하여 내리신 채찍이었읍니다. 야곱은 아버지를 속였기에 그 자신도 결국은 장인에게 속게 되었읍니다. 야곱은 동생이었음에도 자기가 형이라 하여 아버지를 속였읍니다. 그처럼 라반은 언니 레아를 동생 라헬이라고 하여 야곱을 속였읍니다. 또 야곱은 어머니의 잘못된 제안에도 종처럼 따랐기에, 라반에게도 20 년 동안 종처럼 복종해야만 했읍니다. 그리고 우리는 후에 그가 아버지를 속였던 것과 아주 똑같은 방법으로 그 아들들이 그를 속이는 것을 보게 될 것입니다. 그들은 수염소를 죽여 요셉의 채색옷에 그 피를 발랐읍니다. 야곱은 아버지의 가장 사랑하는 아들 에서에 대하여 속인 것처럼 이번에는 그가 가장 사랑하던 아들 요셉에 대하여 자기 아들들에게 속임을 당하였읍니다. 사람은 이처럼 누구나 심은 대로 거두기 마련입니다.

> "우리 아버지의 하나님, 아브라함의 하나님 곧 이삭의 경외하는 이가 나와 함께 계시지 아니하셨더면 외삼촌께서 이제 나를 공수로 돌려보내셨으리이다마는 하나님이 나의 고난과 내 손의 수고를 감찰하시고 어제 밤에 외삼촌을 책망하셨나이다"(42절).

야곱은 이때 하나님의 역사에 대해 잠시 간증했읍니다. 그리고는 라반의 잘못을 지적한 다음 이제 그를 떠나려 합니다. 그들은 서로 언약을 맺은 후 작별 인사를 나누고 헤어집니다.

야곱과 라반의 언약

> "라반이 야곱에게 대답하여 가로되 딸들은 내 딸이요 자식들은 내 자식이요 양떼는 나의 양떼요 네가 보는 것은 다 내 것이라 내가 오늘날 내 딸들과 그 낳은 자식들에게 어찌할 수 있으랴 이제 오라 너와 내가 언약을 세워 그것으로 너와 나 사이에 증거를 삼을 것이니라"(43, 44절).

이에 야곱은 돌을 취하여 기둥을 세우고, 그 형제들에게 돌을 모아 무더기를 이루게 하여 자기와 라반 사이의 증거를 삼았읍니다.

> "라반의 말에 오늘날 이 무더기가 너와 나 사이에 증거가 된다 하였으므로 이 이름을 갈르엣이라 칭하였으며 또 미스바라 하였으니 이는 그의 말에 우리 피차 떠나 있을 때에 여호와께서 너와 나 사이에 감찰하옵소서 함이라"(48, 49절).

본문의 "여호와께서 너와 나 사이에 감찰하옵소서"라는 말은 미국에서 종종 축복기도의 구절로 사용되고 있는 말입니다. 그러나 저는 이것이 그렇게 사용되어서는 안 된다고 생각합니다. 왜냐하면 그것은 서로의 물건을 착취하지 않고, 괴롭게 하지 아니할 것을 약속하는 교활한 두 사람 사이에 맺어진 언약이기 때문입니다. 즉, 이 구절의 진정한 의미는 "여호와께서 저 사람이 내 물건을 더 이상 탈취하지 않게 그를 감찰하옵소서"하는 뜻입니다. 이것이 바로 그 두 사람이 약조했던 진정한 의미입니다. 그런 후, 그들은 서로가 헤어졌읍니다. 돌무더기는 라반과 야곱 사이를 구분하는 경계선으로 미스바에 남아 있읍니다. 그들은 서로의 지역을 넘어가 해하지 않을 것을 이렇게 약속하였던 것입니다.

제 32 장

야곱에게 닥친 위기/에서를 만날 준비를 하는 야곱/브니엘에서 어떤 사람과 씨름하는 야곱/이스라엘로 이름이 바뀌는 야곱

본 장은 야곱의 인생에 있어 아주 중요한 부분을 다루고 있습니다. 즉, 그는 이때 그의 인생에 있어서 일대 전환점을 맞이하게 됩니다. 그러나 야곱은 아직도 온전히 회개치 못했읍니다. 이처럼 그가 계속 육신 가운데 살고 있었다 할지라도 그는 여전히 하나님의 사람이었읍니다. 이 때문에 우리는 사람을 그리스도인인지 아닌지를 판단하는 데 있어 매우 주의하여야 하는 것입니다. 그리스도인들 가운데, 겉보기에는 불신자들 같은 사람들이 많이 있긴 하지만 그렇다고 우리가 그들을 모두 불신자들이라고 생각하는 것은 아주 위험한 판단입니다. 그들이 그리스도인답게 보이든 안 보이든 그들은 모두 하나님의 보호하심 속에 있읍니다. 단지 그들이 신앙인다운 행동만을 하지 않을 뿐입니다. 즉, 그들은 자신들이 그리스도인이라는 외적 증거를 보여주지 못하고 있을 뿐입니다. 야곱도 하나님께서 이처럼 친히 나타나셔서 말씀하실 그때를 제외하고는 하나님의 사람다운 모습을 거의 찾아볼 수가 없었던 사람이었습니다.

야곱은 세상에서 하나님의 모습을 나타내고 증거하여야 할 사람이었으나 결코 그렇게 하지 못했습니다. 그리하여 하나님께서 그러한 야곱에게 이제 채찍을 드십니다. 하나님께서는 그를 회개시키시기 위하여 그의 환도뼈를 치셨습니다.

뿐만 아니라 하나님께서는 우리에게도 징계를 내리십니다.
"주께서 그 사랑하시는 자를 징계하시고"(히 12:6).
이것이 바로 하나님의 방법입니다. 그분께서는 징계를 통하여 우리를 연단하십니다. 롯도 역시 하나님의 사람으로서 의로운 행실을 보여주지 못하였습니다. 그러나 베드로는 롯에 대하여 "의로운 심령을 상하니라"(벧후 2:8)고 말합니다. 우리는 롯이 소돔과 고모라의 불의 심판을 경험하였다는 것을 잘 압니다. 그는 소돔과 고모라의 유황불의 심판을 피하기는 하였지만, 하나님께서는 그로 불 같은 시험을 경험하게 하셨습니다.

이러한 경험은 야곱에게 있어서도 마찬가지였습니다. 그는 외삼촌의 집에서 많은 고통을 받았습니다. 외삼촌 라반은 그를 감독하며 그에게 가혹한 일을 시켰습니다. 야곱은 외삼촌을 떠날 때 이러한 그의 모든 불만을 털어 놓았습니다. 그는 20 년 만에 그곳을 떠났으며 그때까지 그는 그곳에서 아주 열심히 일하였습니다. 그럼에도 불구하고 라반은 그의 품삯을 열 번이나 변역하였습니다. 라반은 평균 2 년마다 한번씩 그의 품삯을 변경하였는데 그때마다 그 조건이 야곱에게 불리하게 책정되었습니다. 이것이 바로 야곱이 경험한 하나님의 징계였습니다.

이제 하나님께서는 야곱에게 한 가지 테스트를 하십니다. 왜 하나님께서는 야곱에게 이런 테스트를 하셔야만 했을까요? 그것은 이제 야곱이 하나님을 대표하는 위치에 서야 하기 때문이었습니다. 하나님께서는 본 창세기 32 장에서 야곱을 깨닫게 하시며 그와 어느 때

보다도 가깝게 교제를 나누십니다. 우선, 저는 본 장의 내용에 적합한 성경구절 하나를 소개합니다.

"피곤한 자에게는 능력을 주시며 무능한 자에게는 힘을 더하시나니" (사 40:29).

야곱은 바로 이 말씀과 똑같은 체험을 하게 됩니다.

야곱에게 닥친 위기

> "야곱이 그 길을 진행하더니 하나님의 사자들이 그를 만난지라 야곱이 그들을 볼 때에 이르기를 이는 하나님의 군대라 하고 그 땅 이름을 마하나임이라 하였더라"(1,2절).

하나님께서는 이때 야곱을 능력있고 진실하며 충성된 봉사자와 증거자로 만드시기 위하여 그에게 직접적으로 역사하시기 시작합니다.

> "야곱이 세일 땅 에돔 들에 있는 형 에서에게로 사자들을 자기보다 앞서 보내며 그들에게 부탁하여 가로되 너희는 이같이 내 주 에서에게 고하라 주의 종 야곱이 말하기를 내가 라반에게 붙여서 지금까지 있었사오며 내게 소와 나귀와 양떼와 노비가 있사오므로 사람을 보내어 내 주께 고하고 내 주께 은혜받기를 원하나이다 하더라 하라 하였더니"(3-5절).

야곱에게 아직도 교활한 기질이 남아 있는 것 같습니다. 그는 라반으로부터 당한 쓰라린 경험에도 불구하고 그것을 온전히 떨쳐버리지 못하였던 것입니다. 그는 이때 가나안 땅으로 돌아가고 있었는데, 그는 이제 20 년 전 마지막으로 에서를 보았을 때를 회상하였습니다. 그때, 에서는 그를 죽이겠나고 씩씩거리며 말했던 것입니다. 그래서 야곱은 종들에게 "너희는 내 형 에서를 만나거든「내 주여」라고 그에게 문안하라"고 부탁하면서 그들을 자기보다 앞서 보냈읍니다. 그러면서 야곱은 그 종들에게 자기를 가리켜 "주의 종, 야곱"이라고 칭하도록 하였읍니다. 그것은 평소 야곱이 자신을 가리켜 사용하던 표현

방법이 아니었읍니다. 그는 교묘한 술책으로 장자권을 빼앗고, 또 장자의 축복을 탈취하였던 사람입니다. 그는 자만심이 가득찬 사람이었으나, 이때는 그의 말하는 태도가 완전히 달라졌읍니다. 저는 그것이 그가 외삼촌 댁에서 생활하면서 라반으로부터 많은 것을 깨달았기 때문이라고 생각합니다.

> "사자들이 야곱에게 돌아와 가로되 우리가 주인의 형 에서에게 이른즉 그가 사백인을 거느리고 주인을 만나려고 오더이다"(6절).

이 소식은 야곱을 대단히 두렵게 만들었읍니다. 왜냐하면 야곱은 형 에서가 사백인을 데리고 오는 의미를 전혀 몰랐기 때문입니다. 그리고 에서도 자신의 의도를 야곱의 종들에게 전혀 말하지 않았읍니다. 저는 야곱이 그들에게 "너희는 그가 나에 대한 원한이나 증오심을 갖고 있던 것 같더냐?" 하고 꼬치꼬치 캐물었을 것이라고 생각합니다. 그러자 그때 종 하나가 『아니요, 주인께서 오고 계시다는 소식에 반가워 마중을 나오고 계시는 것 같던데요』하고 대답했을 것입니다. 하지만, 에서가 야곱이 온다는 소식에 반가워하는 것처럼 보였다는 종의 말은 야곱에게 조금도 위안이 되지 못했을 것입니다. 왜냐하면 그것이 오히려 야곱에게는 에서가 복수할 기회가 왔음을 기뻐하고 있는 것으로 생각되었기 때문이었읍니다. 어쨌든 그것은 야곱의 마음을 매우 심란하게 만들었읍니다.

> "야곱이 심히 두렵고 답답하여 자기와 함께한 종자와 양과 소와 약대를 두 떼로 나누고 가로되 에서가 와서 한 떼를 치면 남은 한 떼는 피하리라 하고"(7, 8절).

야곱은 자신이 궁지에 몰려 있다고 생각하였읍니다. 야곱은 그의 형이 자기를 대적하기 위하여 오고 있다고 생각했기 때문에 그것에 대비하기 위하여 그의 양떼를 둘로 나누었읍니다. 그때 그는 매우 신중한 계획을 세웠읍니다. 그는 에서가 와서 한 떼를 친다 할지라도 남은 한 떼는 능히 피할 수 있도록 작전을 세웠읍니다.

그 다음 야곱이 어떻게 하였는지를 주목하십시오. 그는 궁지에 빠져 있는 자신에게 하나님께서 다시 한번 은혜를 베푸실 것을 애원했읍니다.

> "야곱이 또 가로되 나의 조부 아브라함의 하나님, 나의 아버지 이삭의 하나님 여호와여 주께서 전에 내게 명하시기를 네 고향, 네 족속에게로 돌아가라 내가 네게 은혜를 베풀리라 하셨나이다 나는 주께서 주의 종에게 베푸신 모든 은총과 모든 진리를 조금이라도 감당할 수 없사오나 내가 내 지팡이만 가지고 이 요단을 건넜더니 지금은 두 떼나 이루었나이다"(9, 10절).

이때 야곱은 하나님께서 그의 조상 아브라함과 이삭의 하나님 되심을 상기하면서 하나님께 간절히 부르짖었읍니다. 여기서부터 그는 그의 인생에 있어 어떠한 내적인 변화를 보이게 됩니다. 즉, 그는 "나는 주께서 주의 종에게 베푸신 모든 은총과 모든 진리를 조금이라도 감당할 수 없사오니"라고 고백합니다. 이 말은 야곱이 하나님 앞에서 자신이 죄인이라는 것을 처음으로 시인한 말이었읍니다.

당신은 자기가 죄인이라는 것을 인정치 않으려는 그리스도인들이 많다는 사실을 아십니까? 몇 년 전, 제가 "당신은 죄인입니다"라고 말했을 때 몹시 화를 냈던 사람이 있었읍니다. 그러나 우리는 모두 죄인입니다. 이 때문에 우리는 우리 스스로 의롭게 될 수 없읍니다. 우리는 오직 먼저 하나님 앞에서 우리의 구원을 위해 아무것도 할 수 없는 존재임을 고백해야 합니다. 그때부터 하나님께서는 우리에게 은혜를 베푸십니다. 그때부터 우리는 구원의 문으로 들어가게 되는 것입니다.

야곱은 이제 자신이 무력한 존재라는 것을 처음으로 말하기 시작하였읍니다. 사람은 누구나 하나님께 나아갈 때 그러한 자세를 가져야 합니다. 그럴 때에 하나님께서는 자기와 함께하신다는 사실을 발견할 것입니다.

야곱은 "내가 내 지팡이만 가지고 이 요단을 건넜더니 지금은 두 떼나 이루었나이다"라는 매우 재미있는 고백을 했읍니다. 고향에서 떠나올 때 야곱은 자신이 짚고 다니는 지팡이만을 가지고 요단강을 건넜읍니다. 그것이 그가 가진 전부였읍니다. 그러나 가나안 땅으로 돌아가고 있는 지금, 그와 동행하는 무리가 이제 두 떼나 되었읍니다.

> "내가 주께 간구하오니 내 형의 손에서, 에서의 손에서 나를 건져내시옵소서 내가 그를 두려워하옴은 그가 와서 나와 내 처자들을 칠까 겁냄이니이다 주께서 말씀하시기를 내가 정녕 네게 은혜를 베풀어 네 씨로 바다의 모래와 같이 많게 하리라 하셨나이다"(11,12절).

야곱은 마음을 다하여 하나님께 부르짖었읍니다. 그날 밤이 그에게는 매우 고통스러운 밤이었으나 그에게는 아무것도 위안이 될 만한 것이 없었읍니다.

에서를 만날 준비를 하는 야곱

> "야곱이 거기서 경야하고 그 소유 중에서 형 에서를 위하여 예물을 택하니 암염소가 이백이요 수염소가 이십이요 암양이 이백이요 수양이 이십이요 젖나는 약대 삼십과 그 새끼요 암소가 사십이요 황소가 열이요 암나귀가 이십이요 그 새끼나귀가 열이라"(13-15절).

이때 야곱은 그의 가축들을 인심좋게 떼어서 에서의 몫으로 분류했읍니다.

> "그것을 각각 떼로 나눠 종들의 손에 맡기고 그 종들에게 이르되 나보다 앞서 건너가서 각 떼로 상거가 뜨게 하라 하고"(16절).

야곱은 술수가 뛰어난 사람이었읍니다. 그는 형 에서에게, 많은 가축 떼를 예물로 보내려고 했읍니다. 에서는 그 가축의 첫 떼가 오는 것을 보고는 "이것이 무엇이오?"라고 질문하였을 것이며, 야곱의 종들은 『당신의 아우, 야곱이 예물로 보내어 가지고 오는 중입니다』라고 대답하였을 것입니다. 에서는 그 예물을 받고 좀더 가다가 그와 똑같은 수의 또 다른 가축떼가 오는 것을 보고는 종들에게 "그대들은 어디로 가는 중이오?"하고 질문하였을 것입니다. 그러자 그들은 『우리는 에서의 아우, 야곱이 보낸 선물을 가지고 그를 만나러 가는 중이오』라고 대답하였을 것입니다. 그때 에서는 "제가 바로 에서입니다"라고 말하였을 것입니다. 사실 에서가 야곱과 그 가족이 있는 곳에 도착하였을 때는 그 동안 그가 가지고 있었던 분한 마음이 모두 누그러졌을 것입니다.

야곱은 기도하면서 "주께서 전에 명하시기를 네 고향, 네 족속에게로 돌아가라 내가 네게 은혜를 베풀리라 하셨나이다"라는 말로 자꾸만 하나님께 그분의 약속의 말씀을 상기시키려고 했읍니다. 그러면 그는 하나님을 믿은 것일까요? 아닙니다. 그는 오히려 하나님께서 해 주셔야 할 일만 늘어놓았읍니다. 아직도 그는 하나님을 전적으로 신뢰하지 못하고 있는 것입니다.

사실은 우리도 때로는 그와 똑같은 행동을 할 때가 많이 있읍니다. 우리는 종종 기도하면서 믿음이 없이 우리의 문제만 장황하게 나열하여 아뢰는 경우가 많습니다. 사실은 저도 그럴 때가 많습니다. 우리는 기도할 때 우리의 문제들을 아뢰었으면 이루어 주실 줄로 믿고, 그 믿음으로 나아가야 하지 않습니까? 그런데도 우리는 기도를 마치고 일어날 때면 다시금 그 문제들을 그대로 등에 지고 또다시 살아가는 것입니다. 그것은 우리가 그분을 정말로 의지하지 않고 있다는 증거입니다. 사실 우리는 그분을 온전히 믿지 못하고 있읍니다.

"그가 또 앞선 자에게 부탁하여 가로되 내 형 에서가 너를 만나 묻기를 네가 뉘 사람이며 어디로 가느냐 네 앞엣 것은 뉘 것이냐 하거든 대답하기를 주의 종 야곱의 것이요 자기 주 에서에게로 보내는 예물이오며 야곱도 우리 뒤에 있나이다 하라 하고 그 둘째와 세째와 각 떼를 따라가는

> 자에게 부탁하여 가로되 너희도 에서를 만나거든 곧 이같이 그에게 고하고 또 너희는 말하기를 주의 종 야곱이 우리 뒤에 있다 하라 하니 이는 야곱의 생각에 내가 내 앞에 보내는 예물로 형의 감정을 푼 후에 대면하면 형이 혹시 나를 받으리라 함이었더라"(17-20절).

에서는 이와 같이 하여 야곱이 보내는 가축의 각 떼를 차례차례 만나게 되었습니다. 이것은 야곱이 형의 감정을 풀게 하기 위하여 세웠던 계획입니다.

> "그 예물은 그의 앞서 행하고 그는 무리 가운데서 경야하다가 밤에 일어나 두 아내와 두 여종과 열한 아들을 인도하여 얍복 나루를 건널새 그들을 인도하여 시내를 건네며 그 소유도 건네고"(21-23절).

야곱은 이날 그의 인생에 있어 위대한 체험의 밤을 맞이하게 됩니다. 그날 밤 그는 마음이 편치 못했습니다. 그의 마음은 두려움과 의심으로 가득찼습니다. 당신도 잘 알다시피 그것은 야곱에게 있어 심은 대로 거두게 되는 하나의 열매였습니다. 그는 아주 비열한 방법으로 에서를 속였습니다. 하나님께서는 그에게 그러한 방법으로 장자권이나 혹은 장자의 축복을 빼앗으라고 말씀하신 적이 결코 없으셨습니다. 하나님께서는 그것을 그냥 그에게 주려고 하셨습니다.

드디어 그날 밤 야곱은 그가 가지고 있던 모든 것을 얍복강 나루 건너편으로 보내었습니다. 그리고는 에서가 오면 가족만 남겨두고 자신은 죽일까 두려워한 나머지 얍복강의 다른 제방에서 경야하였습니다. 따라서 야곱은 그곳에 홀로 남아 있게 되었습니다.

브니엘에서 어떤 사람과 씨름하는 야곱

> "야곱은 홀로 남았더니 어떤 사람이 날이 새도록 야곱과 씨름하다가" (24절).

저는 야곱의 씨름에 대하여 몇 가지 분명하게 말하고 싶은 것들이 있읍니다. 저는 지금까지 이것은 야곱편에서 씨름을 건 것이라고 들어왔읍니다. 그러나 그때 야곱은 누구와도 씨름하기를 원하지 않았읍니다. 그는 바로 전에 자기를 이용만 했던 외삼촌 라반을 돌려보냈으며, 앞에는 그의 형 에서가 오고 있는 중이었읍니다. 야곱에게는 누구와도 결코 싸우고 싶은 생각이 없었읍니다. 그는 진퇴양난에 빠져 어찌할 바를 모르고 있었읍니다. 그에게는 심각한 고민거리가 있었읍니다. 다른 일에 신경쓸 겨를이 없었읍니다. 그가 왜 그런 상황에서 다른 사람에게 싸움을 걸겠읍니까?

몇년 전의 일입니다. 우리가 잘 아는 세계적인 잡지인 『타임』(Time)지가 스포츠난에 역사상 가장 훌륭한 레슬링 선수에 대한 투표를 실시했는데, 그 결과 야곱이 당선되었다고 발표한 일이 있읍니다. 그런데 이 어찌된 일입니까? 잡지사는 한 독자로부터 레슬링 선수인 야곱에 대하여 상세히 설명해 달라는 내용의 편지를 받았읍니다. 사실 그 편지를 보낸 독자는 야곱에 대하여 그때까지 한 번도 들어본 일이 없는 사람이었읍니다. 그렇다면 그는 성경에서조차 그에 대하여 읽은 일이 없다는 것이 분명한 사실입니다. 야곱은 레슬링 선수가 아닙니다! 저는 먼저 여기에서 그것을 분명히 밝히고자 합니다. 그날 밤 그는 혼자 있기를 원하였기 때문에, 혼자만 있었으며, 누구와 다투기 위해 싸움거리를 찾지 않았읍니다.

그러면 그날 밤 야곱과 씨름한 사람은 누구일까요? 이것이 바로 우리의 의문점입니다. 그가 누구였는지에 대하여 많은 학설들이 있지만 저는 그분이 세상에 오시기 전의 그리스도였을 것이라고 생각합니다. 호세아서에는 이것을 뒷받침할 만한 어느 정도의 증거가 있읍니다.

"에브라임은 바람을 먹으며 동풍을 따라가서 날마다 거짓과 포학을 더하며 앗수르와 계약을 맺고 기름을 애굽에 보내도다 여호와께서 유다와 쟁변하시고 야곱의 소행대로 벌 주시며 그 소위대로 보응하시리라 야곱은 태에서 그 형의 발뒤꿈치를 잡았고 또 장년에 하나님과 힘을 겨루되 천사와 힘을 겨루어 이기고 울며 그에게 간구하였으며 하나님은 벧엘에서 저를 만나셨고 거기서 우리에게 말씀하셨나니 저는 만군의 하나님 여호와시라 여호와는 그의 기념 칭호니라"(호 12:1–5).

이 말씀에서 "여호와는 그의 기념 칭호니라"라는 것은, 다시 말씀드려서 「그 이름은 여호와니라」라는 뜻입니다. 이로 보아서 그날 밤에 야곱과 씨름하신 분은 다름 아닌 여호와 하나님, 곧 성육신하시기 전의 그리스도이셨읍니다.

> "그 사람이 자기가 야곱을 이기지 못함을 보고 야곱의 환도뼈를 치매 야곱의 환도뼈가 그 사람과 씨름할 때에 위골되었더라"(25절).

야곱은 쉽게 싸움을 포기하려 하지 않았읍니다. 그는 아주 끈질긴 사람이었기에 상대방과 끝까지 싸웠읍니다. 마침내 상대방은 야곱의 환도뼈를 쳐 위골시켜서 야곱으로 하여금 절게 만들었읍니다.

> "그 사람이 가로되 날이 새려하니 나로 가게 하라 야곱이 가로되 당신이 내게 축복하지 아니하면 가게 하지 아니하겠나이다"(26절).

이제 어떠한 일이 벌어지고 있읍니까? 야곱은 자기와 씨름한 그 사람을 붙들고 보내주지 않았읍니다. 그렇다고 그가 씨름을 계속하고 있었던 것은 아닙니다. 단지 야곱은 그가 자기에게 축복하기까지는 놓아주지 않겠다며 그를 붙잡고 있었던 것입니다. 이때 야곱은 사람이 하나님과 싸우거나 겨루어서는 결단코 아무것도 성취할 수 없음을 깨달았읍니다. 그는 이제 오로지 그가 해야 할 일은 하나님께 굴복하고 또 그분을 붙잡고 의지하는 길밖에 없음을 알게 되었읍니다. 아브라함은 그것을 일찌기 알고 있었기에 하나님께서 하시는 모든 말씀을 '아멘'으로 받아들였읍니다. 아브라함은 하나님을 믿었으며 하나님께서는 그것을 그의 의로 여기셨읍니다. 아브라함은 문제가 생길 때마다 더욱더 강하게 하나님을 붙잡았습니다. 우리도 그러한 문제를 만날 때마다 더욱더 하나님께 전심으로 매달려야 하겠습니다. 만일 우리가 하나님을 그렇게 붙잡고 의지한다면, 하나님께서는 기꺼이 우리를 도우실 것입니다.

이스라엘로 이름이 바뀌는 야곱

"그 사람이 그에게 이르되 네 이름이 무엇이냐 그가 가로되 야곱이니이다 그 사람이 가로되 네 이름을 다시는 야곱이라 부를 것이 아니요 이스라엘이라 부를 것이니 이는 네가 하나님과 사람으로 더불어 겨루어 이기었음이니라"(27, 28절).

빼앗는 자요, 속이는 자였던 야곱의 이름이 "네가 하나님과 사람으로 더불어 겨루어 이기었음이니라"는 뜻의 「이스라엘」로 바뀌게 되었습니다. 이제부터는 야곱이 아닌, 이스라엘의 새 성품이 그의 삶을 새롭게 변화시킬 것입니다.

"야곱이 청하여 가로되 당신의 이름을 고하소서 그 사람이 가로되 어찌 내 이름을 묻느냐 하고 거기서 야곱에게 축복한지라 그러므로 야곱이 그곳 이름을 브니엘이라 하였으니 그가 이르기를 내가 하나님과 대면하여 보았으나 내 생명이 보전되었다 함이더라"(29, 30절).

야곱은 이때, 하나님의 사자, 즉 성육신하시기 전의 그리스도를 보았던 것입니다.

"그가 브니엘을 지날 때에 해가 돋았고 그 환도뼈로 인하여 절었더라 그 사람이 야곱의 환도뼈 큰 힘줄을 친고로 이스라엘 사람들이 지금까지 환도뼈 큰 힘줄을 먹지 아니하더라"(31, 32절).

하나님께서는 야곱을 굴복시키려고 그의 환도뼈를 치셨습니다. 야곱은 이제 자신의 의지를 포기할 수 밖에 없었읍니다. 그러나 그는 처음엔 자기의 고집을 내세웠읍니다. 그것이 본래 그의 모습이었읍니다. 그는 씨름의 몇 가지 기술들을 잘 알고 있었읍니다. 그래서 그는 어렵지 않게 상대방을 이길 수 있을 것이라고 생각했읍니다. 그러나 막상 시작해보니 그게 아니었읍니다. 도저히 이길 수 없었읍니다. 그럼에도 불구하고 야곱은 굴복하려고 하지 않았읍니다. 그래서 하나님께서는 어떻게 하셨읍니까? 전능하신 하나님이셨기에 쉽게 그를 제압할 수 있으셨읍니다. 그런데도 그는 육체로는 꼼짝 못할지라도 마음만은 굴복치 않았읍니다.

이것은 마치 엄마가 자신의 어린아이를 벌 주기 위하여 방모퉁이에 꿇어 앉게 하였을 때 어린아이가 겉으론 꿇어 앉아 있었지만 속으론 서 있는 것과 같습니다. 하나님께서는 야곱의 환도뼈를 치셨읍니다. 그렇게 되자 그는 완전히 무력하게 되었읍니다. 그는 이제 더 이상 싸울 수 없게 되었읍니다. 자신의 한계를 깨닫게 된 것입니다. 그래서 그는 이제 태도를 바꿉니다. 싸우기 위해서가 아니라 이제는 철저히 의지하기 위해 야곱은 그분을 꼭 잡고 놓아주지 않았읍니다. 그때 그 사람이 야곱에게 『나로 가게 하라』고 말하자, 야곱은 "안돼요, 저에게 축복하시기 전에는 보내드리지 않겠나이다"라고 말했읍니다. 이제 그는 하나님께 매달리기 시작했읍니다. 하나님과의 모든 싸움과 자기 주장은 이제 모두 끝났읍니다. 이때로부터 야곱은 영적인 삶과 하나님만을 의지하는 모습을 보여 주게 됩니다. 물론 우리는 금방 그러한 변화를 보기는 어려울 것입니다. 심리학자들도 말하고 있듯이 사람이 습관적으로 행하는 일들은 우리의 신경계통에 어떤 독특한 조직을 형성한다고 합니다. 이 때문에 우리는 습관을 쉽게 버리지 못하는 것입니다. 그래서 변화된 야곱도 종종 옛 습관이 나타나기는 하지만, 우리는 분명 그에게서 전과는 다른 모습을 보게 될 것입니다. 우리는 앞으로 그에 대해 연구하면서 그가 진정 하나님의 사람이었다는 것을 발견하게 될 것입니다.

처음에는 우리가 야곱이 육신적으로만 살았던 그의 가정과 하란 땅에서의 생활 모습을 보았습니다. 그리고 여기에서는 야곱이 얍복 강 나루의 브니엘에서 싸우는 모습을 보았습니다. 이후에 당신은 그가 애굽으로 내려갈 때에 믿음의 사람이 된 것을 보게 될 것입니다. 즉, 처음에는 육신적인 사람이었고, 그 후에는 싸우고 다투는 사람이었으며, 마지막으로는 믿음의 사람이 되었습니다. 이것이 야곱의 삼 단계 인생이었습니다.

신약에서 야곱의 자손인 다소 출신의 사도 바울은 로마서 7 장에서 우리에게 그가 육신 가운데 있을 때에 싸웠던 죄와의 싸움에 대하여 말하고 있습니다. 바울의 인생에도 역시 삼 단계가 있었습니다. 그는 거듭나면서 이제는 자신의 노력으로 그리스도인의 삶을 살 수 있다고 생각하였습니다. 그것은 우리가 종종 범하는 실수이기도 합니다. 저 또한 그러한 실수를 범했습니다. 제가 그리스도인이 되었을 때 솔직히 저는 그리스도인의 삶을 살 수 있다고 생각하였습니다. 그리하여 제게는 어떤 도움도 필요치 않았습니다. 저는 그 삶이 쉽다고 생각하였습니다. 그러나 그렇지 않았습니다. 이것은 바울이 가진 문제이기도 했습니다.
"내가 원하는 바 선은 하지 아니하고 도리어 원치 아니하는 바 악은 행하는도다"(롬 7:19).

바울은 자신의 옛 성품에 선함이 없을 뿐만 아니라 새로운 성품도 연약하다는 사실을 발견하였습니다. 우리는 마침내 바울이 다음과 같이 외치는 것을 듣습니다.
"오호라 나는 곤고한 사람이로다 이 사망의 몸에서 누가 나를 건져내랴"(롬 7:24).
그런 그에게 변화가 생겼습니다. 그는 이렇게 말합니다.
"우리 주 예수 그리스도로 말미암아 하나님께 감사하리로다"(롬 7:25 상반절).
우리의 모든 감사는 그리스도를 통하여 옵니다. 왜냐하면 우리의 도움이 그리스도께로부터 오기 때문입니다. 바울은 이어서 다음과 같이 말합니다.

"…그런즉 내 자신이 마음으로는 하나님의 법을, 육신으로는 죄의 법을 섬기노라"(롬 7:25 하반절).

이것은 우리 모두에게 나타나는 현상입니다. 우리에게 그러한 옛 성품이 있으며 그것은 결코 하나님을 기쁘시게 할 수가 없읍니다.

"육신의 생각은 하나님과 원수가 되나니 이는 하나님의 법에 굴복치 아니할 뿐 아니라 할 수도 없음이라 육신에 있는 자들은 하나님을 기쁘시게 할 수 없느니라"(롬 8:7,8).

우리들은 육(肉)으로는 하나님을 기쁘시게 할 수가 없읍니다. 마침내 바울은 성령께 복종함으로써만 승리할 수 있다는 것을 발견하게 되었읍니다. 율법이 하지 못했던 것을 성령께서는 우리의 삶 가운데 이루어지게 하실 수가 있읍니다. 그러면 어떻게 그런 일이 이루어지겠읍니까? 그것은 당신과 제가 성령께 복종함으로써만 가능하게 됩니다. 「복종」이란 거듭난 사람이 하나님의 뜻에 자신의 뜻을 순종시키는 행위를 말합니다. 바로 야곱이 이렇게 했읍니다. 야곱은 승리했읍니다. 하지만 그가 승리한 것은 싸움과 투쟁에 의한 것이 아니라 복종에 의한 것이었읍니다. 우리는 여기에서 야곱을 통해 귀한 영적인 진리를 발견했읍니다. 뿐만 아니라 그에게 일어났던 모든 일은 오늘의 우리에게 거울이 되는 것입니다(고전 10:11 참조).

제 33 장

에서를 만나는 야곱 / 세겜에 당도한 야곱

우리는 바로 앞장인 창세기 32 장에서 야곱이 하나님과 만남으로 그의 인생에 있어서 중요한 전환점을 맞이하는 것을 보았읍니다. 그날 밤 "어떤 사람"이 야곱과 씨름하였는데 씨름을 건 사람은 야곱이 아니라고 이미 말씀드렸읍니다. 야곱은 그때 누구와도 싸울 수 있는 처지가 못 되었읍니다. 그의 뒤에는 외삼촌 라반이 있었고, 앞에서는 형 에서가 그를 향하여 오고 있었읍니다. 사실 앞으로 갈 수도, 뒤로 갈 수도 없는 입장에서 거의 죽을 지경에 처해 있었읍니다. 이러한 야곱으로서는 다른 사람과 싸울 수 있는 입장이 아니었읍니다. 그러므로 씨름은 상대편이 야곱에게 걸어온 것이었읍니다. 즉, 상대편이 먼저 야곱을 공격하였읍니다. 그는 우리가 이미 살펴본 바와 같이 성육신하여 세상에 오시기 전의 그리스도이셨읍니다. 야곱은 하나님께서 그의 환도뼈를 위골시키실 때까지 저항하였읍니다. 그때 야곱은, 그가 누구인지를 깨닫고는 그가 자기를 축복할 때까지 그분을 보내드리지 않았읍니다. 지금부터 우리는 그 당시의 야곱에게 어떠한 변화가 있었는지를 보게 될 것입니다. 우리는 본 장에서 그의 생애에 대한 연구를 통하여 새롭게 변한 그의 모습을 볼 것입니다. 이제 그는 새로운 사람이 되었읍니다.

에서를 만나는 야곱

"야곱이 눈을 들어 보니 에서가 사백인을 거느리고 오는지라 그 자식들을 나누어 레아와 라헬과 두 여종에게 맡기고"(1절).

야곱은 이제 그의 가족들도 위험으로부터 대피시켜야 했읍니다. 그래서 그는 그의 가족들을 다른 사람들과 분리시켰읍니다.

"여종과 그 자식들은 앞에 두고 레아와 그 자식들은 다음에 두고 라헬과 요셉은 뒤에 두고 자기는 그들 앞에서 나아가되 몸을 입곱 번 땅에 굽히며 그 형 에서에게 가까이 하니"(2, 3절).

저는 가끔 야곱이 그의 형 에서와 만나는 모습을 사진찍어 놓았다면 얼마나 멋있는 장면일까 하는 생각을 하곤 합니다. 야곱은 상당히 먼 거리에서부터 머리를 땅에 숙이면서 걸어갔을 것입니다. 야곱은 에서가 자기를 맞이하기 위하여 오는지 또는 죽이기 위하여 오는지를 몰랐기 때문입니다.

"에서가 달려 와서 그를 맞아서 안고 목을 어긋맞기고 그와 입맞추고 피차 우니라"(4절).

그들은 피를 나눈 형제지간이었읍니다. 더군다나 그들은 같이 태어난 쌍동이가 아닙니까? 과거에 있었던 일은 다 지난 일입니다. 에서가 야곱을 반기는 것은 분명히 하나님께서 그의 마음을 감동시키셨을 것으로 생각이 됩니다. 에서는 처음엔 야곱을 죽이려고 결심하고 오랜 세월 동안 기다렸지만, 하나님께서는 그의 그런 마음을 아시고 변화시키신 것입니다.

> "에서가 눈을 들어 여인과 자식들을 보고 묻되 너와 함께한 이들은 누구냐 야곱이 가로되 하나님이 주의 종에게 은혜로 주신 자식이니이다 때에 여종들이 그 자식으로 더불어 나아와 절하고 레아도 그 자식으로 더불어 나아와 절하고 그 후에 요셉이 라헬로 더불어 나아와 절하니"(5-7절).

야곱은 그의 가족을 차례로 형에게 소개하였읍니다.

> "에서가 또 가로되 나의 만난 바 이 모든 떼는 무슨 까닭이냐 야곱이 가로되 내 주께 은혜를 입으려 함이니이다"(8절).

야곱은 그때 그가 형과 만나게 될 것을 대비하여 세웠던 그의 전략이 성공하였다고 믿었을 것입니다. 그러나 그것은 불필요한 일이었읍니다. 에서가 말한 것을 들어보십시오. 그에게 얼마나 놀라운 변화가 일어났읍니까!

> "에서가 가로되 내 동생아 내게 있는 것이 족하니 네 소유는 네게 두라"(9절).

에서는 야곱에게 "그것들을 왜 보냈느냐? 내게 지금 있는 것으로도 족하니라" 하고 말했읍니다.

> "야곱이 가로되 그렇지 아니하니이다 형님께 은혜를 얻었사오면 청컨대 내 손에서 이 예물을 받으소서 내가 형님의 얼굴을 뵈온즉 하나님의 얼굴을 본 것 같사오며 형님도 나를 기뻐하심이니이다 하나님이 내게 은혜를 베푸셨고 나의 소유도 족하오니 청컨대 내가 형님께 드리는 예물을 받으소서 하고 그에게 강권하매 받으니라"(10, 11절).

이것은 참으로 놀라운 변화가 아닐 수 없읍니다. 그전까지는 서로가 상대의 것을 빼으려고 애썼읍니다. 그것은 특별히 야곱에게 있어 더욱 그러했읍니다. 그런데 지금 야곱은 전혀 달라졌읍니다. 야곱은 전혀 새로운 사람이 된 것입니다. 오히려 그는 그의 소유들을 형에게 받으라고 강권하고 있읍니다. 이때 에서가 야곱에게 대답하기를 "아우야, 지금 내게 있는 것으로도 족하니 네 소유는 네게 두어라"고 했읍니다. 그러나 야곱은 에서가 그 예물을 받아줄 것을 계속 간청하였읍니다.

야곱의 그러한 태도는 우리에게 신약성경의 삭개오를 생각나게 합니다. 주께서 삭개오를 뽕나무에서 불러내려, 그와 함께 그의 집에 들어가셨읍니다. 이때 그에게는 커다란 변화가 일어났읍니다. 그는 주님의 모습을 보기 위하여 뽕나무에 올라갔을 때와는 전혀 다른 사람이 되었읍니다. 그는 자기가 남의 것을 토색하고 속이던 세리장이의 직업을 버리겠다고 말하였읍니다. 그리고 그는 자신이 부정한 방법으로 취한 재물을 돌려줄 뿐만 아니라. 남의 것을 토색한 것이 있으면, 네 배로 갚겠다고 말했읍니다. 얼마나 놀라운 변화입니까?

이처럼 야곱에게도 분명히 어떠한 변화가 일어났읍니다. 그 전에는 팥죽 한 그릇으로 장자권을 빼앗았던 그가 이제는 그의 형에게 양과 염소떼를 무상으로 주고 있읍니다. 사실 야곱은 형 에서가 그의 예물을 받아줄 것을 간곡히 원했읍니다. 에서는 마침내 그 예물을 받아들였읍니다. 그 당시 그 지방에서는 다른 사람이 주는 예물을 받지 않는다는 것은 그 사람에 대한 모독 행위였읍니다. 이 때문에 에서는 그 예물을 받았읍니다.

"에서가 가로되 우리가 떠나가자 내가 너의 앞잡이가 되리라"(12절).

에서는 "네가 가나안 땅으로 돌아가는 일에 내가 앞장서서 너를 인도하며 보호하리라" 하고 말했읍니다.

> "야곱이 그에게 이르되 내 주도 아시거니와 자식들은 유약하고 내게 있는 양떼와 소가 새끼를 데렸은즉 하루만 과히 몰면 모든 떼가 죽으리니"(13절).

야곱은 에서에게 이렇게 말했습니다.
"저는 지금 가족들과 함께 가나안 땅으로 가고 있습니다. 그런데 자식들은 어리고 양떼와 소떼 중에는 젖을 먹어야 하는 것들도 있습니다. 따라서 우리는 그렇게 빨리 갈 수가 없지요. 그러니 형님께서는 사백인의 종들과 더불어 어서 먼저 앞서 가시지요."

> "청컨대 내 주는 종보다 앞서 가소서 나는 앞에 가는 짐승과 자식의 행보대로 천천히 인도하여 세일로 가서 내 주께 나아가리이다"(14절).

야곱은 에서에게 "저는 형님과 함께 갈 수가 없어요. 저는 저와 함께 하는 자식과 짐승의 떼와 더불어 천천히 가야만 하지요. 그러하니 형님이 먼저 가시면 제가 세일에서 다시 뵙겠습니다"라고 말합니다.

> "에서가 가로되 내가 내 종자 수인을 네게 머물리라 야곱이 가로되 어찌하여 그리 하리이까 나로 내 주께 은혜를 얻게 하소서 하매 이 날에 에서는 세일로 회정하고"(15, 16절).

이때 에서는 "에돔 땅"의 세일에서 살고 있었습니다. 아버지 이삭이 죽은 후에는 에서는 하나님께서 기업으로 주신 세일 산으로 옮겨가게 됩니다(신 2:5 참조).

세겜에 당도한 야곱

> "야곱은 숙곳에 이르러 자기를 위하여 집을 짓고 짐승을 위하여 우릿간을 지은고로 그 땅 이름을 숙곳이라 부르더라"(17절).

우리는 잠시 여기에서 야곱에게 일어난 일을 다시금 반복해서 살펴보는 것이 좋겠습니다.

야곱에게는 커다란 변화가 일어났습니다. 우리가 이미 살펴본 대로 야곱이 형 에서에게 예물을 줌으로써 그의 마음을 돌리려는 그의 의도는 전혀 불필요한 시도였습니다. 하나님께서는 그 전에 벌써 라반으로 하여금 야곱을 해하지 못하게 하셨듯이 에서에게도 야곱을 맞이하도록 그 마음을 예비시켜 주셨습니다. 이제 야곱은 두 사람에 대하여 두려움을 갖지 않게 되었습니다. 에서는 물질이 풍부하였기 때문에 야곱으로부터 예물을 원하지 않았습니다. 그러나 에서가 야곱으로부터 예물을 받은 것은 야곱이 간청하는 호의에 대한 하나의 예의였습니다. 이 두 형제가 과거의 잘못된 것을 잊고 화해한 것은 참으로 진심에서 우러나오는 행동이었습니다. 그것을 의심할 아무런 이유가 없었습니다. 사실, 그때 에서는 부유하였고, 또 자신의 장자권에 대하여 특별한 가치를 부여하지 않았기 때문에 쌍동이 동생이었던 야곱과 화해하지 못할 하등의 이유가 없었습니다.

이제 야곱의 인생에 서광(曙光)이 비취기 시작하였습니다. 외삼촌 라반의 감정도 누그러졌으며, 에서와도 화해가 이루어졌습니다. 하나님께서 야곱을 위하여 이러한 모든 것을 준비해 놓으셨던 것입니다. 만약 하나님께서 야곱을 그의 욕심과 꾀대로 행하게 그냥 두셨다면, 그는 자신의 그러한 행동으로 인해 죽음을 당했을지도 모릅니다. 그는 곧 자신의 과거를 회상하고 회개하였습니다. 그리고 하나님께서 그와 함께하신다는 것을 깨닫고 하나님께 영광을 돌렸습니다. 그러나 야곱은 그가 뿌린 악의 열매를 아직 다 거둔 것은 아니었습니다. 그 앞에는 아직도 고통이 더 남아 있었습니다.

이날 에서는 세일로 갔으며 그에 대한 이야기는 일단 여기서 끝을 맺게 됩니다. 그리고는 그 아비 이삭의 장례가 치러지는 창세기 35장에서 우리는 다시 그를 만나게 됩니다.

"야곱이 밧단아람에서부터 평안히 가나안 땅 세겜 성에 이르러 성 앞에 그 장막을 치고 그 장막 친 밭을 세겜의 아비 하몰의 아들들의 손에서 은 일백 개로 사고"(18, 19절).

야곱이 그가 서원한 벧엘로 가지 않고 숙곳과 세겜에 우거한 것은 마땅히 책망을 받아야 할 일이었습니다. 그러나 우리가 그 당시의 야곱에게서 그러한 것까지 요구한다는 것은 약간 무리일 것 같습니다. 그는 그의 자아가 깨어진 후, 영적으로는 아직도 어린아이와 같은 상태였기 때문입니다.

"거기 단을 쌓고 그 이름을 엘엘로헤이스라엘이라 하였더라"(20절).

야곱은 그의 조상 아브라함이 가는 곳마다 단을 쌓았던 것처럼 이곳에 단을 쌓았습니다. 야곱의 훌륭한 점은 그가 쌓은 단의 이름을 하나님의 이름과 연관시켜 불렀다는 것입니다. 즉, 야곱은 단의 이름을 『엘엘로헤이스라엘』이라고 불렀는데 그것은 "하나님, 이스라엘의 하나님"이란 뜻입니다. 이것은 그때 바로 하나님의 인도하심을 깨달은 야곱에게 영적으로 진정한 어떤 변화가 있었음을 보여주는 것입니다. 그는 벧엘에 아직 도착하지 못했지만 분명 그곳을 향해 가고 있는 중에 있었습니다. 그래서 그는 중간에 숙곳을 먼저 들른 것이었습니다.

제 34 장

세겜에 의해 욕을 당하는 디나 / 하몰의 남자들을 살해하는 시므온과 레위

솔직히 말씀드려서 야곱이 그의 가족들을 데리고 세겜에 잠시 머문 것은 하나의 큰 실수였읍니다. 왜냐하면 이곳에서 그의 가족으로서는 아주 수치스러운 일을 당하기 때문입니다. 즉, 레아가 야곱에게 낳은 딸 디나는 이곳에서 히위 족속인 하몰의 아들 세겜으로부터 욕(辱)을 당하게 됩니다. 그러자 디나의 친오라비인 시므온과 레위는 하몰의 모든 거민들을 살해하여 여동생의 원수를 갚습니다. 그들의 이러한 행위는 결코 정당화될 수가 없읍니다. 그것은 야곱의 가정에 있어 하나의 커다란 오점이었읍니다. 또한 이것은 야곱이 하란의 외삼촌 집을 떠난 것이 참 잘한 것임을 보여줍니다. 하나님께서는 이러한 환경이 저들에게 끼치게 될 영향을 아셨기에 저들을 라반의 집에서 떠나라 명하신 것입니다.

창세기에는 하나님께서 우리에게 오랜 세월 동안의 사건을 통하여

보여주신 두 가지 교훈이 있습니다. **첫째는 유전에 관계된 것입니다.** 하나님께서는 믿는 자는 믿는 자와 결합해야 하며, 불신자와 결혼하지 말아야 할 것에 대하여 아주 깊은 관심을 갖고 계십니다. 그것은 우리의 그러한 결혼이 우리의 자손들에게 결정적인 영향을 미치기 때문입니다. **그리고 둘째는, 하나님께서 개인의 환경에 대하여 관심을 갖고 계시다는 사실입니다.** 우리는 이것을 특별히 야곱의 삶 가운데서 볼 수가 있습니다. 그는 대가족을 거느리고 있었습니다. 그리고 그에게는 열두 명의 아들 외에도 또 여러 명의 딸들이 있었습니다. 그런데 이 딸들 가운데 한 명이 본 창세기 34 장에서 중심 인물이 되고 있습니다.

우리가 또 그밖에 창세기를 이해하는 데 있어 중요한 요소가 하나 더 있습니다. 그것은 바로 가정 안에서 있었던 불화입니다. 당신이 기억하듯이, 아브라함의 가정에는 다툼과 불화가 있었습니다. 그리고 그 아들 이삭의 가정에도 다툼과 불화가 있었습니다. 이삭은 에서를 더 사랑하였으며 리브가는 야곱을 더 사랑하였기 때문에 이것은 그들에게 있어 매우 심각한 가정 불화의 원인이 되었습니다. 하지만 우리는 이제부터 야곱의 가정에서 있었던 더 큰 불화를 보게 될 것입니다.

야곱은 세겜에 잠시 머물러 거주했는데, 그것은 훗날 그에게 큰 슬픔의 원인이 되었습니다. 사실 창세기 34 장은 그 내용이 매우 통탄스럽고 수치스러운 장입니다. 따라서 이러한 사건은 그때 노쇠한 야곱에게는 아주 고통스러운 일이었을 것입니다. 야곱은 이때 단을 쌓아, 살아계시고 참되신 하나님께 대한 증거로 삼았읍니다. 그는 영적으로 새롭게 태어났지만, 그가 영적으로 장성한 분량에 이르기까지는 매우 오랜 세월이 걸렸읍니다. 이것은 오늘날의 우리에게 있어서도 마찬가지입니다. 그러므로 당신은 단시간에 영적으로 장성한 분량에 이를 것으로 기대해서는 안 됩니다. 거기에는 시간이 필요합니다. 즉, 하나님께서 우리를 자녀로 삼아 진리를 아는 데 이르기까지 성장시키시는 데는 시간이 필요한 것입니다. 사실 우리가 날마다 성경을 통하여 진리를 깨닫고 있지만, 종종 시몬 베드로처럼 실수와 잘못을 범합니다. 베드로는 그러한 가운데서도 아주 천천히 영적인 성장이 이루어졌읍니다. 결국에 가서는 베드로도 우리 주님께서 지셨던 그 십자가의 고난의 자리까지 나아갔던 것입니다. 이렇게 되기까지는 많은 기간이 필요했읍니다. 이 때문에 우리는 우리의 영적 성장이 느리게 이루어지는 것이며, 그것은 누구에게나 마찬가지라는 사실을 알아야 하겠읍니다. 때로 믿는 자녀를 둔 부모들은 그들에게서 지나치게 빠른 영적 성장을 요구합니다. 그러나 우리는 다른 사람에 대해서보다 우선 자기 자신의 영적인 성장을 점검해야 할 필요가 있읍니다. 우리의 삶 가운데 사실 대부분의 경우는 남보다 나에게 문제가 있을 경우가 많습니다. 남에게 어떤 수준을 자꾸 요구할 것이 아니라, 우선 나 자신이 그러한 수준의 삶을 살도록 먼저 노력해야 하는 것입니다.

창세기에는 덕스럽지 못한 내용이 세 장 있는데, 그것은 모두가 라반이 야곱에게 준 맏딸 레아의 자녀들과 관련되어 있읍니다. 저는 이것이 하나님께서 일부다처를 인정하시지 않는다는 증거라고 믿습니다. 야곱이 레아와 라헬이라는 두 아내를 취한 것이 어쩔 수 없는 일이었다고 생각한다면 그것은 아주 잘못된 생각입니다. 야곱은 분명히 자신이 원하여 그것을 행하였읍니다.
우리는 여기에서 레아의 아들들이 모두 범죄 행위에 가담하는 것을 보게 됩니다. 레아에게는 네 명의 아들이 있었는데 그 중 본 창세기 34 장에서는 시므온과 레위에 대하여 기록되어 있읍니다. 그리고 창세기 35 장에는 레아의 첫째 아들인 르우벤에 대하여 기록되어 있고 또 창세기 38 장에는 유다에 대하여 기록하고 있읍니다. 레아의 아들들은 모두가 악한 죄 가운데 빠지게 되는데, 그들의 죄는 참으로 입에 올리기조차 부끄러운 죄들입니다.

우리는 아브라함 가문의 모든 가정에 여러 다툼들이 있었다는 것을 이미 살펴 보았는데, 이제 야곱의 가정에도 또 하나의 불화가 싹트고 있었습니다. 여기서 야곱의 가정에는 일찌기 아브라함이나 이삭의 가정에서는 찾아볼 수 없었던 수치스럽고 부끄러운 사건이 일어났습니다. 그들에게는 그전에도 많은 어려움과 문제가 있었으나, 야곱의 가정에서 발생한 것과 같은 문제는 아니었습니다. 다시 말하지만, 하나님께서는 야곱과 그 가족을 라반의 집으로부터 이끌어 내시기를 원하셨습니다. 왜냐하면 라반의 주변 환경은 그들로 하여금 여기에 언급된 것과 같은 무서운 죄를 범하게 할 가능성이 있었기 때문입니다.

세겜에 의해 욕을 당하는 디나

야곱은 가나안 땅에 이르러 세겜 성읍 밖의 일부 좋은 땅을 샀습니다. 그가 잠깐 들렀다가 갈 성읍 주위의 땅을 산 것은 아마도 그곳의 문명을 다소 누리려고 한 의도가 있었던 것으로 보입니다. 하지만 그곳은 야곱이 생각했던 것처럼 그렇게 좋은 곳이 아니었습니다. 따라서 하나님께서는 야곱이 그곳으로부터도 속히 떠나기를 원하셨습니다. 사실 당신도 본 장을 다 읽고 나면, 하나님께서 야곱을 일찌기 세겜으로부터 떠나게 하신 것이 잘하신 일이라는 생각이 들 것입니다.

> "레아가 야곱에게 낳은 딸 디나가 그 땅 여자를 보러 나갔더니"(1절).

디나는 세겜 성을 보러 혼자서 그 성읍 안으로 들어갔습니다.

> "히위 족속 중 하몰의 아들 그 땅 추장 세겜이 그를 보고 끌어들여 강간하여 욕되게 하고"(2절).

우리는 여기서 하나님께서 죄라고 말씀하신 것에 대해서는 명확히 죄로 인정해야 하겠읍니다. 세상에 널리 행해지고 있는 죄라 해서, 우리는 그것을 관대하게 여겨서는 안 됩니다. 사실 과거에는 사람들이 죄를 그대로 죄로 여겼으나 오늘날은 죄로 인정치 않으려는 경향이 있읍니다. 이는 참으로 무서운 현상입니다. 하나님은 이를 경고하십니다. 아무리 작은 죄라 할지라도 하나님께서는 반드시 그것을 심판하실 것입니다. 범죄하는 자에게는 오직 무서운 하나님의 형벌이 있을 뿐입니다.

> "그 마음이 깊이 야곱의 딸 디나에게 연련하며 그 소녀를 사랑하여 그의 마음을 말로 위로하고 그 아비 하몰에게 청하여 가로되 이 소녀를 내 아내로 얻게 하여 주소서 하였더라"(3,4절).

여기에서 우리가 주목할 것은 세겜은 분명히 디나를 사랑하였다는 사실입니다. 따라서 그는 진정으로 그녀와 결혼하기를 소원했읍니다.

> "야곱이 그 딸 디나를 그가 더럽혔다 함을 들었으나 자기 아들들이 들에서 목축하므로 그들의 돌아오기까지 잠잠하였고 세겜의 아비 하몰은 야곱에게 말하러 왔으며 야곱의 아들들은 들에서 이를 듣고 돌아와서 사람 사람이 근심하고 심히 노하였으니 이는 세겜이 야곱의 딸을 강간하여 이스라엘에게 부끄러운 일 곧 행치 못할 일을 행하였음이더라"(5-7절).

우리는 본문의 말씀처럼 행치 못할 일이 행하여졌다는 데에 대해 전적으로 동감합니다. 그러나 그때 세겜은 디나와 결혼하기를 원하였읍니다. 그 소식을 들었을 때 야곱은 침묵을 지킨 채 아들들이 돌아오기만을 기다렸읍니다. 그들이 돌아오자 그들과 함께 이 사건에 대처하기 위한 가족 회의를 열었읍니다. 이때 저들은 잔인한 보복 행위 같은 것은 하지 않도록 결정했어야 했읍니다.

한편, 세겜의 아비 하몰이 야곱에게 찾아왔을 때 그에게는 디나를 세겜의 아내로 삼기를 원한다는 표정이 역력하게 보였읍니다. 저는 야곱이 그 제안을 받아들였어야 할 것이라고 생각합니다. 왜냐하면 그때로서는 그것이 최선의 방법이었기 때문입니다. 그들이 나중에 행한 일은 결코 최선의 방법이 분명히 아니었습니다. 그 방법은 하나님께서 허락하신 방법이 아니었습니다.

> "하몰이 그들에게 이르되 내 아들 세겜이 마음으로 너희 딸을 연련하여 하니 원컨대 그를 세겜에게 주어 아내를 삼게 하라 너희가 우리와 통혼하여 너희 딸을 우리에게 주며 우리 딸을 너희가 취하고"(8,9절).

이방인과의 결혼은 당연히 금해야 할 일이었지만, 당시 상황에서는 더 이상의 무서운 죄를 막기 위해서는 디나를 세겜에게 아내로 주었어야 했을 것입니다. 그러나 저들은 그렇게 하지 못했습니다. 너무 감정에 사로잡혀 있었습니다. 물론 이것은 결과론입니다만 훗날 저들의 후회는 너무 때가 늦은 것이었습니다.

> "너희가 우리와 함께 거하되 땅이 너희 앞에 있으니 여기 머물러 매매하며 여기서 기업을 얻으라 하고 세겜도 디나의 아비와 남형들에게 이르되 나로 너희에게 은혜를 입게 하라 너희가 내게 청구하는 것은 내가 수응하리니 이 소녀만 내게 주어 아내가 되게 하라 아무리 큰 빙물과 예물을 청구할지라도 너희가 내게 말한 대로 수응하리라"(10-12절).

이 모든 것들은 야곱이 그곳을 떠나야만 한다는 사실을 명백히 보여주고 있습니다. 그곳은 진실로 야곱이 그곳 거민들과 함께 어울려 살 만한 곳이 못 되었습니다.

> "야곱의 아들들이 세겜과 그 아비 하몰에게 속여 대답하였으니 이는 세겜이 그 누이 디나를 더럽혔음이라"(13절).

저는 여기서 세겜의 가족을 상대하는 데 있어 야곱의 가족의 대표로 당연히 야곱이 이 회의를 주도했어야 할 것으로 생각합니다. 이때 야곱은 무엇보다도 그의 아들들이 세겜과 하몰을 속이지 못하게 막았어야 했읍니다.

> "야곱의 아들들이 그들에게 말하되 우리는 그리하지 못하겠노라 할례받지 아니한 사람에게 우리 누이를 줄 수 없노니 이는 우리의 수욕이 됨이니라"(14절).

우리는 여기서 한 가지 의문이 생깁니다. 그것은 곧 저들이 보다 심각한 강간에 대해서는 아무런 비난도, 언급도 하지 않은 채, 무할례자와의 결혼에 대하여만 반대했다는 것입니다. 그들은 당연히 여동생을 강간한 사실에 대해 분명한 태도를 밝혔어야 했읍니다.

> "그런즉 이같이 하면 너희에게 허락하리라 만일 너희 중 남자가 다 할례를 받고 우리 같이 되면 우리 딸을 너희에게 주며 너희 딸을 우리가 취하며 너희와 함께 거하여 한 민족이 되려니와 너희가 만일 우리를 듣지 아니하고 할례를 받지 아니하면 우리는 곧 우리 딸을 데리고 가리라"(15-17절).

야곱의 아들들이 하몰과 세겜에게 요구한 것은 저들도 똑같이 할례를 행하라는 것이었읍니다. 이것은 오늘날의 많은 사람들에게 하나의 좋은 경고가 된다고 봅니다.

한 쌍의 남녀가 제게 찾아와서 결혼식을 올려달라고 청한 적이 있읍니다. 저는 남자가 그리스도인이 아니므로 그들을 결혼시킬 수 없다고 하였읍니다. 그러자 여자는 그 남자가 그리스도인이 된 후에야 결혼하겠다고 말하였읍니다. 저는 그와 여러 번 대화를 나누어 결국 그는 그리스도를 영접하겠노라고 말하였읍니다. 그래서 우리는 함께 기도하고 그에게 이렇게 물었읍니다.
"당신은 진정 그리스도를 영접하셨읍니까?"
그러자 그는 우물쭈물하며 헛기침을 하고 두리번거리는 등 어쩔 줄 몰라했읍니다. 그래서 저는 매우 솔직하게 이렇게 말했읍니다.
"저는 결혼식을 거행할 수 없소. 이 젊은이는 아직 회심하지 않았소."
그들은 제가 너무 지나치다고 생각하였는지 곧장 가서 다른 목사님께 청하여 결혼식을 거행하였습니다. 그들이 결혼한 후 여자는 남자를 교회에 데리고 나가려고 애썼습니다. 물론, 그에게는 좋은 핑계거리가 있었습니다. 제가 그를 매우 잔인하게 대했으므로 저의 설교를 듣고 싶지 않다는 것이었지요. 그녀는 그에게 다른 교회로 나가자고 졸라댔고 그들은 서너번 함께 교회에 나갔습니다. 그러던 어느 날 마침내 그는 이렇게 고백했습니다.
『난 그리스도인이 아니야.』
결혼식을 거행하기 위하여 교회에 출석하거나 "나는 그리스도를 믿는다"고 말한다고 해서 그리스도인이 되는 것은 아닙니다. 오늘날은 대부분의 사람들에게 신앙이 그리 중요한 것 같지 않습니다. 그들은 단지 고개를 끄덕이기만 하면 되는 것으로 생각합니다. 그러나 그리스도를 믿는다는 것은 엄청난 일입니다. 이 세상에 그것에 견줄 만한 것은 아무것도 없습니다. 당신이 그리스도를 주님으로 믿을 때 그것은 당신에게 중요한 의미가 됩니다. 위에서 언급한 남자가 생각하는 그런 식이 아닙니다.

마크 트웨인(Mark Twain)도 똑같은 경험이 있습니다. 그는 그리스도인이 아니었으나 아름답고 사랑스러운 그리스도인 자매와 결혼을 하였습니다. 그녀는 그가 그리스도인이 될 때까지는 그와 결혼하지 않겠다고 말하였습니다. 그는 그리스도를 자신의 주님으로 영접한다고 고백하였고 그리하여 그들은 결혼을 했습니다. 그 후 마크 트웨인은 매우 유명해졌으며 많은 세계적인 명인들과 더불어 인생을 즐겼읍니다. 그러던 어느 날 미주리에 있는 그의 고향으로 돌아왔을 때 아내가 교회에 가기를 원하자 그는 이렇게 말했읍니다.
"더 이상 그리스도인인 체할 수 없군. 나는 그리스도인이 아니야."
이 가정은 얼마나 불행할까요? 그리고 이 아름다운 그리스도인 자매의 인생을 망쳐버린 게 아닙니까?

여기 야곱의 아들들은 "만약 당신들이 할례만 행한다면, 당신들의 요구대로 응하겠소"라고 대답하였읍니다. 많은 사람들이 이렇게 생각합니다. 교회에 출석하고 말씀에 머리를 끄덕이며 올바른 성구를 인용할 수 있고 바르게 신앙고백을 할 수 있다면 그 사람은 그리스도인이라고. 그러나 그러한 사람이 그리스도인이 아닙니다. 그리스도를 믿게 되면 우리의 생(生)에 놀라운 일이 일어나며 다른 사람으로 변하게 되는 것입니다.

> "그들의 말을 하몰과 그 아들 세겜이 좋게 여기므로 이 소년이 그 일 행하기를 지체치 아니하였으니 그가 야곱의 딸을 사랑함이며 그는 그 아비 집에 가장 존귀함일러라"(18,19절).

이때 세겜이 할례를 행하기로 결정한 것은 참으로 커다란 용기였읍니다. 이것은 그의 훌륭한 점이었읍니다.

> "하몰과 그 아들 세겜이 성문에 이르러 그 고을 사람에게 말하여 가로되 이 사람들은 우리와 친목하고 이 땅은 넓어 그들을 용납할 만하니 그들로 여기서 거주하며 매매하게 하고 우리가 그들의 딸들을 아내로 취하고 우리 딸들도 그들에게 주자 그러나 우리 중에 모든 남자가 그들의 할례를 받음같이 할례를 받아야 그 사람들이 우리와 함께 거하여 한 민족 되기를 허락할 것이라 그리하면 그들의 생축과 재산과 그 모든 짐승이 우리의 소유가 되지 않겠느냐 다만 그 말대로 하자 그리하면 그들이 우리와 함께 거하리라"(20-23절).

다시 말해서 하몰과 그 아들 세겜은 한편으로 이 결혼을 통해 궁극적으로는 야곱의 모든 소유물도 취하고자 계획했읍니다.

> "성문으로 출입하는 모든 자가 하몰과 그 아들 세겜의 말을 듣고 성문으로 출입하는 그 모든 남자가 할례를 받으니라"(24절).

믿지 않는 자들에게 할례를 행하는 것은 전혀 무의미한 일입니다. 그것은 마치 중생의 체험이 없이 교회에 다니는 것과 같습니다.

하몰의 남자들을 살해하는 시므온과 레위

"제 삼일에 미쳐 그들이 고통할 때에 야곱의 두 아들 디나의 오라비 시므온과 레위가 각기 칼을 가지고 가서 부지중에 성을 엄습하여 그 모든 남자를 죽이고"(25절).

이것은 너무 야비한 짓이었습니다. 시므온과 레위는 디나의 친오라비였기 때문에 디나의 당한 모욕에 대하여 보복하고자 했읍니다. 그러나 그들은 보복행위에 있어 정도가 너무 지나쳤읍니다. 아무리 디나가 세겜으로부터 욕을 당하고, 하몰이 야곱과 그의 아들들이 가지고 있는 재물을 빼앗고자 했다 할지라도 시므온과 레위의 행위는 정당화될 수 없는 것이었읍니다.

"칼로 하몰과 그 아들 세겜을 죽이고 디나를 세겜의 집에서 데려오고 야곱의 여러 아들이 그 시체 있는 성으로 가서 노략하였으니 이는 그들이 그 누이를 더럽힌 연고라"(26,27절).

야곱의 다른 아들들도 이 사건에 가담했읍니다. 이것은 야곱의 젊은 날의 탐욕을 그대로 보여주는 행위였읍니다. 뿐만 아니라 저들은 라반의 집에서 이러한 행위를 이미 배웠던 것입니다.

"그들이 양과 소와 나귀와 그 성에 있는 것과 들에 있는 것과 그 모든 재물을 빼앗으며 그 자녀와 아내들을 사로잡고 집 속의 물건을 다 노략한지라 야곱이 시므온과 레위에게 이르되 너희가 내게 화를 끼쳐 나로 이 땅 사람 곧 가나안 족속과 브리스 족속에게 냄새를 내게 하였도다 나는 수가 적은즉 그들이 모여 나를 치고 나를 죽이리니 그리하면 나와 내 집이 멸망하리라"(28-30절).

이때 야곱에게 분명히 어떠한 잘못이 있었음을 주목해 보십시오. 즉, 야곱은 시므온과 레위에게 그들이 죄를 범한 것에 대해서는 꾸짖지 아니하고 자기에게 화를 끼친 것에 대하여만 책망하였읍니다. 우리는 우리가 범한 죄와 그 행위에 대하여 때로 그릇된 견해를 가질 때가 있습니다. 즉, 우리는 그것이 미칠 결과만을 먼저 생각하는 경우가 종종 있습니다. 이처럼 우리가 결과에 너무 집착하다 보면 그 문제의 본질은 그만 잊게 됩니다. 우리는 어떤 행위의 결과를 보기 전에 먼저 그것의 옳고 그른 것을 가릴 수 있어야 하겠습니다. 아무리 우리에게 어려움이 닥친다 할지라도 우리가 진리의 편에 선다는 것은 아주 중요한 일입니다. 그렇게 할 때, 우리는 세상적인 것과 타협하지 않게 될 것입니다. 야곱은 점차 믿음이 자라고 있었긴 하지만, 아직까지 그에게는 그러한 믿음이 없었던 것입니다.

이때 야곱의 아들들은 자신들의 행위를 변호합니다.

> "그들이 가로되 그가 우리 누이를 창녀같이 대우함이 가하니이까"(31절).

저들의 이같은 말은 아주 그럴 듯하게 들립니다. 어쩌면 저들의 그러한 행위를 충분히 변호해 주고도 남을 만한 이유로도 들릴 수 있습니다. 하지만 그것은 저들의 잔악한 보복 행위에 대한 합당한 이유가 될 수 없습니다. 그들의 행위는 참으로 야비했으며 잔인했습니다. 저들에게 있어 최선의 방법은 앞에서도 말씀드렸듯이 디나를 연연해 하는 세겜에게 그녀를 주는 일이었습니다. 물론 이 일은 견디기 어려운 일이었겠지만 그것은 그곳의 거민들을 마구 죽인 것보다는 분명히 나았을 것입니다. 저들의 그러한 행위에는 결코 어떠한 변명이나 구실도 용납될 수 없는 것입니다. 그들은 그러한 행위를 결코 하지 말았어야 했습니다. 우리는 그들의 삶이 로마서 12 장 19–21 절의 말씀과 어긋나는 것이었음을 알아야 합니다.

"내 사랑하는 자들아 너희가 친히 원수를 갚지 말고 진노하심에 맡기라 기록되었으되 원수 갚는 것이 내게 있으니 내가 갚으리라고 주께서 말씀하시니라 네 원수가 주리거든 먹이고 목마르거든 마시우라 그리함으로 네가 숯불을 그 머리에 쌓아 놓으리라 악에게 지지 말고 선으로 악을 이기라."

이 말씀은 현대의 모든 그리스도인이 따라야 할 행동 지침입니다. 만약 우리가 원수를 갚으려 하거나 또는 보복하려 한다면 그것은 이미 믿음을 떠난 행동입니다. 즉, 우리의 그러한 행위는 하나님을 못 믿겠다는 말 밖에 되지 않습니다. 물론 우리가 그의 자녀들에겐 말할 것도 없고, 야곱에게 당시에 그러한 영적 수준을 기대한다는 것은 다소 시기상조일 것입니다. 어찌됐든 야곱은 자신이 심은 그대로 하나도 빠짐없이 가는 곳마다 그 열매를 거두고 있는 것입니다.

제 35 장

벧엘로 올라가는 야곱 / 계약을 다시 새롭게 하시는 하나님 / 베냐민을 낳다가 죽는 라헬 / 야곱의 아들들의 이름 / 이삭의 죽음

창세기 34 장을 공부했을 때 당신은 제가 브니엘에서 야곱의 생이 변화되었다고 말한 것은 실수였다는 결론에 이르렀을지 모릅니다. 사실, 우리는 34 장에서의 사건을 통하여 변화된 야곱의 모습을 별로 찾아볼 수 없었습니다. 그러나 브니엘에서 어떤 변화가 있었다는 것은 사실입니다. 그는 삶의 초기에서부터 브니엘에 이르기까지 자신만을 위해서 살았던 자였습니다. 그러나 그는 브니엘에서 완전히 자아가 깨어졌습니다. 그는 이제 마치 펑크가 나서 납작해진 타이어처럼 돼버렸습니다. 그는 마치 에드벌룬처럼 창공에 높이 떠 있다가 바람이 빠져 땅에 떨어진 모습처럼 돼버렸습니다. 그런데도 창세기 34 장에서 그는 아직도 온전히 믿음으로 행치 못했습니다.

에서가 야곱과 헤어져 고향으로 돌아왔을 때, 야곱은 가족을 데리

고 세겜으로 내려갔습니다. 그런데 그가 그리로 내려간 것은 비극이었습니다. 야곱은 그때까지도 여전히 자신의 지혜를 의지하고 있었습니다. 디나는 강간을 당하였으며 그녀의 친오라비인 시므온과 레위는 그 사건의 책임자인 세겜의 추장에게 갔습니다. 그가 그녀와 결혼하기를 원하였음에도 불구하고 야곱의 아들들은 그를 죽였으며, 성읍 사람들을 잔인하게 학살했습니다. 야곱은 그 아들들이 집에 돌아오자, 그들에게 "너희가 내게 화를 끼쳐 나로 이 땅 사람에게 냄새를 내게 하였도다"라고 말하였습니다.

그럼에도 여기서 제기될 수 있는 한 가지 의문점은 그때 야곱에게 벧엘로 갈 수 있는 준비가 되어 있었느냐 하는 것입니다. 즉, 야곱이 하나님께서 그에게 주려 하신 것들을 받을 영적인 준비가 되어 있었느냐 하는 것입니다. 아닙니다. 야곱은 그런 준비가 되어 있지 못했습니다. 사실 창세기 34 장에서의 그와 같은 사건은 야곱이 육신대로 좇은 결과에서 비롯된 것이었습니다. 물론 야곱은 자아가 깨어지긴 했지만 아직 그의 믿음의 수준은 그리 높지 못했습니다. 그가 세겜에 머무른 것은 계속해서 벧엘로 갈 만한 믿음이 그에게 없었기 때문입니다. 야곱의 인생에서 일어난 이러한 비극적인 사건들은 그가 그의 가정을 이끌어 가는 데 있어 지도력이 부족했음을 보여줍니다. 그는 자신이 취하여야 할 올바른 위치를 지키지 못하였습니다. 그는 결코 영적으로 성장한 사람이 아니었습니다. 그리고 야곱이 열한 명의 아들들을 함께 인도하여 데리고 간다는 것이 영적으로 부족한 그에게는 실로 벅찬 일이었습니다. 이러한 비극적 사건이 발생한 후, 야곱은 하나님의 손길이 그의 삶 가운데 함께하고 계시다는 것을 깨닫기 시작합니다. 그리면서 그가 이제 어떤 결정을 내리게 되는데, 그것은 진작에 결정을 내렸어야 할 일이었습니다.

벧엘로 올라가는 야곱

"하나님이 야곱에게 이르시되 일어나 벧엘로 올라가서 거기 거하며 네가 네 형 에서의 낯을 피하여 도망하던 때에 네게 나타났던 하나님께 거기서 단을 쌓으라 하신지라"(1절).

이때 하나님께서는 야곱에게 벧엘로 돌아갈 것을 말씀하셨습니다. 세겜에서의 고통스러운 일을 경험한 뒤, 야곱은 벧엘로 가라는 하나님의 명령을 따르려 합니다. 우리가 살펴본 것처럼 전에는 야곱에게 직접 그곳으로 갈 만한 믿음이 없었지만 이때부터는 야곱은 가족을 이끌고 벧엘로 갈 수 있는 영적인 지도력을 갖기 시작합니다.

"야곱이 이에 자기 집 사람과 자기와 함께한 모든 자에게 이르되 너희 중의 이방 신상을 버리고 자신을 정결케 하고 의복을 바꾸라"(2절).

야곱은 그의 가족에게 몇 가지 행하여야 할 것을 명령하였습니다.

첫째로, **야곱은 그들 중에 있는 이방 신상을 모두 버리라고 말했습니다.**

이는 참으로 놀라운 일입니다. 당신은 야곱이 라헬과 레아를 데리고 라반의 집을 떠날 때, 라헬이 가정의 수호신상을 몰래 훔쳐왔다는 것을 기억할 것입니다. 분명히 그녀는 약대를 타고 있는 동안 계속 그 위에 앉아 있었습니다. 라헬은 약대 등 위에 있는 짐 위에 조심스럽게 앉아 있었습니다. 왜냐하면 그 밑에는 작은 신상이 숨겨져 있었기 때문입니다. 야곱은 그때 라헬이 드라빔을 훔쳐왔다는 사실을 까맣게 모르고 있었습니다. 그러므로 야곱이 라반에게 그 신상은 자기들에게 없다고 말한 것입니다. 그는 드라빔이 그들 중에 있다는 사실을 정말 모르고 있었습니다.

만일 그때 그 드라빔이 발견되었다면 우리는 야곱이 그것을 제거했으리라고 생각합니다. 왜냐하면 야곱은 살아계시고 신실한 하나님을 알고 있었기 때문입니다. 사실 그는 이미 하나님과의 개인적인 만남을 체험하였었습니다. 그러나 그는 그 동안 신상을 제거하지 않았기에 그의 온 가족은 그 이방신상을 숭배하고 있었던 것 같습니다. 이때 야곱은 처음으로 그의 영적인 지도력을 발휘하여 그 가족에게 "이 거짓된 이방 신상을 모두 버리라"고 말합니다. 그들의 가장 먼저 해야 할 일은 잘못된 것들을 모두 버리는 것이었습니다.

오늘날, 일 주일 가운데 육일 동안은 다른 우상을 섬기고 주일날만 교회에 나와 주님께 예배드리고 있는 사람들이 너무도 많은 것 같습니다. 많은 그리스도인들이, 근본주의자들조차 이방신을 섬기면서 왜 그들의 주일 예배가 경이롭지 않은가 하고 궁금히 여깁니다. 당신은 이방신들을 제거해야 할 것입니다. 저는 당신의 우상이 무엇인지 모릅니다. 그것은 탐욕일 수도 있고 직업일 수도 있습니다. 이방신을 섬기는 자는 주일날 하나님께 예배드리는 일보다 돈 버는 일에 더욱 전념하는 자입니다. 그러면서 그는 자기의 영적 생활에 잘못된 것이 무엇인가 하고 궁금해 합니다. 당신이 처음으로 하나님을 만났던 곳인 벧엘로 돌아가고자 한다면 잘못된 것들을 모두 버려야 합니다.

둘째로, **야곱은 그의 가족에게 "자신을 정결케 하라"고 말했읍니다.**

신자들에게 있어 그것은 죄의 고백을 의미합니다. 당신은 당신의 생활 가운데서 범한 죄를 엄중하게 다루어야 합니다. 주일날 교회에 나가기 전에 한 주간 동안의 생활을 돌이켜 보고 그 가운데 잘못된 것을 하나님께 회개하여야 합니다. 우리는 주일날 예배에 참석하기 전에, 몸을 씻고 화장도 합니다. 우리의 육신도 이렇게 단장하는 것처럼 우리는 우리의 죄를 그때 그때 하나님께 자백함으로써 우리의 영혼을 깨끗케 해야 합니다. 그렇지 않으면 우리의 영적인 얼굴은 그 불결함이 계속 남아 있을 것입니다.

"만일 우리가 우리 죄를 자백하면 저는 미쁘시고 의로우사 우리 죄를 사하시며 모든 불의에서 우리를 깨끗게 하실 것이요"(요일 1:9).

우리는 반드시 우리 죄를 자백하여야 합니다. 우리가 죄를 자백하면 하나님께서는 미쁘시고 의로우사 우리 죄를 용서해 주십니다.

세째로, **야곱은 그들에게 "의복을 바꾸라"고 말했읍니다.**
이 말은 "옛 옷을 벗어버리라"는 뜻입니다. 여기에서 "옷"은 「제복」을 나타냅니다. 우리는 경마에서 기수가 입는 승마복이나 축구 선수가 착용하는 유니폼을 가리켜 「제복」이라고 합니다. 그와 같이 하나님의 자녀들은 그가 누구며, 또 그가 누구에게 속해 있는가를 분명히 나타내 줄 수 있는 것으로 옷입어야 합니다. 당신은 지금 주님으로 옷을 입고 있읍니까? 직장이나 학교 또는 이웃과의 관계에 있어 남들과는 조금이라도 다르다고 인정을 받을 수 있읍니까? 당신은 분명히 그 무엇으로든지 옷을 입고 있는 것입니다.

야곱은 벧엘로 돌아가는 순간부터 하나님을 위하여 살기 시작하였읍니다. 그러나 그 전까지 그의 생활은 결코 그렇지 못했읍니다. 그러나 이제는 그가 그의 가족에게 "벧엘로 돌아가자"라고 말하였읍니다. 그것은 오늘날 우리도 마땅히 해야 할 일입니다.

> "우리가 일어나 벧엘로 올라가자 나의 환난날에 내게 응답하시며 나의 가는 길에서 나와 함께하신 하나님께 내가 거기서 단을 쌓으려 하노라 하매"(3절).

아브라함과 이삭은 오래 전, 벧엘에 단을 쌓았읍니다. 이제 야곱이 단을 쌓고 하나님께 감사드리려 합니다.

"나의 환난날에 내게 응답하시며 나의 가는 길에서 나와 함께하신 하나님."
야곱은 젊은 시절, 고향을 그리워하며 고독한 마음으로 집을 떠나는 중 벧엘에 이르렀을 때 하나님께서 그와 함께하셨다는 것을 기억했읍니다. 하나님께서는 그에게 "내가 너와 함께하리라"고 말씀하셨읍니다. 오랜 세월이 흘렀지만, 하나님께서는 그 동안도 분명히 그와 함께하셨읍니다. 이제 하나님께서는 야곱에게 이렇게 말씀하십니다. "네가 벧엘로 돌아가야 하리라. 네가 네 형 에서의 낯을 피하여 도망하던 곳으로 돌아가야 하리라. 네가 그곳에 거하여야 하리라."

우리는 우리가 부끄럽고 헛된 신앙 생활을 하는 것은 완전한 시간 낭비라는 것을 깨달아야 합니다. 하나님께서는 이스라엘 백성을 애굽에서 나오게 하셔서 약속의 땅으로 인도하셨읍니다. 하나님께서는 그들에게 나타나셔서, 그들로 약속의 땅에 들어갈 것을 말씀하셨으나, 그들은 들어가지 못하고 광야에서 사십 년 동안 유리방황하였읍니다. 그들은 사십년 동안의 세월을 낭비하였던 것입니다. 그리스도인 가운데는 그들의 생활을 헛되이 낭비하고 있는 사람들이 얼마나 많은지 모릅니다. 이러한 놀라운 영적 교훈은 바로 우리 모두를 위한 것입니다. 우리 가운데는 혹시라도 야곱과 같은 사람들이 있는지 모르겠읍니다. 그런 사람이 혹 있다면 하나님께서 "야곱의 하나님"이라고 말씀하신 것에 감사하시기를 바랍니다. 얼마나 감사한 말씀입니까! 하나님께서 야곱 같은 사람의 하나님이 되셨다면 우리의 하나님도 되실 것이 아니겠읍니까? 그러므로 창세기 35 장은 우리에게 커다란 위로를 주는 장입니다.

이제 야곱은 그의 가정에서 가장으로서의 권위있는 행동을 취합니다.

> "그들이 자기 손에 있는 모든 이방 신상과 자기 귀에 있는 고리를 야곱에게 주는지라 야곱이 그것들을 세겜 근처 상수리나무 아래 묻고"(4절).

저는 여기에서 잠깐 그 당시는 귀고리가 우상숭배와 관련이 있었다는 것에 대하여 간단히 소개하고자 합니다. 성경에는 그것과 관련된 많은 구절들이 있읍니다. 귀고리를 간직하고 있었다는 것은 곧 그들이 우상숭배를 한다는 것을 의미했읍니다. 그래서 그들은 그것들을 제거하려고 했던 것입니다.

"야곱이 그것들을 세겜 근처 상수리나무 아래 묻고."
야곱은 이방 신상과 귀고리들을 그들 가운데서 제거하였읍니다. 그런데 야곱은 그것들을 다른 곳에 따로 두지 않고 땅 속에 묻었읍니다. 그들은 그때 새로운 삶을 살고자 하였기 때문에 그것들을 완전히 매장시켜 버려야만 했읍니다.

> "그들이 발행하였으나 하나님이 그 사면 고을들로 크게 두려워하게 하신고로 야곱의 아들들을 추격하는 자가 없었더라 야곱과 그와 함께한 모든 사람이 가나안 땅 루스 곧 벧엘에 이르고"(5,6절).

이곳은 야곱이 벧엘이라 바꿔 부르기 전까지는 루스로 불리웠읍니다. 따라서 그때 사람들은 그곳을 루스로 알고 있었읍니다. 그러나 그곳은 오늘날 우리에게는 벧엘로 불리워지고 있읍니다.

> "그가 거기서 단을 쌓고 그곳을 엘벧엘이라 불렀으니 이는 그 형의 낯을 피할 때에 하나님이 그에게 거기서 나타나셨음이더라"(7절).

벧엘, 곧 "하나님의 집"이란 이름은 야곱이 전에 붙였던 이름이었읍니다. 그러나 이때는 그가 그곳을 엘벧엘, 곧 "벧엘의 하나님"이라 불렀읍니다. 이것은 야곱이 영적으로 더욱 성장했음을 보여주는 것입니다.

그런데 여기에는 우리가 주의깊게 읽어야 할 이야기가 기록되어 있읍니다.

> "리브가의 유모 드보라가 죽으매 그를 벧엘 아래 상수리나무 밑에 장사하고 그 나무 이름을 알론바굿이라 불렀더라"(8절).

성경에는 리브가가 언제 죽었다는 데 대해서는 기록이 없지만, 이때 드보라가 야곱의 일행 가운데 있었다는 것으로 보아, 우리는 리브가가 그 전에 죽었다는 것을 알 수 있읍니다. 불행하게도 야곱은 가정을 떠난 이후 그의 어머니를 다시 보지 못하였읍니다. 그러나 리브가가 그의 사랑하는 아들 야곱을 보지 못하였다는 것은 더 더욱 고통스러운 일이었읍니다. 왜냐하면 그녀는 삼시 동안만 야곱이 피신하면 곧 다시 돌아올 줄로 알았기 때문입니다. 유모 드보라는 분명히 그들에게 리브가가 죽었다는 소식을 가져다 주었을 것이며, 따라서 야곱에게 와서 함께 얼마간 살다가 이때 죽었던 것입니다.

계약을 다시 새롭게 하시는 하나님

"야곱이 밧단아람에서 돌아오매 하나님이 다시 야곱에게 나타나사 그에게 복을 주시고"(9절).

하나님께서는 그 동안 계속 야곱과 함께하고 계셨읍니다. 이때 하나님께서는 야곱이 젊은 시절 벧엘에 이르렀을 때 그와 만나셨던 바로 그곳에서 다시 나타나셨읍니다. 야곱이 외삼촌 라반의 집에서 보낸 세월은 여러 측면에서 보아 낭비된 시간들이었읍니다.

"그에게 이르시되 네 이름이 야곱이다마는 네 이름을 다시는 야곱이라 부르지 않겠고 이스라엘이 네 이름이 되리라 하시고 그가 그의 이름을 이스라엘이라 부르시고 그에게 이르시되 나는 전능한 하나님이니라 생육하며 번성하라 국민과 많은 국민이 네게서 나고 왕들이 네 허리에서 나오리라"(10, 11절).

"나는 전능한 하나님이라."
이것은 하나님께서 아브라함에게도 말씀하신 것임을 기억하십시오.

"내가 아브라함과 이삭에게 준 땅을 네게 주고 내가 네 후손에게도 그 땅을 주리라 하시고"(12절).

하나님께서는 그 땅을 그들이 소유해야 할 아주 중요한 것으로 여기셨읍니다. 하나님께서 그 땅을 주시겠다고 말씀하신 것은 이번이 세번째입니다. 첫번째는 아브라함에게, 그리고 두번째는 이삭에게 말씀하셨읍니다. 그리고 지금은 야곱에게 말씀하시고 계십니다. 하나님께서는 그 약속에 대하여 이들에게 각기 두세 차례씩 반복해서 말씀하셨읍니다. 더우기 아브라함에게는 여러 차례 말씀하셨읍니다.

> "하나님이 그와 말씀하시던 곳에서 그를 떠나 올라가시는지라 야곱이 하나님의 자기와 말씀하시던 곳에 기둥 곧 돌기둥을 세우고 그 위에 전제물을 붓고 또 그 위에 기름을 붓고 하나님이 자기와 말씀하시던 곳의 이름을 벧엘이라 불렀더라"(13-15).

여기서 "전제물"이란 말이 성경에서 맨 처음으로 나타납니다. 레위기에는 다섯 가지의 제사가 소개되고 있는데, 전제물에 대하여는 언급이 없읍니다. 사실 여기에도 그것에 대한 설명은 전혀 없지만 성경에서는 여러 차례 나타나고 있읍니다. 아주 오래된 제사법 가운데 하나라는 사실에는 의심의 여지가 없읍니다. 그리고 이 제사법은 오늘날 우리에게 깊은 영적인 의미를 주고 있읍니다. 즉, 전제에 사용되는 전제물은 물이나 포도주로서 다른 제물 위에 부어집니다. 그렇게 되면 그것이 모두 증발하여 위로 올라갑니다. 바울은 빌립보 교인들에게 자기 생명이 마치 전제물처럼 바쳐지기를 원한다고 말했읍니다(빌 2:17).

베냐민을 낳다가 죽는 라헬

> "그들이 벧엘에서 발행하여 에브랏에 이르기까지 얼마 길을 격한 곳에서 라헬이 임산(臨產)하여 심히 신고하더니"(16절).

라헬에게는 아들이 요셉만 있었으나 이제 둘째 아들을 낳게 되었읍니다.

> "그가 난산할 즈음에 산파가 그에게 이르되 두려워 말라 지금 그대가 또 득남하느니라 하매 그가 죽기에 임하여 그 혼이 떠나려 할 때에 아들의 이름은 베노니라 불렀으나 그 아비가 그를 베냐민이라 불렀더라"(17, 18절).

라헬은 자기 아들을 『베노니』, 즉 "나의 고통의 아들"이라고 불렀읍니다. 그러나 야곱은 갓난 아이를 자세히 들여다보더니 이렇게 말했읍니다.
"나는 사랑하는 라헬을 잃었어. 그런데 녀석이 저희 엄마를 꼭 닮았네! 그러니 내가 너를 베냐민, 곧「내 오른손의 아들」이라 불러야겠구나."
야곱은 다른 아들들보다 라헬의 아들들을 더 사랑했읍니다.

야곱이 밧단아람에서 육신적인 것과 자아 중심적으로만 생활한 가운데서도 그에게 한 가지 훌륭한 점이 있었다면, 그것은 아마 라헬에 대한 그의 사랑이었을 것입니다. 야곱이 라헬을 사랑하였다는 것에 대하여는 의심의 여지가 없읍니다. 그는 그녀를 위하여 자신을 온전히 헌신하였읍니다. 야곱은 자기 아내 라헬을 위한 것이라면, 거의 모든 것, 심지어 그녀가 아버지로부터 우상 신상을 훔쳐오는 것까지도 묵인하였을 정도였읍니다. 레아나 그 외의 다른 사람들이 만일 그러한 일을 했다면 야곱은 용서치 않았을 것입니다. 그러나 그는 라헬의 그러한 행동에 대하여는 눈감아주었읍니다. 라헬은 야곱에게 요셉을 낳아주었고, 다시금 또 베냐민을 낳아주었읍니다. 하지만 둘째 아들 베냐민을 낳으면서 라헬은 그만 죽고 말았읍니다. 그의 출생은 라헬의 죽음을 가져왔읍니다. 그것은 야곱에게 참으로 견디기 어려운 고통이었읍니다.

그 외의 다른 열 아들들은 야곱에게 전혀 기쁨을 주지 못하였읍니다. 저는 하나님께서 그에게 매일 하루 24 시간 내내 여러 아내를 둔 것에 대하여 죄의식을 느끼게 하셨을 것이라고 생각합니다. 그에게는 여러 명의 아내가 필요하지 않았읍니다. 물론 하나님께서는 모든 것을 다스리고 계십니다. 모든 사건을 그분의 뜻 가운데서 통치하십니다. 그렇다고 하나님께서 일부다처를 인정하시는 것은 결코 아닙니다. 사람의 잘못에도 불구하고 하나님께서는 역사하시지만, 그렇다고 그 잘못조차 하나님께서 허락하신 것으로 보아서는 안 됩니다. 만일 그러한 잘못이 없었다면 하나님의 역사는 더욱 놀랍게 나타났을 것이며, 그 당사자도 그 잘못으로 인한 수많은 고통은 받지 않았을 것입니다. 이것은 특별히 야곱이 여러 아내와 자식들로부터 당하는 고통과, 요셉이 그의 이복 형들로부터 당한 고통 가운데서 분명하게 나타나고 있읍니다.

사실, 야곱은 요셉과 베냐민만을 특별히 사랑하였으며, 따라서 다른 아들들은 그것을 몹시 시기하였읍니다. 야곱은 요셉에 대한 그와 같은 편애를 다른 아들들에게 보여 주어서는 안 되었읍니다. 왜냐하면 이 때문에 야곱은 야곱대로, 또 요셉은 요셉대로 오랜 세월 동안 고통을 받았기 때문입니다. 그의 이러한 차별 대우는 사실 그 자신이 또한 아버지 이삭으로부터 경험했던 것이었읍니다. 그는 그 자신의 대(代)에 와서는 그러한 것을 청산했어야 함에도 그러한 것을 다시 되풀이하고 있었던 것입니다. 어찌됐든 야곱은 사랑하는 아내 라헬을 잃었지만, 반면 그는 베냐민을 얻었읍니다. 베냐민이 라헬에게는 분명히 고통의 아들이었지만, 야곱으로서는 그를 『베노니』, 곧 "고통의 아들"이라 부를 수가 없었읍니다. 그가 야곱에게는 결코 고통스런 아들이 될 수가 없었읍니다. 그는 야곱이 노후에 의지하게 될, 참으로 오른팔과 지팡이 같은 아들이었읍니다. 더군다나 그는 야곱의 사랑하는 아내 라헬을 잃으면서 얻은 아들이었읍니다. 이 때문에 야곱은 베냐민을 볼 때마다 라헬을 생각했을 것입니다. 이것을 깨닫는 것은 매우 중요합니다. 그것은 후에 야곱이 겪는 커다란 슬픔을 우리가 이해하는 데 도움이 되기 때문입니다.

> "라헬이 죽으매 에브랏 곧 베들레헴 길에 장사되었고"(19절).

그녀의 무덤은 지금까지도 그곳에 있습니다.

> "야곱이 라헬의 묘에 비를 세웠더니 지금까지 라헬의 묘비라 일컫더라"(20절).

즉, 라헬의 묘비는 모세가 본문을 기록할 당시에도 그곳에 있었고, 또 오늘날까지도 계속 그곳에 남아 있습니다.

> "이스라엘이 다시 발행하여 에델 망대를 지나 장막을 쳤더라"(21절).

야곱의 아들들의 이름

22-26 절 말씀에는 야곱의 각기 다른 아내에게서 태어난 아들들의 이름이 기록되어 있습니다. 사실 그 중에서도 요셉과 베냐민은 야곱의 특별한 사랑을 받은 아들들이었습니다. 나머지 아들들은 모두가 다 결코 훌륭하게 성장하지 못했습니다. 다시 말하지만, 이것은 하나님께서 첩을 얻는 자에게는 결코 축복하시지 않는다는 사실을 입증합니다. 우리는 야곱의 가정을 보아 그러한 사실을 하나의 교훈으로 삼아야 합니다. 물론 거기에는 외삼촌 라반의 책임도 있겠지만, 야곱의 실수도 결코 배제할 수 없는 것입니다.

이삭의 죽음

> "이삭이 나이 많고 늙어 기운이 진하매 죽어 자기 열조에게로 돌아가니 그 아들 에서와 야곱이 그를 장사하였더라"(29절).

에서와 야곱은 그 아버지 이삭의 죽음으로 야곱이 고향으로 돌아온 이후 몇 년만에 다시금 만날 수 있었습니다.

당신은 이 창세기 35 장에는 특별히 사람들의 죽음이 많이 기록된 것을 보았을 것입니다. 처음에는 리브가의 여종, 드보라의 죽음이 소개되고 있는데, 이것은 리브가가 죽었다는 사실을 보여주는 것이라고 말씀드렸습니다. 그리고 그 다음에는 야곱의 사랑하는 아내, 라헬의 죽음이 기록되어 있으며, 마지막에는 이삭의 죽음에 대한 기사로써 이 장의 끝을 맺고 있습니다.

제 36 장

가나안에서 세일 산으로 이동하는 에서 / 에서의 계보

본 장은 전체적으로 에돔 족속의 시조인 에서의 계보를 다루고 있읍니다. 따라서 이것은 일반 독자들에게는 그다지 흥미로운 부분이 되지 못하겠지만, 에돔 족속을 연구하려는 사람에게는 가장 요긴한 장이 될 것입니다. 여기에 언급되어 있는 이름 가운데 일부는 오늘날 아라비아 사막에서 들어 볼 수 있는 이름들입니다. 오말, 데만, 스보, 그나스, 고라 등이 여기에 속합니다. 어쨌든 이 장은 에서의 계보입니다. 그들은 여전히 그 지역에서 살고 있읍니다.

에서의 가족들은 사해의 정남쪽에서 정동쪽에 걸쳐 위치한 에돔 땅에 정착하였읍니다. 그곳은 산악지대로 오늘날은 바위 땅을 개간하여 세운 에돔의 수도 페트라시(city of Petra)가 자리잡고 있는 곳입니다. 이사야, 예레미야, 에스겔 그리고 오바댜의 에돔에 관한 예언이 성취된 것입니다.

에돔 족속은 에서로부터 시작되었읍니다. 본 장에는 에서가 에돔 족속의 조상이라는 사실이 세 차례에 걸쳐 매우 분명하게 기록되어 있읍니다. 사실, 에서와 에돔은 이름부터 같은 의미를 지니고 있읍니다(이에 대해서는 8 절을 참조하라). 그러면 여기서 다시금 잠깐 에서에 대해 살펴 보겠읍니다. 에서는 성경에서 이삭의 장자로 등장합니다. 그는 야성적이고 건강하며 매우 훌륭한 운동선수 타입의 소년이었읍니다. 따라서 그는 외적으로는 매력적으로 보이지만 지극히 육신의 욕심대로 사는 사람이었읍니다.

아마 사람들 가운데는 왜 하나님께서 에서를 택하지 않으시고 야곱을 택하셨는지에 대하여 의문을 갖는 사람도 있을 것입니다. 물론 에서가 외적으로는 멋있는 사람이었읍니다. 그러나 하나님께는 실수란 있을 수 없읍니다. 우리는 오바댜서에 기록된 짧은 예언 가운데서 에서의 참 모습을 보게 됩니다. 그 당시까지 에서를 통하여 약 10 만 명이나 되는 에돔 족속이 생겼읍니다. 그런데 그들 각자에게는 조금씩이나마 에서의 특성이 남아 있었읍니다. 그들 각각은 작은 에서였읍니다. 이제 그 족속을 보면 당신은 에서로부터는 어떠한 것이 유전되었는지를 알게 될 것입니다. 이것은 마치 에서를 현미경에 넣어서 보는 것과 같습니다. 교만으로 가득찬 그 족속을 보십시오.
"바위 틈에 거하며 높은 곳에 사는 자여 네가 중심에 이르기를 누가 능히 나를 땅에 끌어내리겠느냐 하니 너의 중심의 교만이 너를 속였도다 네가 독수리처럼 높이 오르며 별 사이에 깃들일지라도 내가 거기서 너를 끌어내리리라 나 여호와가 말하였느니라"(옵 1:3,4).
그들의 마음 속에 있는 교만은 하나님 없이도 살 수 있으며, 하나님이 필요하지 않다는 것이었읍니다. 즉, 그들은 하나님으로부터 영원한 독립을 선언한 것입니다. 에서가 바로 그러하였읍니다.

구약성경의 마지막 책에서 하나님께서 이렇게 말씀하십니다.
"…내가 야곱을 사랑하였고 에서는 미워하였으며…"(말 1:2,3).
하나님께서 이렇게 말씀하신 것은 에서가 죽은 지 천년 후였으나 하나님께서는 처음부터 에서의 마음을 알고 계셨읍니다. 우리는 역사를 통해 그들이 걸어간 길을 보면서 하나님께서는 참으로 정확하신 분이라는 사실을 깨닫게 될 것입니다.

가나안에서 세일 산으로 이동하는 에서

"에서 곧 에돔의 대략이 이러하니라"(1절).

우리는 여기에서 에돔은 곧 에서였다는 사실을 다시 확인할 수 있습니다.

"에서가 가나안 여인 중 헷 족속 중 엘론의 딸 아다와 히위 족속 중 시브온의 딸 아나의 소생 오홀리바마를 자기 아내로 취하고 또 이스마엘의 딸 느바욧의 누이 바스맛을 취하였더니"(2, 3절).

당신이 기억하고 있듯이 에서는 두 명의 가나안 여인과 한 명의 이스마엘 여인을 아내로 취하였습니다.

"에서가 자기 아내들과 자기 자녀들과 자기 집의 모든 사람과 자기의 가축과 자기 모든 짐승과 자기가 가나안 땅에서 얻은 모든 재물을 이끌고 그 동생 야곱을 떠나 타처로 갔으니 두 사람의 소유가 풍부하여 함께 거할 수 없음이러라 그들의 우거한 땅이 그들의 가축으로 인하여 그들을 용납할 수 없었더라"(6, 7절).

아브라함과 롯에게도 이와 똑같은 문제가 있었다는 것을 당신은 기억하실 것입니다. 마찬가지로 에서와 야곱에게도 가축을 먹일 수 있는 충분한 목초지가 없었습니다. 그들은 서로가 너무 많은 가축을 소유하고 있었습니다. 그들은 재산상의 문제로 서로 헤어지게 되었으며, 이때 에서는 자발적으로 그 약속의 땅을 떠났습니다.

"이에 에서 곧 에돔이 세일 산에 거하니라"(8절).

이제 에서는, 야곱이 밧단아람에서 돌아왔을 때 살고 있었던 가나안의 "세일 땅"으로부터 세일 산으로 이동합니다(창 32:3).

에서의 계보

> "에서의 아들 엘리바스의 첩 딤나는 아말렉을 엘리바스에게 낳았으니 이들은 에서의 아내 아다의 자손이며"(12절).

이것이 아말렉 족속의 기원입니다. 사막에서 거주하였던 이 족속들은 수 세기를 통하여 여러 곳으로 흩어졌읍니다. 그들 중 많은 사람들은 북아프리카로 건너갔읍니다. 또한 모든 아랍 족속은 아브라함이 애굽 여종 하갈과 사라가 죽은 후 그가 결혼한 그두라에게서 태어난 자녀들의 후손입니다. 따라서 그들은 이스라엘 족속과 같은 조상을 가진 민족입니다.

중동에서 있었던 일입니다. 어떤 아랍인이 제가 우리 여행단에게 전하는 멧세지에서 이스라엘 국가에 대해 언급한 말에 적의를 표현하였읍니다. 그는 그리스도인이었지만 이스라엘 국가를 얼마나 적대시하는지 저에게 말해 주었읍니다. 그래서 저는 그에게 이렇게 말했읍니다.

"하지만 그들은 당신의 형제요."

그러나 그 말은 그를 격분시켰읍니다.

『나는 그와 아무런 관계가 없소.』

저는 그가 이스라엘 족속과 관계가 있다는 것을 주장하며 이렇게 말했읍니다.

"당신과 이스라엘 둘 다 셈족속이지 않소? 당신도 그들과 마찬가지로 셈족속이오."

결국, 그는 그것이 사실이라고 인정하였읍니다.

이 장은 이러한 관계들을 보여 주고 있는 만큼 중요합니다. 하나님의 영(성령)은 우리에게 이러한 것들을 말씀해 주시기 위하여 모세의 손을 빈 것입니다.

> "에서 자손 중 족장은 이러하니라 에서의 장자 엘리바스의 자손에는 데만 족장, 오말 족장, 스보 족장, 그나스 족장과"(15절).

에서의 자손은 분명 하나님의 약속의 계열은 아닙니다. 약속의 계열은 야곱 자손입니다. 그러나 하나님께서는 에서의 자손도 자손 번창의 은혜를 베풀어주셔서 그들 사이에 족장들이 나와서 통제해야 할 정도로 자손 번창의 축복을 베풀어 주셨다는 것을 알 수 있습니다. 야곱의 자손들은 하나님께서 주시는 말씀, 즉 특별계시의 지도를 받아 살도록 하셨읍니다. 그러나 에서의 자손은 계시는 없더라도 하나님께서 지도력있는 족장들이 그들에게서 나오도록 해서 그들의 지도를 받아서 살도록 하셨던 것입니다.

> "에서 곧 에돔의 자손으로서 족장된 자들이 이러하였더라"(19절).

이 뒤로 여러 족장들이 소개되고 있읍니다. 또한 에서 자손들 가운데서 왕이 나타나게 됩니다.

> "이스라엘 자손을 다스리는 왕이 있기 전에 에돔 땅을 다스리는 왕이 이러하니라"(31절).

에서 자손들은 더욱 번창하여 이제는 왕 제도를 도입할 단계가 되었읍니다. 그 만큼 그들 사회는 복잡해져서 중앙집권의 강력한 군주가 요구되는 그런 사회가 되었다는 뜻입니다. 창세기 27 장 40 절의 야곱의 예언적 축복을 미루어 볼 때, 그들은 "칼을 믿고 생활하는" 민족입니다. 즉, 그들은 무력을 숭상하는 자들이 될 것입니다. 이렇게 그 자손들이 서로의 힘을 내세워 패권 쟁탈전을 해야 되는 상황이라면 이러한 모든 것을 강력히 제압할 수 있는 중앙집권적 왕이 요구되는 것이 필연적 귀결입니다. 왕이 있었다고 해서 이런 사회가 좋은 사회입니까? 아닙니다. 왕이 있어야 통제가 되는 사회는 살벌한 사회인 것입니다.

> "에서에게서 나온 족장들의 이름은 그 종족과 거처와 이름대로 이러하니 딤나 족장, 알와 족장, 여뎃 족장, 오홀리바마 족장, 엘라 족장, 비논 족장, 그나스 족장, 데만 족장, 밉살 족장, 막디엘 족장, 이람 족장이라 이들은 그 구역과 거처를 따른 에돔 족장들이며 에돔 족속의 조상은 에서더라"(40-43절).

이것은 하나님께서 택하시지 않은 계열의 족보입니다. 본 장은, 내용을 마무리지으면서 에서의 계열에서 나온 족장들의 목록을 다시 기록하고 있습니다. 그들은 함께 모이면 서로에게 인사하며 굽실거리느라 바쁠 것입니다.
"나는 당신에게 내 형을 소개하고 싶소. 그는 알와 족장이오."
『내 친구를 소개하겠소. 그는 딤나 족장이오.』

본 장은 이와 같이 족장들의 목록과 그들의 거민이 에돔 땅에 거하였다는 것을 다시 언급함으로써 결론을 맺습니다. 우리는 이후 에돔 족속들이 하나님의 백성인 이스라엘의 행진을 방해하는, 걸림돌의 역할을 하는 것을 구속 역사를 통하여 배우게 될 것입니다.

제 37 장

야곱의 가정 불화의 원인 / 요셉의 꿈 / 형들에게 보내지는 요셉 / 노예로 팔리는 요셉

우리는 그 동안 아브라함과 이삭, 야곱으로 이어지는 계열을 함께 살펴 보았습니다. 이제부터는 창세기의 후반부에 접어들면서 네번째 인물인 요셉을 접하게 됩니다. 그리고 사실상 여기서부터 창세기의 마지막에 이르기까지 그 중심 인물이 요셉으로 바뀌게 됩니다. 창세기에서는 아브라함과 이삭 그 외의 어떤 다른 인물들보다도 요셉에게 많은 장들이 할애되고 있읍니다. 창세기의 처음 1 장부터 11 장에 이르는 우주와 인류 최초의 역사에 대한 기록보다도 요셉에 대하여 기록하고 있는 장수의 분량이 더 많습니다. 이에 우리는 당연히 왜 요셉이 성경에서 그와 같이 위대한 인물로 취급되고 있는지에 대하여 의문을 제기할 것입니다.

여기에는 아마 여러 가지 이유가 있을 것입니다.

첫째로, **요셉은 매우 훌륭하고 고귀한 삶을 살았기 때문입니다.** 그는 다음의 말씀대로 삶을 산 본보기입니다.
"종말로 형제들아 무엇에든지 참되며 무엇에든지 경건하며 무엇에든지 옳으며 무엇에든지 정결하며 무엇에든지 사랑할 만하며 무엇에든지 칭찬할 만하며 무슨 덕이 있든지 무슨 기림이 있든지 이것들을 생각하라"(빌 4:8).
하나님께서는 우리가 무엇에든지 선하고 덕이 있으며 고결하기를 원하시는데, 요셉의 일생이 바로 그러하였읍니다.

둘째로, **요셉은 인격적인 면과 인생 체험에 있어 그리스도를 닮은 사람이었기 때문입니다.** 그러나 신약성경의 어디에서도 요셉이 우리에게 그리스도의 모형으로 소개된 곳은 없읍니다. 하지만 그리스도와 요셉에게 있는 유사점은 결코 우연한 것이 아닙니다. 우리는 요셉에 대하여 깊이 연구하면서, 더욱 많은 이러한 유사점들을 보게 될 것입니다. 여기서 우리가 앞으로 다루게 될 예수 그리스도와 요셉의 유사점은 최소한 30 가지 이상이나 됩니다.

우리는 지금 메시야 곧 그리스도께서 오시게 될 야곱의 계열에 대한 이야기를 계속 다루고 있는 중입니다. 성경에서 요셉의 이야기가 시작될 때 야곱은 가나안 땅에 살고 있었읍니다.

야곱의 가정 불화의 원인

"야곱이 가나안 땅 곧 그 아비의 우거하던 땅에 거하였으니"(1절).

이때 야곱은 분명히 베들레헴 남쪽으로 내려와서 헤브론에 도착하였읍니다. 이곳은 과거에 아브라함의 가족이 거했던 곳입니다. 이곳은 지역 이름 그대로 하나님과의 교제의 장소였읍니다.

> "야곱의 약전이 이러하니라 요셉이 십칠 세의 소년으로서 그 형제와 함께 양을 칠 때에 그 아비의 첩 빌하와 실바의 아들들로 더불어 함께하였더니 그가 그들의 과실을 아비에게 고하더라"(2절).

우리는 야곱의 아들들이 요셉과 베냐민을 제외하고는 모두가 매우 불량한 자들이었다는 것을 알 수 있습니다. 이들이, 하나님께서 그들에게 가르치고자 하신 교훈을 깨닫기까지는 오랜 세월이 걸렸습니다.

지금부터는 이야기의 중심이 야곱에서 요셉에게로 옮겨지고 있다는 것에 유의하십시오. 이때 요셉은 단지 17 세의 청소년이었습니다. 그는 그때 그곳에서 양을 치고 있던 야곱의 아들들 가운데 나이가 가장 어렸습니다. 물론, 베냐민은 너무 어렸기 때문에 그때 집에 있었습니다. 그런데 요셉은 아버지께로 와 형들의 잘못을 고하였습니다. 물론 형들은 요셉의 그러한 행위를 아주 싫어했습니다. 그들은 요셉을 고자질장이로 생각했을 것이 틀림없습니다.

> "요셉은 노년에 얻은 아들이므로 이스라엘이 여러 아들보다 그를 깊이 사랑하여 위하여 채색옷을 지었더니"(3절).

야곱은 그의 가정에 있는 한 가지 문제점을 일찍 깨달아야 했었습니다. 그는 한 자녀만을 편애하는 것이 가정 불화의 원인이 된다는 것도 알았습니다. 또한 야곱은 그 아비 이삭이 에서를 자기보다 사랑하였기 때문에 자녀에 대한 차별 대우가 과연 어떤 것이구나 하는 것도 잘 알고 있었을 것입니다. 그럼에도 불구하고 그는 그와 똑같은 행위를 자녀들에게 범하고 있었습니다. 우리는 라헬이 야곱의 진심으로 사랑하는 아내라는 사실을 잘 압니다. 이 때문에 그녀에게서 태어난 요셉은 그에게 실로 소중한 아들이었으며, 야곱이 그를 누구보다도 끔찍이 사랑하는 것에 대해 이해할 수는 있습니다. 그러나 그것은 가정 불화의 원인을 정당화시킬 수 있는 이유는 될 수 없었습니다. 그는 요셉에게 채색옷을 만들어 입혀서는 안 되었습니다.

"채색옷"을 다른 말로 옮긴다면 "긴 팔의 옷"으로 바꾸어 번역할 수 있습니다. 그 당시 사람들이 입었던 일반적인 의복은 약 3 m정도 길이의 한조각 천으로 만들어진 긴 옷이었습니다. 그들은 그 긴 천의 중간에 구멍을 뚫어 그 곳으로 머리를 내밀고 입고 다녔습니다. 그러니까 천의 절반은 옷의 앞부분이며 나머지 절반은 뒷부분이 됩니다. 그리고는 허리춤을 동여 매거나 혹은 양옆의 솔기 부분을 꿰매므로써 의복이 되었습니다. 그러나 옷에 팔소매는 따로 내지 않았습니다. 그러므로 의복에 팔소매를 만드는 것은 특별한 사람만 그렇게 할 수 있었습니다. 그리고 채색옷을 입히는 것도 역시 그 사람을 다른 사람과는 구별할 때 사용하는 것이었습니다.

> "그 형들이 아비가 형제들보다 그를 사랑함을 보고 그를 미워하여 그에게 언사가 불평하였더라"(4절).

아버지가 요셉을 다른 아들들보다 깊이 사랑하였기 때문에 형들이 그를 미워한 것은 당연한 것이었습니다. 그들로서는 그와 사이좋게 대화하는 것조차 불가능하였습니다. 따라서 우리는 야곱의 가정에도 불화가 있었다는 것을 보게 됩니다. 분명히 말씀드리지만, 죄가 있는 가정은 반드시 그 죄 때문에 망하기 마련입니다. 죄는 우리의 인생을 파멸시키고 가정을 파괴시킵니다. 그런데 이것이 바로 오늘날 우리의 가정과 사회, 국가가 안고 있는 문제점입니다. 그에 대한 원인은 오직 한 가지, 곧 죄 때문입니다.

여기에서 우리는 차별 대우의 중심인물이 요셉이었다는 사실을 발견합니다. 그 아버지는 오직 그만을 더 깊이 사랑하였습니다. 따라서 형들은 그에 대한 증오심 때문에 그를 더욱 학대하였습니다.

요셉의 꿈

> "요셉이 꿈을 꾸고 자기 형들에게 고하매 그들이 그를 더욱 미워하였더

라 요셉이 그들에게 이르되 청컨대 나의 꾼 꿈을 들으시오"(5, 6절).

우리는 여기서 요셉의 행동에 대하여 어떻게 설명할 수 있을까요? 요셉은 그가 아버지에게 찾아가 형들의 과실을 고하면 자기에게 화가 미칠 것을 알면서도 그렇게 한 이유는 무엇입니까? 이에 대해서 저는 아마도 그가 세상이 얼마나 악하다는 것을 전혀 몰랐기 때문이 아닌가 생각합니다. 그는 그의 형들이 얼마나 악한지를 전혀 모르고 있었읍니다. 저는 그때 요셉이 매우 순진한 소년이었을 것이라고 생각합니다. 비록 그가 세상을 살아가는 처세술을 배우는 데는 오랜 세월이 걸렸지만, 훗날 그는 분명히 그러한 것들을 깨닫게 되었읍니다. 그리고 마침내는 세상과 사람들이 지니고 있는 악에 대하여도 누구 못지 않게 많은 것을 알게 되었을 것입니다. 그러나 그것은 아주 오랜 후였읍니다.

당신은 야곱이 요셉을 얼마나 아꼈는지 상상할 수 있을 것입니다. 야곱은 모든 사랑을 라헬에게 쏟았었읍니다. 그는 첫눈에 반해 그녀와 사랑에 빠졌기에 그녀를 아내로 취하기 위하여 외삼촌께 십사 년 동안을 봉사하였읍니다. 그런데 그녀가 자녀를 낳은 것은 야곱과의 결혼 후 오랜 세월이 흐른 다음이었읍니다. 그가 바로 요셉이었읍니다. 그러므로 라헬의 득남은 야곱에게는 이만저만한 기쁨이 아니었읍니다. 이제 라헬이 세상을 떠나자 그의 사랑은 상대적으로 요셉에게 집중되었읍니다. 그러나 야곱에게는 그가 사랑을 베풀어야 할 다른 아들들이 있었기에 그의 그러한 편애는 잘못된 것이었읍니다. 야곱은 요셉만을 깊이 사랑하고 보살펴 주었읍니다.

"우리가 밭에서 곡식을 묶더니 내 단은 일어서고 당신들의 단은 내 단을 둘러서서 절하더이다 그 형들이 그에게 이르되 네가 참으로 우리의 왕이 되겠느냐 참으로 우리를 다스리게 되겠느냐 하고 그 꿈과 그 말을 인하여 그를 더욱 미워하더니"(7, 8절).

당신은 요셉의 형들이 그를 어느 정도나 비웃었는지 상상할 수 있겠읍니까? 그들은 요셉의 말에 아주 비위가 상했을 것입니다. 그들은 요셉이 장차 그들을 다스리게 될 것이라는 말을 완전히 무시해 버렸읍니다. 그럼에도 불구하고 그들은 요셉이 이러한 꿈을 꾸었다는 것 때문에 그를 미워하였읍니다. 그러나 요셉의 꿈은 이것으로 끝나지 않았읍니다. 그는 또 다른 꿈을 꾸었읍니다.

> "요셉이 다시 꿈을 꾸고 그 형들에게 고하여 가로되 내가 또 꿈을 꾼즉 해와 달과 열한 별이 내게 절하더이다 하니라 그가 그 꿈으로 부형에게 고하매 아비가 그를 꾸짖고 그에게 이르되 너의 꾼 꿈이 무엇이냐 나와 네 모와 네 형제들이 참으로 가서 땅에 엎드려 네게 절하겠느냐 그 형들은 시기하되 그 아비는 그 말을 마음에 두었더라"(9-11절).

요셉이 이 꿈에 대하여 형들에게 말하자 그들은 요셉의 꿈이 의미하는 바를 알았읍니다. 이것과 똑같은 환상이 요한계시록 12 장 1 절에서도 나타나고 있읍니다.
"…해를 입은 한 여자가 있는데 그 발 아래는 달이 있고 그 머리에는 열두 별의 면류관을 썼더라."
그런데 여기서의 열두 별은 이스라엘 민족을 의미하는 것입니다.

여기 요셉의 형들은 그가 그들 자신, 즉 이스라엘의 아들들에 대하여 이야기하고 있다는 것을 알아차렸읍니다.

우리는 여기에서 지금 이스라엘 민족의 시작을 공부하고 있는 것입니다. 창세기는 마치 아직 피지 아니한 꽃봉오리와 같은 것이어서 우리가 성경을 연구해 감에 따라 그 봉오리는 더욱 활짝 피게 될 것입니다. 이처럼 여기서 우리가 보는 꽃봉오리가 요한계시록에 가서는 아주 활짝 피었음을 봅니다. 시간이 많이 걸리기는 하지만 그 봉오리는 계속해서 조금씩 피어갈 것입니다.

야곱은 요셉의 꿈 내용의 의미를 온전히 파악하였기에 요셉에게

"그러면 나와 네 어미와 형들이 장차 네게 절하게 된단 말이냐?" 하고 꾸짖었읍니다. 그러나 요셉으로서는 『꿈이 바로 그렇잖아요』라는 말밖에는 할 수가 없었읍니다. 그는 그것이 너무도 분명하였기 때문에 그것에 대하여 해석하려고조차 아니 하였읍니다. 그의 형들은 요셉의 꿈 이야기를 전혀 무시하였으며 따라서 그것에 관심조차 기울이지 않았읍니다. 그들은 그것이 전혀 불가능한 것이라고 생각하였읍니다. 그들은 자기들 가운데 요셉에게 절하게 될 사람이 과연 누가 있겠느냐고 생각했읍니다. 그러나 야곱은 요셉의 말을 마음 속 깊이 새겨 두었읍니다.

형들에게 보내지는 요셉

"그 형들이 세겜에 가서 아비의 양떼를 칠 때에"(12절).

이때 야곱과 그 가족은 예루살렘 남방 30㎞ 이상 떨어진 헤브론 근처에 살고 있었읍니다. 그리고 세겜 땅은 예루살렘 북쪽으로 그 만큼 먼 곳에 위치하고 있었읍니다. 그러므로 야곱의 아들들은 집에서 아주 멀리 떨어진 곳에서 양에게 풀을 먹이고 있었읍니다.

"이스라엘이 요셉에게 이르되 네 형들이 세겜에서 양을 치지 아니하느냐 너를 그들에게로 보내리라 요셉이 아비에게 대답하되 내가 그리하겠나이다"(13절).

요셉은 이스라엘에게 "알았어요, 제가 가지요"라고 대답하였읍니다. 이로 보아 요셉은 자기 아버지에게 잘 순종하는 아들이었다는 것을 알 수 있읍니다.

"이스라엘이 그에게 이르되 가서 네 형들과 양떼가 다 잘 있는 여부를 보고 돌아와 내게 고하라 하고 그를 헤브론 골짜기에서 보내매 이에 세겜으로 가니라"(14절).

요셉은 헤브론에서 세겜까지의 먼 거리를 여행하여 갔읍니다. 그는 세겜에 이르러 형들을 찾기 시작하였읍니다. 그러나 그곳은 높고 험하였기 때문에 요셉은 그들을 찾을 수가 없었읍니다.

"어떤 사람이 그를 만난즉 그가 들에서 방황하는지라 그 사람이 그에게 물어 가로되 네가 무엇을 찾느냐"(15절).

아마도 그때 이 사람은 요셉이 그의 장막 옆을 여러 차례 지나치는 모습을 보았을지도 모릅니다. 그래서 그는 요셉에게 누구를 찾고 있느냐고 물었읍니다.

"그가 가로되 내가 나의 형들을 찾으오니 청컨대 그들의 양 치는 곳을 내게 가르치소서 그 사람이 가로되 그들이 여기서 떠났느니라 내가 그들의 말을 들으니 도단으로 가자 하더라 요셉이 그 형들의 뒤를 따라 가서 도단에서 그들을 만나니라"(16, 17절).

도단은 세겜에서 북쪽으로 먼 곳에 있었읍니다. 그곳은 에스드렐론 (Esdraelon) 골짜기 근처였으며 이곳이 바로 그 형들이 양을 몰고 온 곳이었읍니다. 요셉은 마침내 그곳에서 형들을 발견하였읍니다.

"요셉이 그들에게 가까이 오기 전에 그들이 요셉을 멀리서 보고 죽이기를 꾀하여 서로 이르되 꿈 꾸는 자가 오는도다 자, 그를 죽여 한 구덩이에 던지고 우리가 말하기를 악한 짐승이 그를 잡아먹었다 하자 그 꿈이 어떻게 되는 것을 우리가 볼 것이니라 하는지라"(18-20절).

당신은 그들이 요셉을 얼마나 미워하였는지 알 수 있을 것입니다. 그때 그들이 있던 곳은 아마 집에서 거의 160 ㎞나 떨어진 곳이었읍니다. 그래서 그들은 서로가 "그를 죽이고 그의 꿈이 어떻게 되는 것을 보자"라고 말하였읍니다.

여기서 잠깐 우리는 진도를 멈추고 요셉과 예수 그리스도를 비교해 보도록 하겠읍니다. 우리는 이러한 유사점을 그냥 지나쳐서는 안 되겠읍니다.

첫째, **요셉의 출생은 기도에 대한 응답으로 하나님의 섭리에 의하여 이루어졌다는 점에서 기적적인 출생이었읍니다.**
"하나님이 라헬을 생각하신지라 하나님이 그를 들으시고 그 태를 여신고로"(창 30:22).
예수 그리스도의 태어나심은 동정녀 탄생이었읍니다. 따라서 그분의 탄생도 분명히 기적에 의한 것이었읍니다(눅 1:35).

둘째, **요셉은 그 아버지로부터 많은 사랑을 받았읍니다.**
예수께서도 하나님께서 그분을 가리켜 "이는 내 사랑하는 아들이요" 라고 말씀하신 바와 같이 하나님 아버지의 많은 사랑을 받으신 분이었읍니다.

세째, **요셉은 남들과 구별되는 채색옷을 입었읍니다.**
그런데 그리스도께서도 "죄가 없으신" 분이었다는 점에서 세상 사람과는 구별되었읍니다.

네째, **요셉은 장차 그가 형들을 다스리게 될 것을 말하였읍니다.**
예수께서도 세상의 메시야로 강림하셨읍니다. 마치 요셉의 형들이 그를 조소한 것처럼, 세상 사람들도 그분을 조롱하였읍니다. 사실, 그분의 십자가에는 「유대인의 왕 예수」라는 죄패가 써 붙여져 있었읍니다.

다섯째, **요셉은 아버지에 의하여 형들에게로 보냄을 받았읍니다.**
마찬가지로 예수께서도 그분의 형제들을 구원하시기 위하여 보내심을 받았으며 첫째는 이스라엘 집의 잃어버린 양들을 위하여 오셨읍니다.

여섯째, **요셉은 형들로부터 무고한 미움을 받았읍니다.**
예수께서도 세상 사람들로부터 무고한 미움을 받으셨읍니다(요 15:25).

자, 이제 요셉이 도단에 있는 형들을 만나기 위해 다가가고 있을 때 형들은 요셉을 죽이려고 음모를 꾸미고 있었습니다. 요셉은 채색옷이나 혹은 팔소매가 달린 옷을 입고 있었는데, 그것은 요셉을 구별지어 주는 것을 표시하는 것이었습니다. 우리는 여기에서 요셉이 그의 형제들 가운데서 가장 나이가 어렸음에도 불구하고 그들보다 고귀한 위치에 있었다는 것을 기억하지 않으면 안 됩니다. 그러므로 형들 사이에는 그를 죽일 정도의 증오심과 질투심이 있었습니다.

르우벤은 오래 전에 이미 장자권을 상실하였지만, 그는 이때 요셉에 대하여 관대한 입장을 취하였습니다. 그는 다른 형제들보다 신중한 판단을 내렸습니다.

> "르우벤이 듣고 요셉을 그들의 손에서 구원하려 하여 가로되 우리가 그 생명은 상하지 말자"(21절).

만약 그때 르우벤이 말리지 않았더라면 그들은 그 자리에서 요셉을 죽였을 것입니다.

> "르우벤이 또 그들에게 이르되 피를 흘리지 말라 그를 광야 그 구덩이에 던지고 손을 그에게 대지 말라 하니 이는 그가 요셉을 그들의 손에서 구원하여 그 아비에게로 돌리려 함이었더라"(22절).

르우벤이 의도한 목적은 요셉을 구덩이에 던진 후, 다시 그를 건져내어 아버지께로 보내려는 것이었습니다.

> "요셉이 형들에게 이르매 그 형들이 요셉의 옷 곧 그 입은 채색옷을 벗기고"(23절).

요셉이 입고 있던 옷이 그들에게는 마치 투우할 때 황소 앞에서 휘날리는 붉은 색의 천과 같이 보였습니다. 그들이 그 옷에 혐오감을 가진 것은, 그것이 요셉과 그들을 구별시키는 상징물이었기 때문입니다. 장자 상속법에 따르면 장자권을 주장할 수 있는 권한은 우선적으로 형들에게 있었습니다. 그러므로 그들은 요셉에게서 그 보기싫은 옷을 벗겨 버렸습니다.

> "그를 잡아 구덩이에 던지니 그 구덩이는 빈 것이라 그 속에 물이 없었더라 그들이 앉아 음식을 먹다가 눈을 들어 본즉 한 떼 이스마엘 족속이 길르앗에서 오는데 그 약대들에 향품과 유향과 몰약을 싣고 애굽으로 내려가는지라"(24, 25절).

이때 그곳을 지나고 있던 사람들은 한 떼의 상인들이었습니다.

> "유다가 자기 형제에게 이르되 우리가 우리 동생을 죽이고 그의 피를 은익한들 무엇이 유익할까 자, 그를 이스마엘 사람에게 팔고 우리 손을 그에게 대지 말자 그는 우리의 동생이요 우리의 골육이니라 하매 형제들이 청종하였더라"(26, 27절).

이때 유다는 몇 사람의 상인들이 지나가는 것을 보고는 형제들에게 제안했습니다. 그의 생각은 돈을 벌기 위한 계획이었지만, 진정한 목적은 최소한 요셉의 생명만은 구해주자는 것이었습니다. 그는 요셉이 그들의 손에 의하여 피흘리는 것을 원하지 않았습니다. 요셉의 형들은 유다의 그러한 제안을 받아들였습니다. 왜냐하면 그들이 원하는 것은 요셉을 제거하는 것이었을 뿐, 그 방법은 어떠한 것이든 상관이 없었기 때문입니다. 그들은 이스마엘 사람들이 그를 애굽으로 데리고 가 종으로 팔리라는 것을 알았습니다. 그들이 원하는 것은 요셉이 그들 앞에서 사라지는 것일 뿐이었습니다. 종이 된다는 것은 대개 어디에서나 마치 죽은 목숨과 같은 것이었으며, 이 때문에 그들은 요셉이 다시는 그들에게 결코 나타나지 못할 것이라고 확신했습니다.

> "때에 미디안 사람 상고들이 지나는지라 그들이 요셉을 구덩이에서 끌어올리고 은 이십 개에 그를 이스마엘 사람들에게 팔매 그 상고들이 요

셉을 데리고 애굽으로 갔더라"(28절).

당신은 여기에서 창세기의 기록자인 모세가 실수한 것으로 생각할지도 모르겠읍니다. 처음에는 그가 상고(商賈)들을 이스마엘 족속이라 부르더니 다음에는 미디안 사람이라 부르고 마지막에 또 다시 이스마엘 사람들이라 불렀기 때문입니다. 그러면 과연 어떤 것이 옳을까요? 성경이 잘못 기록된 것일까요?

자, 그럼 여기서 이스마엘 족속은 어떠한 사람들일까요? 그들은 아브라함의 아들 이스마엘의 후손들입니다. 그러면 미디안 족속은 어떠한 사람들입니까? 그들은 아브라함의 아들 미디안의 후손들입니다. 이스마엘은 아브라함이 하갈에게서 난 아들이며, 미디안은 사라가 죽은 후 아브라함이 그두라와 결혼하여 낳은 아들이었읍니다. 따라서 그들은 모두가 형제였으며, 요셉을 팔고 있던 형들과도 사실은 한 혈통이었읍니다. 그러면 이때 이스라엘 족속이란 어떤 자들이었을까요? 그들은 오직 야곱, 곧 이스라엘의 열두 아들들뿐이었읍니다. 당신은 그때 이스마엘 족속이 몇 명이나 되었을 것이라고 생각하십니까? 이스마엘은 이삭의 형입니다. 따라서 그 후손은 아마 100 명 이상 되었을 것입니다. 그러면 미디안 족속은 얼마나 되었을까요? 미디안은 이삭보다 후에 태어났읍니다. 따라서 그 후손은 그렇게 많지 않았을 것입니다. 아마 야곱의 열두 아들보다는 조금 많은 정도였을 것입니다. 이들은 이렇게 적은 무리였기에 당시에 단독으로 여행하기에는 어려움이 많았읍니다. 그들은 그때 애굽 사막을 지나야 했었읍니다. 그래서 그들은 서로의 안전을 위하여 공통적인 관심을 가진 사람들끼리 함께 떼를 이루었읍니다. 상업차 애굽으로 가고 있는 중이었으며, 서로가 같은 골육이었기 때문에 서로는 쉽게 이해하며 협조할 수가 있었읍니다.

사실 하나님의 말씀은 우리가 그대로 받아 들일 때 비로소 이해하고 또 깨달을 수 있읍니다. 우리 인간 스스로의 능력으로는 하나님의 말씀을 결코 온전히 이해할 수가 없읍니다. 사실 사람들이 성경을 너무 모르기 때문에 성경에 모순들이 많아 보이는 것입니다. 그러므로 당신은 모세가 그때의 상황을 바로 이해하여, 정확하게 기록했다는 것을 알 수 있을 것입니다.

노예로 팔리는 요셉

이와 같이 요셉의 형들이 그를 이스마엘 사람들에게 팔자, 그들은 그를 애굽으로 데리고 갔읍니다.

> "르우벤이 돌아와서 구덩이에 이르러 본즉 거기 요셉이 없는지라 옷을 찢고 아우들에게로 와서 가로되 아이가 없도다 나는 나는 어디로 갈까 그들이 요셉의 옷을 취하고 수염소를 죽여 그 옷을 피에 적시고"(29-31절).

성경에는 그들이 요셉에게 한 일에 대하여 제일 큰 형인 르우벤에게 말했다는 기록은 없읍니다만 저는 그들이 말했을 것으로 봅니다. 그리고 그들은 상인들이 이미 멀리 떠났기 때문에 그들을 쫓아간들 소용이 없다고 말했을 것입니다. 이 때문에 르우벤으로서는 그들이 그 아비 야곱에게 변명하는 일에 협조할 수 밖에 없었읍니다.

> "그 채색옷을 보내어 그 아비에게로 가져다가 이르기를 우리가 이것을 얻었으니 아버지의 아들의 옷인가 아닌가 보소서 하매"(32절).

저들의 기막힌 속임수를 보십시오. 그들은 마치 자신들이 요셉을 만나지 못한 것처럼 행동하였읍니다. 그들은 자신들이 돌아오던 길에 요셉의 옷만을 발견한 것처럼 행동했읍니다. 사실 그것이 요셉의 옷이었다는 것은 이미 알고 있었읍니다. 그러나 그들은 자신들이 그것을 모르는 것처럼 행동하였으며, 야곱에게 그것이 요셉의 옷인지 아닌지를 식별해 달라고 말했읍니다. 야곱은 그것이 누구의 옷인지를 금방 알았읍니다. 야곱의 결론은 너무도 뻔한 것이었읍니다. 요셉의 형들은 바로 그러한 결론을 기대했던 것입니다.

> "아비가 그것을 알아보고 가로되 내 아들의 옷이라 악한 짐승이 그를 먹었도다 요셉이 정녕 찢겼도다 하고"(33절).

여기에서 우리는 이 문제를 잠시 다른 측면에서 생각해 보도록 하겠읍니다. 그들은 염소를 죽인 후 그 피를 요셉의 옷에 묻혔읍니다. 그들이 이와 같이 염소를 가지고 아버지를 속인 행위는 앞의 어떤 사건과 아주 비슷하지 않습니까? 어떤 사건입니까? 그것은 바로 야곱 자신이 장자의 축복을 빼앗기 위해 그의 아버지 이삭을 속였던 사건입니다. 이때 야곱은 역시 새끼 염소를 죽여 그 가죽으로 변장해 그 아버지를 속였읍니다. 그런데 이때도 야곱의 아들들은 염소의 피를 이용하여 그들의 아버지를 속였던 것입니다. 그들은 그 옷을 그에게 건네주면서 이렇게 말했읍니다.
"이것이 누구의 옷인지 아시겠어요? 저희들은 그것을 저기 산 속에서 발견하였거든요. 그런데 틀림없이 사나운 짐승이 요셉을 해친 것처럼 보여요."
그때 야곱은 그의 아들 요셉이 들짐승에게 살해되었다고 결론을 내렸읍니다.

우리는 여기서 다음과 같은 사실에 주목해야 하겠읍니다. 야곱은 그가 전에 그의 아버지를 속인 것과 똑같은 방법으로 속았읍니다.
"스스로 속이지 말라 하나님은 만홀히 여김을 받지 아니하시나니 사람이 무엇으로 심든지 그대로 거두리라"(갈 6:7).
사람은 심은 것과 전혀 다른 것을 거두지 않습니다. 그리고 비슷한 것도 거두지 않습니다. 오직 심은 바로 그것을 그대로 거둡니다. 야곱은 나쁜 씨앗을 심었읍니다. 그는 젊은 시절 아버지를 속였읍니다. 따라서 아버지가 된 그때, 그는 오래 전 자신이 아버지를 속인 것과 똑같은 방법으로 속임을 당하였읍니다.

콩 심은 데 콩나고 팥 심은 데 팥이 나는 것은 자연의 이치입니다. 우리는 무엇이든지 심는 대로 거둡니다. 이것은 모든 일에 있어 그대로 적용되는 진리입니다. 이것은 육신적, 도덕적, 영적인 것 등 우리의 모든 삶의 영역에 적용됩니다. 만일 당신이 혹시라도 나는 하나님의 자녀이기 때문에 죄의 결과를 모면할 수 있다고 생각한다면, 그것은 아주 큰 오해입니다. 우리는 그런 생각을 빨리 버려야 합니다. 그리고 더 나아가 죄를 짓지 말아야 합니다. 왜냐하면 하나님께서는 누구에게나 차별이 없으신 분이시기 때문입니다. 어느 누구도 예외가 될 수는 없읍니다. 물론 우리는 우리의 죄값으로 영원한 사망에 이르지는 않습니다. 우리는 하나님의 은혜로 영생을 얻었기에 그 죄 때문에 구원을 상실하지는 않습니다. 그러나 그리스도인으로서 범하는 모든 죄에 대해서는 하나님께서 우리의 행한 대로 징계하시며 갚으십니다. 이 때문에 우리는 모든 죄로부터 우리 자신을 지키고, 죄를 멀리해야 하는 것입니다.

이제 야곱의 슬퍼하는 모습을 보십시오.

> "자기 옷을 찢고 굵은 베로 허리를 묶고 오래도록 그 아들을 위하여 애통하니 그 모든 자녀가 위로하되 그가 그 위로를 받지 아니하여 가로되 내가 슬퍼하며 음부에 내려 아들에게로 가리라 하고 그 아비가 그를 위하여 울었더라"(34, 35절).

야곱의 이러한 슬픔은 그가 그의 아들을 얼마나 지극히 사랑했는가를 보여주는 것이기도 합니다. 하지만 우리의 생각이 거기에만 머물러서는 안 되겠읍니다. 제가 여기서 한 가지 지적하고 싶은 것은 야곱이 그때까지도 믿음으로 이러한 사건을 이해하지 못했다는 것입니다. 당신은 브니엘에서 그가 겪었던 체험을 기억할 것입니다. 그것은 그의 완고한 자아가 깨어지는 순간이었읍니다. 그러나 그의 육신적

자아는 깨어졌지만, 그때까지도 그가 아직 믿음의 높은 수준에 이르지는 못했읍니다. 사실, 히브리서 11 장에 야곱의 성숙한 믿음이 언급되어 있긴 하지만 그것은 그의 임종시에 겨우 이루어진 것이었읍니다. 그러니까 야곱의 믿음은 그 전까지는 연약한 상태였읍니다.

여기서 잠깐 자식을 잃고 슬퍼하는 야곱의 슬픔을 다윗과 비교해 보십시오. 다윗도 역시 어린 자식의 죽음 때문에 슬피 울었읍니다. 다윗은 야곱이 요셉을 사랑한 것처럼 그의 자식을 사랑하였지만, 그는 믿음의 사람이었읍니다. 다윗은 자식이 그에게 다시 돌아올 수 없다는 것을 알았읍니다. 그리고 그는 또한 자신이 언젠가는 죽어 그 자식을 만나게 될 것을 믿고 있었읍니다. 이는 참으로 놀라운 믿음이었읍니다. 그러나 여기에 등장하는 야곱은 그렇게 믿음으로 행하지 않았읍니다. 이 때문에 그는 그의 슬픔을 이기지 못한 것입니다.

혹시 당신도 근래에 사랑하는 사람을 잃고 슬픔 속에 잠겨 있지 않습니까? 참으로 슬프고 애통한 일이어서 당신은 견딜 수 없을 정도일 것입니다. 어떠한 말이 그러한 일을 당하신 분들에게 위로가 될 수 있겠읍니까? 그러나 제가 진심으로 권면합니다. 믿음을 가지십시오. 우리 인간으로서는 그 사람을 결코 다시 살릴 수가 없읍니다. 우리가 애통해 하는 것은 자연스런 행동이나, 거기에 집착하는 것은 믿음이라고 볼 수 없읍니다. 믿음은 그 사실을 하나님께서 행하신 일로 받아들이고, 하나님의 약속에 의지해 소망을 갖는 것입니다. 만약 당신이 하나님의 자녀로서, 또 다른 하나님의 자녀와 헤어진 것을 슬퍼하고 있다면, 이제는 믿음을 가지십시오. 당신은 반드시 그와 다시 만나게 될 것입니다. 그 사람과 결코 영원히 헤어진 것이 아닙니다. 세상에 속한 사람들은 믿음이 없기에 그러한 경우 소망이 없이 슬퍼하기만 하는 것입니다. 그러나 주 안에 있는 우리는 믿음으로 그와 같은 모든 슬픔을 극복할 수가 있읍니다.

이제 본 장의 마지막 절은 애굽에 팔려간 요셉에 대하여 기록하고 있습니다.

> "미디안 사람이 애굽에서 바로의 신하 시위대장 보디발에게 요셉을 팔았더라"(36절).

요셉에 대한 이야기는 일단 여기에서 끝나고, 창세기 39 장에서 다시 공부하게 될 것입니다.

제 38 장

유다의 수치스러운 범죄

본 장은 창세기 20 장과 마찬가지로 성경에서 제외되었으면 싶은 장입니다. 이 창세기 38 장을 한 번 읽은 분이라면 누구나 이런 사건이 성경에 기록됐다는 사실에 대해 의아하게 생각할 것입니다. 사람들은 종종 제게 왜 이러한 내용이 하나님의 말씀 가운데 포함되었는지에 대해 묻곤 합니다. 저도 본 장이 성경에서 가장 나쁜 내용의 장 가운데 하나라고 생각합니다. 그러나 그것은 예수께서 오신 유다 지파에 대한 배경을 우리에게 설명해 주고 있읍니다. 이러한 사실은 본 장이 성경에 포함되어야 할 중요성을 말해 줍니다. 당신은 여기에서 유다, 다말, 베레스, 세라와 같은 이름들을 보게 될 것입니다. 만약 그러한 이름들이 당신의 귀에 익숙하게 들린다고 생각된다면, 그것은 아마도 마태복음 1 장에서 이미 그 이름들을 보았기 때문일 것입니다. 그들은 예수 그리스도의 족보 가운데 들어 있는 사람들입니다. 이것은 얼마나 놀라운 사실입니까! 우리 주께서는 죄 많은 혈통에서 탄생하신 것입니다. 그분께서는 모든 면에서 우리와 똑같은 인간의 몸을 입으셨읍니다. 그러나 그분 자신은 죄가 없으신 분이었읍니다. 그분께서는 죄를 범하여 하나님의 영광에 이를 수 없는 바로 그 인간의 혈통 가운데 탄생하셨읍니다.

본 장은 유다의 죄와 그의 수치스런 행동을 다루고 있읍니다. 이것은 야곱의 아들들이 결코 그의 마음을 편하게 해주지 못하였다는 것을 보여줍니다. 요셉과 베냐민을 제외한 그의 모든 아들들은 야곱에게 결코 기쁨을 주지 못했읍니다. 이 모든 것은 야곱이 밧단아람에서 그의 아들들을 교육시키는 일보다는 재산을 모으는 일에 더 많은 시간을 보냈다는 것을 명백하게 보여줍니다. 야곱은 아브라함과 얼마나 다릅니까! 당신은 하나님께서 아브라함에 대하여 다음과 같이 말씀하신 것을 기억할 것입니다.

"내가 그로 그 자식과 권속에게 명하여 여호와의 도를 지켜 의와 공도를 행하게 하려고 그를 택하였나니 이는 나 여호와가 아브라함에게 대하여 말한 일을 이루려 함이니라"(창 18:19).

그런데 야곱은 의와 공도를 행하지 않았읍니다. 그는 외삼촌 라반의 집에서 보다 많은 재산을 모으기 위하여 노력하는 일에 너무 바빴기 때문에 자신의 아들들을 위하여는 거의 시간을 내지 못했읍니다. 따라서 그것은 그에게 비극적인 결과를 초래했읍니다. 왜냐하면 그러한 이유로 그의 아들들이 아주 무서운 죄를 범하였기 때문입니다.

그런데, 본 장이 이렇게 하나님의 말씀 가운데 포함된 데에는 그보다 더 중요한 이유가 있읍니다. 우리는 다음 장인 창세기 39 장의 서두에서부터 요셉이 애굽으로 팔려 내려가는 것을 보게 됩니다. 하나님께서는 마치 요셉을 우연한 방법으로 역사하신 것처럼 하심으로써 장차 이스라엘 백성들이 애굽 땅으로 올 수 있는 길을 예비하셨읍니다. 그것은 물론 가나안 땅에 기근이 임한 기간 동안 그들의 생명을 보호하기 위한 것이었읍니다. 그러나 보다 중요한 목적은 그들을 가나안 땅의 부도덕한 족속들로부터 격리시켜 애굽의 고센 땅에서 그들 민족의 종교적 순수성을 지닌 채로 번창케 하려는 것입니다. 만약 야곱과 그 가족이 계속 가나안 땅에 머물러 있었다면 그들도 역시 가나안 족속들과 같이 되었을 것입니다. 우리는 앞으로 창세기 38 장에 대한 연구를 통하여 야곱의 가족이 왜 그곳에서 나오지 않으면 안 되었는가에 대해 살피게 될 것입니다.

유다의 수치스러운 범죄

다음은 이스라엘 지파 가운데서 장차 왕의 혈통이 될 유다에 대한 이야기입니다.

> "그 후에 유다가 자기 형제에게서 내려가서 아둘람 사람 히라에게로 나아가니라 유다가 거기서 가나안 사람 수아라 하는 자의 딸을 보고 그를 취하여 동침하니"(1, 2절).

유다는 아둘람 사람과의 사업 때문에 그곳으로 내려갔는데, 거기에 당도하여 이 가나안 여인을 보고 그녀와 동침하게 되었습니다.

> "그가 잉태하여 아들을 낳으매 유다가 그 이름을 엘이라 하니라"(3절).

유다는 아들의 이름을 『엘』(Er)이라 불렀습니다. 유다는 그야말로 잘못을 범한(erred) 것이었읍니다. 그가 가나안 여인을 아내로 취한 것은 분명한 죄입니다.

> "그가 다시 잉태하여 아들을 낳고 그 이름을 오난이라 하고 그가 또 다시 아들을 낳고 그 이름을 셀라라 하니라 그가 셀라를 낳을 때에 유다는 거십에 있었더라 유다가 장자 엘을 위하여 아내를 취하니 그 이름은 다말이더라"(4-6절).

다말의 이름이 여기서 처음으로 나타납니다. 그녀는 이렇게 하여 그리스도의 계보에 들어가게 되었읍니다. 이제 유다의 가족을 살펴보십시오. 죄로만 가득차 있지 않습니까?

> "유다의 장자 엘이 여호와 목전에 악하므로 여호와께서 그를 죽이신지라 유다가 오난에게 이르되 네 형수에게로 들어가서 남편의 아우의 본분을 행하여 네 형을 위하여 씨가 있게 하라 오난이 그 씨가 자기 것이 되지 않을 줄 알므로 형수에게 들어갔을 때에 형에게 아들을 얻게 아니하려고 땅에 설정하매 그 일이 여호와 목전에 악하므로 여호와께서 그도 죽이시니"(7-10절).

이것은 성(性)에 대해 개방적인 오늘날의 현대인들에게 하나의 경종이 되는 말씀입니다.

> "유다가 그 며느리 다말에게 이르되 수절하고 네 아비 집에 있어서 내 아들 셀라가 장성하기를 기다리라 하니 셀라도 그 형들같이 죽을까 염려함이라 다말이 가서 그 아비 집에 있으니라"(11절).

그 당시는 형이 죽으면 아우가 형수와 결혼하는 것이 관습이었읍니다. 그런데 오난은 그렇게 하기를 거부함으로써 죽음을 당하였읍니다.

그때 유다에게는 자라고 있는 또 하나의 아들이 있었읍니다. 따라서 그는 며느리에게 자기 아들이 장가갈 수 있을 만큼 자랄 때까지 당시의 관습에 따라 친정에 가 있을 것을 말하였읍니다.

> "얼마 후에 유다의 아내 수아의 딸이 죽은지라 유다가 위로를 받은 후에 그 친구 아둘람 사람 히라와 함께 딤나로 올라가서 자기 양털 깎는 자에게 이르렀더니 혹이 다말에게 고하되 네 시부가 자기 양털을 깎으려고 딤나에 올라왔다 한지라"(12, 13절).

유다가 아둘람 사람 히라와 만난 것은 분명히 양에 대한 일 때문이었읍니다. 그들은 함께 양을 쳤으며, 따라서 그들에게는 틀림없이 많은 양떼가 있었을 것입니다. 유다는 양털을 깎기 위하여 딤나로 올라갔읍니다. 다말은 그 동안 그녀의 집에서 셀라가 성장하기만을 기다리고 있었읍니다. 마침내 그녀는 유다가 셀라를 그녀에게 남편으로 주지 않을 것이라는 결론을 내렸읍니다.

> "그가 그 과부의 의복을 벗고 면박으로 얼굴을 가리고 몸을 휩싸고 딤나 길곁 에나임 문에 앉으니 이는 셀라가 장성함을 보았어도 자기를 그의 아내로 주지 않음을 인함이라"(14절).

여기서 셀라는 유다의 세째 아들이었읍니다. 다말은 유다가 자신을 그에게 아내로 주지 않으리라는 것을 눈치채고 다른 조처를 취하였읍니다. 그녀는 과부의 옷을 벗고, 마치 창녀와 같이 얼굴을 면박으로 가리고 길가에 앉아 있었읍니다.

> "길곁으로 그에게 나아가 가로되 청컨대 나로 네게 들어가게 하라 하니 그 자부인 줄 알지 못하였음이라 그가 가로되 당신이 무엇을 주고 내게 들어 오려느냐"(16절).

우리는 여기에서 유다의 참 모습을 보게 됩니다. 그는 전에 가나안 사람 수아의 딸에게 동침을 청한 일이 있었읍니다. 그런데 이때 또 다시 다말에게 그와 똑같은 행동을 요구하였읍니다. 이는 사실 말하기도 부끄럽고 불결한 이야기입니다. 유다는 그녀를 창녀로 오해하였읍니다. 그녀는 그때가 유다를 속일 수 있는 가장 좋은 기회라는 것을 알고 그를 유혹하였읍니다.

> "유다가 가로되 내가 내 떼에서 염소 새끼를 주리라 그가 가로되 당신이 그것을 줄 때까지 약조물을 주겠느냐 유다가 가로되 무슨 약조물을 네게 주랴 그가 가로되 당신의 도장과 그 끈과 당신의 손에 있는 지팡이로 하라 유다가 그것들을 그에게 주고 그에게로 들어갔더니 그가 유다로 말미암아 잉태하였더라 그가 일어나 떠나가서 그 면박을 벗고 과부의

> 의복을 도로 입으니라 유다가 그 친구 아둘람 사람의 손에 부탁하여 염소 새끼를 보내고 그 여인의 손에서 약조물을 찾으려 하였으나 그가 그 여인을 찾지 못한지라"(17-20절).

유다는 친구를 마을로 보내어 "나는 이곳에 있는 그 창녀를 찾고 있소"라고 말하면서 그녀를 찾도록 하였읍니다.

> "그가 그곳 사람에게 물어 가로되 길곁 에나임에 있던 창녀가 어디 있느냐 그들이 가로되 여기는 창녀가 없느니라 그가 유다에게로 돌아와 가로되 내가 그를 찾지 못하고 그곳 사람도 이르기를 여기는 창녀가 없다 하더라 유다가 가로되 그로 그것을 가지게 두라 우리가 부끄러움을 당할까 하노라 내가 이 염소 새끼를 보내었으나 그대가 그를 찾지 못하였느니라 석달쯤 후에 혹이 유다에게 고하여 가로되 네 며느리 다말이 행음하였고 그 행음함을 인하여 잉태하였느니라 유다가 가로되 그를 끌어 내어 불사르라"(21-24절).

유다는 바로 이러한 사람이었읍니다. 하나님께서는 유다의 그와 같은 행동을 결코 허락하시지 않았읍니다. 유다의 그릇된 행위가 성경에 기록되어 있지만, 그것이 곧 하나님께서 유다의 행위를 인정하셨다는 것을 의미하는 것은 아닙니다. 하나님께서 당신의 택하신 백성을 가나안 땅으로부터 이끌어 내어 애굽으로 인도하려 하신 것은 그들이 가나안 족속과 똑같이 행동하였기 때문입니다. 그리하여 하나님께서는 그들을 가나안 땅의 악한 영향으로부터 벗어나게 하시기 위하여 고센 땅에 그들을 고립시키려고 하셨읍니다. 유다의 이 이야기는 하나님께서 그렇게 하실 수 밖에 없었음을 보여줍니다.

유다는 말할 수 없이 나쁜 행동을 행하였읍니다. 사실, 그는 남의 눈 속에 있는 티는 잘 보면서 자기 눈 속에 있는 들보는 깨닫지 못하는 사람이었읍니다. 그것은 우리에게 나단 선지자가 다윗을 찾아가 작은 암양 새끼 한 마리만을 가진 사람에 대하여 이야기한 것을 생각나게 합니다. 나단은 다윗에게 양과 소가 많은 부자가 손님을 대접하기 위하여 가난한 자의 그 양 새끼를 빼앗아 갔다고 말했읍니다. 다윗은 즉시 그러한 사람은 죽여야 마땅하다고 하면서 분개했읍니다. 다윗은 여기에서 유다가 하였던 것과 똑같은 반응을 나타냈읍니다. 다윗은 그 부자를 돌로 쳐 죽여야 마땅하다고 말했읍니다. 그때 나단은 다윗 당신이 바로 그러한 사람이라고 책망하였읍니다. 재미있는 것은 우리가 남의 죄는 그렇게 잘 보면서 자신의 죄에 대하여는 잘 깨닫지 못한다는 것입니다.

유다의 죄는 사실 이중적인 범죄였읍니다. 그의 죄는 그 자체로서도 심각한 것이었지만, 그의 며느리인 다말에게도 죄를 범하게 되었읍니다. 이것이 바로 가나안 백성들의 생활이었읍니다. 우리는 오늘날 성적으로 문란한 시대에 살고 있읍니다. 사람들은 성에는 자유가 있다고 외칩니다. 그 당시 가나안 족속들은 수세기 동안이나 부도덕한 성생활을 즐겨왔읍니다. 그것은 이방인들의 특징 가운데 하나입니다. 그들이 하나님으로부터 심판을 받고, 그들의 땅에서 쫓겨난 것이 바로 그러한 이유 때문입니다. 하나님께서는 그들에게 심판을 내리셨읍니다. 이것은 모든 사람이 깨달아야 할 교훈입니다. 그러나 대부분의 사람들이, 심지어 일부 그리스도인들까지도 그러한 교훈을 깨닫지 못하고 있는 듯합니다. 당신은 이 창세기 38 장이 성경에 포함된 이유를 궁금하게 여겼을 것입니다. 이것이 성경에 기록된 것은 우리에게 하나의 교훈을 주기 위함입니다. 즉, 우리로 하여금 하나님께서는 죄를 묵인하시지 않는다는 것과 하나님께서 이스라엘 백성을 가나안 땅에서 이끌어 내어 애굽 땅으로 인도하신 이유를 설명하기 위함입니다.

이제 다말이 시아버지 앞으로 끌려 나왔읍니다.

> "여인이 끌려 나갈 때에 보내어 시부에게 이르되 이 물건 임자로 말미암아 잉태하였나이다 청컨대 보소서 이 도장과 그 끈과 지팡이가 뉘 것이니까 한지라"(25절).

유다는 다말을 화형에 처하려 하였읍니다. 그러나 그 순간 다말은 이렇게 말했읍니다.
"그런데 저는 당신께서 이 아이의 아버지가 누구인지 판단해 주시기를 원합니다. 제가 당신께 보여 드리는 이 물건들의 주인이 바로 그 사람입니다."
유다는 그 물건을 보고 그것이 자기의 것이라는 사실을 인정하지 않을 수 없었읍니다.

> "유다가 그것들을 알아보고 가로되 그는 나보다 옳도다 내가 그를 내 아들 셀라에게 주지 아니하였음이로다 하고 다시는 그를 가까이하지 아니하였더라"(26절).

이것은 유다에게 있어서도 부끄러운 사건이었읍니다. 그러나 우리는 여기에서 그가 가나안 족속의 풍습에 얼마나 흠뻑 젖어 있었는지 알 수 있읍니다.

여기서 잠시 우리는 본문이 우리에게 주는 교훈에 대해 생각해 보기를 원합니다. 우리 주위에는 이 시대에 효과적으로 복음을 전하여 그들을 주님 앞으로 인도하기 위해서는 우리도 그들과 같이 되어야 한다고 주장하는 사람들이 있읍니다. 그러나 저는 그러한 견해에 반대합니다. 하나님께서는 결코 그러한 방법으로 복음을 전하도록 하시지 않았읍니다. 하나님께서는 당신의 백성들이 어떠한 환경 가운데서도 고귀하고 거룩한 삶을 살 것을 말씀하셨읍니다.

저는 오늘날의 신학자들이 노아에게 갈 수 있다면 다음과 같이 말했을 것이라고 생각합니다.
"노아씨, 당신은 이 배 만드는 데 너무 많은 시간을 들이고 있는 것 같소. 이것은 얼마나 어리석은 일이오? 오늘밤, 바벨론에서 큰 잔치가 있을 거요. 당신도 와서 바벨론 사람들과 이야기하며 즐거운 시간을 보냈으면 좋겠소. 그들과 친해져야 하나님의 말씀을 전할 것이 아니겠소?"
그러나 하나님께서는 노아에게 내려가 그들과 교제하라고 말씀하신 것이 아닙니다. 단지 자신의 멧세지를 전하라고만 하셨읍니다.

오늘날 하나님께서 요구하시는 것도 바로 이것입니다. 저는 하나님의 백성들이 복음을 전파하고 진리의 말씀대로 살고자 한다면, 그 분께서는 많은 전도의 열매를 맺게 해 주시리라고 확신합니다. 오늘날 목회자들 가운데는 행여 그들의 교인을 잃을까 염려한 나머지, 사람들을 교회로 끌어들이기 위하여 너무도 인간적이고 세상적인 방법을 동원하는 사람들이 있읍니다. 사람들이 교회로만 몰려온다면 그 수단과 방법을 가리지 않는 경우가 근래에 나타나고 있읍니다. 하지만 하나님께서는 결과만 보시겠다고 결코 말씀하시지 않았읍니다. 우리가 하나님의 일을 함에는 그 방법까지도 선해야 합니다. 결코 우리는 이를 위해 세상적인 방법과 타협해서는 안 됩니다. 하나님께서는 우리가 교회의 성도 수와는 상관없이 때를 얻든지 못 얻든지 항상 말씀을 전할 것을 분명하게 말씀하고 계십니다.

북 캐럴라이너에서 설교하도록 초청받았던 스코필드(Scofield) 박사의 이야기가 떠오릅니다. 첫 예배를 드리는 날, 비가 와서 지극히 적은 수의 교인들만이 그의 설교를 들으러 왔읍니다. 그 교회 담임 목사는 스코필드 박사에게 죄송스러운 마음을 품고 그에게 다가가 유명한 목사님의 설교를 이렇게 적은 수의 교인들이 듣게 되어 정말 죄송스럽다고 말하였읍니다. 그러자 스코필드 박사는 이렇게 대답하였읍니다.
"우리 주님은 단지 열두 명의 제자들에게도 말씀을 전하셨읍니다. 그런데 이 스코필드가 교인 수가 적다고 해서 어떻게 투덜거릴 수가 있겠읍니까?"

이것은 우리 시대에 좋은 교훈이 됩니다. 우리들은 교회에는 반드시 많은 교인이 있어야 하며, 그렇지 않으면 하나님께서 그곳에 계시지 않거나, 혹은 계신다 하더라도 역사가 적게 나타날 것이라고 생각하는 경향이 있습니다. 그러나 하나님께서는 우리를 불과 몇 명을 위한 사역자로 부르셨을 수도 있습니다. 다만 여기서 제가 당신에게 꼭 말씀드리고 싶은 것이 있다면, 그것은 당신이 하나님의 말씀을 계속 전하기만 한다면, 거기에는 반드시 좋은 열매가 있을 것이라는 사실입니다. 하나님의 말씀은 능력이 있습니다. 뿐만 아니라 하나님께서는 당신의 말씀대로 가득 채우실 깨끗한 그릇을 찾고 계십니다.

그런데 불행하게도 유다는 그 자신을 가나안 사람들과 같은 상태로 타락시켰습니다. 그러면 이제 그 결과를 보도록 하겠습니다.

> "임산하여 보니 쌍태라 해산할 때에 손이 나오는지라 산파가 가로되 이는 먼저 나온 자라 하고 홍사를 가져 그 손에 매었더니 그 손을 도로 들이며 그 형제가 나오는지라 산파가 가로되 네가 어찌하여 터치고 나오느냐 한고로 그 이름을 베레스라 불렀고 그 형제 곧 손에 홍사 있는 자가 뒤에 나오니 그 이름을 세라라 불렀더라"(27-30절).

우리는 신약성경의 첫 페이지인 마태복음 1 장에서 예수 그리스도의 계보를 볼 수 있습니다.
"아브라함이 이삭을 낳고 이삭은 야곱을 낳고 야곱은 유다와 그의 형제를 낳고 유다는 다말에게서 베레스와 세라를 낳고 베레스는 헤스론을 낳고 헤스론은 람을 낳고"(마 1:2,3).
그런데 이 계보를 따라 계속 내려가 보면 다음 절에 이르게 됩니다.
"야곱은 마리아의 남편 요셉을 낳았으니 마리아에게서 그리스도라 칭하는 예수가 나시니라"(마 1:16).
즉, 이처럼 예수 그리스도께서 유다와 다말의 혈통에서 태어나셨다는 것은 매우 놀라운 사실입니다. 그분께서는 성육신하여 세상에 오시면서 죄의 혈통 가운데서 탄생하셨습니다. 예수께서는 죄를 알지 못하신 분으로, 우리의 죄를 위하여 죄를 삼으신 것은 우리로 하여금 그분 안에서 하나님의 의(義)가 되게 하시기 위함이었습니다(고후 5:21 참조).

제 39 장

보디발 집의 가정 총무 / 보디발의 아내의 유혹과 모함 / 옥에 갇힌 요셉

우리는 유다의 수치스런 이야기가 담겨있던 창세기 38 장을 마치고, 다시 요셉에 대한 이야기를 다루게 됩니다.

우리는 요셉이 유다와는 전적으로 다른 사람이라는 것을 발견하게 될 것입니다. 요셉과 베냐민은 사실 아버지 야곱으로부터 열 명의 형제들이 받지 못한 많은 교육과 훈계와 개인적인 사랑을 받았을 것입니다. 이런 것들로 인해 요셉은 늘 그 마음 속에 하나님의 계명과 율례를 새기고 있었을 것입니다.

요셉은 형들의 증오와 원한 때문에 애굽에 종으로 팔려 갔습니다. 17 세의 소년으로서 외국에 가는 것, 그것도 종으로 팔려 간다는 것은 참으로 암담한 일이었습니다. 겉으로 봐서 위로가 될 만한 것은 정말 아무것도 없었습니다. 요셉은 인간편으로 보면 불행한 소년이었습니다. 애굽에 와서조차 그에게 일이 순조롭게 풀려 나가는 듯하

다가도 다른 일들이 벌어지곤 했습니다. 물론 그러한 것들은, 비록 요셉이 그 당시에는 미처 깨닫지 못하였지만, 반드시 어떠한 목적 가운데 일어난 것이었습니다.

요셉은 구약성경의 많은 인물들 가운데서 하나님의 목적이 가장 분명하게 나타난 사람이었습니다. 하나님의 섭리하심이 그의 삶의 구석구석에서 나타났습니다. 하나님께서는 이처럼 그에게 은혜의 손길을 베푸시고 그를 인도하셨음이 분명합니다. 그럼에도 불구하고 성경에 보면 하나님께서 그에게 한 번도 직접 나타나신 적이 없었습니다. 하나님께서는 아브라함, 이삭, 야곱에게는 직접 나타나셨지만, 요셉에게는 나타나시지 않았습니다. 그러나 그의 삶 속에 역사하신 하나님의 인도하심은 어느 누구보다도 분명했습니다. 그는 로마서 8장 28 절의 말씀이 그대로 이루어진 구약성경의 가장 대표적인 인물이었습니다.
"우리가 알거니와 하나님을 사랑하는 자 곧 그 뜻대로 부르심을 입은 자들에게는 모든 것이 합력하여 선을 이루느니라."
요셉은 이 말씀을 삶의 언어로 표현하였습니다. 요셉의 형제들은 그 아버지가 죽었을 때에 요셉이 그들의 과거에 행한 악을 갚지나 않을까 두려워 그에게 용서를 구하였습니다. 그때 요셉은 형들에 대하여 아무런 악의도 없다고 말합니다.
"당신들은 나를 해하려 하였으나 하나님은 그것을 선으로 바꾸사 오늘과 같이 만민의 생명을 구원하게 하시려 하셨나니"(창 50:20).
모든 것이 요셉에게는 불길하게 보이고 표면적으로는 절망적으로 보였습니다. 하지만 그 하나하나의 사건들은 그의 인생에 있어 하나님의 뜻을 이루는 밑거름이 되었습니다.

우리는 우리들의 삶 가운데서 다음의 사실을 믿어야 할 것입니다.
"주께서 그 사랑하시는 자를 징계하시고 그의 받으시는 아들마다 채찍질하심이니라"(히 12:6).
우리가 하나님의 자녀들로서 하나님의 뜻 안에 있다면, 우리는 하나님께 대하여 어떠한 것도 그분의 허락하심이 없이는 우리에게 일어날 수 없다는 확신을 가질 수 있는 것입니다. 따라서 어떠한 불행이나 슬픔이나 고통도 우리에게는 유익이 되며, 하나님께는 영광이 됩니다.

하나님께서는 당신의 모든 자녀들을 산울로 두르고, 지키시기 때문에 아무것도 하나님의 허락하심이 없이는 그것을 뚫고 들어올 수가 없습니다. 당신은 사단이 욥을 시험하고자 하였을 때 그가 하나님께 한 말을 기억할 것입니다.
"주께서 그와 그 집과 그 모든 소유물을 산울로 두르심이 아니니이까 주께서 그 손으로 하는 바를 복되게 하사 그 소유물로 땅에 널리게 하셨음이니이다"(욥 1:10).
사단은 하나님께 산울타리를 무너뜨려 달라고 간청하였습니다. 그러나 비록 사단이 하나님의 허락을 받아 우리를 시험한다 할지라도, 그 모든 것은 여전히 우리의 선을 이루는 것이 될 것입니다.

토레이(Torrey) 박사는 로마서 8 장 28 절을 가리켜 「피곤한 자를 위한 안식의 베개」라고 말했습니다. 이에 대하여 어떤 사람은 다음과 같이 말합니다.
"하나님께서는 고난이 없이는 어떤 일도 이루시지 않습니다. 하지만 만일 우리가 하나님의 눈을 가지고서 그러한 일들을 모두 볼 수만 있다면, 그러한 것들은 우리에게 더 이상 고난이 되지 못할 것입니다."

요셉의 생애는 또 다른 면에서 우리 모든 하나님의 자녀들에게 위로가 됩니다. 오늘날에는 하나님의 자녀들 가운데 하나님으로부터 직접적인 계시를 받는 사람은 없습니다. 현대의 거짓 예언자들은 이에 대해 그렇지 않다고 주장하겠지만, 사실 하나님께서는 오늘날 그 어느 누구에게도 직접 나타나시는 일은 없습니다. 하나님께서는 그 당시에도 요셉에게 직접 나타나시지 않았지만 그를 놀랍게 인도해 주셨다는 사실은 오늘의 우리에게도 큰 위로가 되는 것입니다.

자, 그러면 지금부터 요셉에게 어떠한 사건이 있었는지 살펴 보도록 하겠습니다.

보디발 집의 가정 총무

"요셉이 이끌려 애굽에 내려가매 바로의 신하 시위대장 애굽 사람 보디발이 그를 그리로 데려간 이스마엘 사람의 손에서 그를 사니라"(1절).

17 세의 이 미남 소년은 아마도 노예 시장에서 종으로 경매에 붙여졌을 것입니다. 그리하여 그는 시위대장이었던 보디발에게 팔리는 몸이 되었습니다. 보디발이란 사람은 군인으로서 당시 국방부의 고위 관리로 있었습니다.

"여호와께서 요셉과 함께하시므로 그가 형통한 자가 되어 그 주인 애굽 사람의 집에 있으니"(2절).

요셉이 바로의 신하 보디발의 집에 팔려갔다는 것은 하나님께서 그와 함께하신다는 분명한 증거였습니다. 이제 요셉이 그 집에 들어가면서 그 가정에는 놀라운 축복이 임하게 됩니다.

"그 주인이 여호와께서 그와 함께하심을 보며 또 여호와께서 그의 범사에 형통케 하심을 보았더라"(3절).

이때까지는 요셉의 삶이 순풍에 돛단 듯이 잘 풀려나갔습니다. 그야말로 평탄대로였습니다. 당신은 아마 이 정도쯤에서 그들 모두는 오래오래 행복하게 잘 살았다고 이 이야기를 끝내고 싶을지도 모르겠습니다. 그러나 이것은 하나의 옛날 이야기나 동화가 아니라 사실(事實)입니다. 하나님의 자녀는 이 세상에서 유혹과 고통과 여러 문제들에 부딪히게 됩니다. 요셉에게도 바로 이런 일이 일어납니다.

> "요셉이 그 주인에게 은혜를 입어 섬기매 그가 요셉으로 가정 총무를 삼고 자기 소유를 다 그 손에 위임하니"(4절).

이것을 유념해 보십시오. 요셉이 봉사하는 그 태도로 인해 보디발의 모든 재산, 즉 동산뿐 아니라 아마 부동산까지도 관리하는 자리에 올라가게 되었습니다. 보디발은 자기 소유물을 다 그에게 위임하였습니다.

> "그가 요셉에게 자기 집과 그 모든 소유물을 주관하게 한 때부터 여호와께서 요셉을 위하여 그 애굽 사람의 집에 복을 내리시므로 여호와의 복이 그의 집과 밭에 있는 모든 소유에 미친지라 주인이 그 소유를 다 요셉의 손에 위임하고 자기 식료 외에는 간섭하지 아니하였더라 요셉은 용모가 준수하고 아담하였더라"(5, 6절).

보디발은 그에게 어떠한 보고서나 회계 장부도 요구하지 않을 만큼 그를 신뢰하였읍니다. 그는 요셉의 업무를 조사하기 위해 공인회계사를 부를 필요도 없었읍니다. 그는 이 젊은 청년의 정직한 인격을 믿었읍니다. 보디발은 오로지 바로의 신하로서 바로를 잘 섬기고 자기에게 주어진 일을 잘 감당하기만 하면 되었읍니다. 그는 자신의 사적인 가정 일은 모두 요셉에게 맡겼읍니다. 보디발이 집에서 해야 할 일이란 오직 식탁에 나오는 그의 음식을 맛있게 먹는 일뿐이었읍니다. 다른 일은 전부 요셉이 알아서 훌륭하게 처리해 주었던 것입니다.

보디발의 아내의 유혹과 모함

그런데 이제 요셉에게 예기치 않았던 사건이 벌어집니다.

> "그 후에 그 주인의 처가 요셉에게 눈짓하다가 동침하기를 청하니"(7절).

보디발이 그 가정의 전체적인 운영권을 요셉에게 위임하였기 때문에, 요셉은 가정의 모든 소유를 관리하게 되었습니다. 따라서 요셉의 생활이 바쁠 때는 보디발의 아내도 역시 바빴습니다. 그녀는 가정의 계획을 세우는 일로 바빴습니다. 요셉은 아주 잘 생긴 청년이었읍니다. 그런데 보디발은 아마 자기 아내보다 나이가 훨씬 많았을 것입니다. 왜냐하면 그 당시는 나이 많은 사람이 젊은 아내를 데리고 사는 것이 일반적인 관습이었기 때문입니다. 이에 보디발의 아내는 늙은 남편보다는 젊고 잘 생긴 요셉에게 마음을 두었읍니다. 드디어 기회가 오자 그녀는 요셉을 유혹했읍니다.

> "요셉이 거절하며 자기 주인의 처에게 이르되 나의 주인이 가중 제반 소유를 간섭지 아니하고 다 내 손에 위임하였으니 이 집에는 나보다 큰 이가 없으며 주인이 아무것도 내게 금하지 아니하였어도 금한 것은 당신뿐이니 당신은 자기 아내임이라 그런즉 내가 어찌 이 큰 악을 행하여 하나님께 득죄하리이까"(8, 9절).

우리는 여기에서 요셉이 모든 일을 행함에 있어 하나님 중심으로 하였다는 것을 알 수 있읍니다. 그가 애굽으로 팔려갔을 때 그곳은 마치 바벨론과 같이 우상으로 가득찬 땅이었읍니다. 그러한 우상 숭배의 나라에서 요셉은 살아계시고 참되신 하나님을 증거하고자 도덕적으로 고결한 삶을 살았읍니다. 요셉은 이 여인이 그를 유혹하였을 때 "저희 주인님께서 모든 것을 저에게 맡기셨지만 당신만은 제외하셨읍니다. 그것은 당신이 그 분의 아내가 되기 때문이지요"라고 말했읍니다. 여기에서 우리는 요셉이 얼마나 높은 수준의 결혼관을 가지고 있었는지 알 수 있읍니다.

하나님께서는 모든 인간에게 결혼 제도를 주셨읍니다. 따라서 만약 사람이 결혼할 당시에 행했던 결혼 서약을 가볍게 여긴다면 그것은 곧 하나님을 무시하는 것이 됩니다. 결혼 서약을 파기하는 사람은 대개 하나님과 서원한 것에 대하여도 쉽게 파기하는 사람입니다.

요셉은 여기에서 하나님 앞에서 올바른 사람이 되고자 노력하였습니다. 그는 참으로 훌륭한 성품의 소유자였습니다. 그러나 이제 그가 이같이 살아계시며 참되신 하나님을 섬기려 하였기 때문에 그에게 닥친 어려움을 보겠습니다.

> "여인이 날마다 요셉에게 청하였으나 요셉이 듣지 아니하여 동침하지 아니할 뿐더러 함께 있지도 아니하니라"(10절).

보디발은 바로의 신하였기에, 집을 떠나 있는 시간이 많았습니다. 아마 그는 상당히 오랜 시간 동안 집을 떠나 있었는지도 모릅니다. 보디발의 아내는 요셉을 어쩌다 한번만 유혹한 것이 아니라, 날마다 계속해서 동침을 청하였습니다. 그러나 요셉은 그녀의 끈질긴 유혹에도 불구하고 그것을 과감히 물리쳤습니다. 이에 그녀가 요셉에 대해 얼마나 분노했을까 당신은 상상할 수 있을 것입니다. 옛 속담에도 "여자가 한(恨)을 품으면 오뉴월에도 서리발이 내린다"는 말이 있습니다. 결국 보디발의 아내는 요셉에게 복수하리라고 마음먹었습니다.

> "그러할 때에 요셉이 시무하러 그 집에 들어갔더니 그 집 사람은 하나도 거기 없었더라 그 여인이 그 옷을 잡고 가로되 나와 동침하자 요셉이 자기 옷을 그 손에 버리고 도망하여 나가매 그가 요셉이 그 옷을 자기 손에 버려두고 도망하여 나감을 보고 집 사람들을 불러서 그들에게 이르되 보라 주인이 히브리 사람을 우리에게 데려다가 우리를 희롱하게 하도다 그가 나를 겁간코자 내게로 들어오기로 내가 크게 소리질렀더니" (11-14절).

여기서 우리는 보디발과 그 아내의 관계가 평소 그렇게 원만하지 못했다는 것을 알 수 있습니다. 그녀가 그에 대하여 얼마나 비열하고 모욕스럽게 말하였는지를 주목하십시오. 그녀는 자기 남편 보디발이 히브리 사람을 데려와 자기를 희롱케 하였다고 말했습니다. 사실 그녀는 이미 과거에도 그와 같은 죄를 자주 범해왔을 것입니다. 이렇게 볼 때 저는 보디발에게 동정심이 갑니다. 그는 아내가 전부터 의심이 가긴 했지만 확인할 길이 없었읍니다. 그러자 그녀는 이때도 자신의 죄를 은폐하기 시작하였읍니다.

"그가 나의 소리질러 부름을 듣고 그 옷을 내게 버려두고 도망하여 나갔느니라 하고 그 옷을 곁에 두고 자기 주인이 집으로 돌아오기를 기다려" (15,16절).

10 대의 소년으로서 홀로 애굽으로 팔려 온 요셉은, 이렇게 하여 억울하게 누명을 쓰게 되었읍니다. 즉, 보디발의 아내는 여러 사람들 앞에서 요셉에게 이 모든 책임을 뒤집어 씌웠읍니다. 그때 그녀의 남편은 집을 떠나 있었읍니다. 따라서 그녀는 그가 돌아올 때를 대비해 모든 이야기를 거짓으로 조작해 놓았읍니다.

"이 말로 그에게 고하여 가로되 당신이 우리에게 데려온 히브리 종이 나를 희롱코자 내게로 들어왔기로 내가 소리질러 불렀더니 그가 그 옷을 내게 버려두고 도망하여 나갔나이다 주인이 그 아내가 자기에게 고하기를 당신의 종이 내게 이같이 행하였다 하는 말을 듣고 심히 노한지라" (17-19절).

본문의 내용으로 보아서는 보디발은 일단 그녀의 말을 믿은 것으로 보입니다. 이에 그는 몹시 화를 냈읍니다. 그는 바로의 시위대장으로서 아주 대단한 통찰력을 지닌 사람이었을 것입니다. 하지만 그는 남편으로서는 확실히 어리석은 사람이었읍니다. 그는 사실 어느 정도 그의 아내가 어떠한 여자라는 것을 알았을 것입니다. 그럼에도 그가 이렇게 한 것은 이 사건을 처리하는 데 그것이 최선의 방법이라고 생각했기 때문이었읍니다. 아무런 증거도 없이 아내를 벌할 수도 없었기에, 그는 히브리 종인 요셉을 벌한 것입니다.

저는 보디발이 이러한 여자와 결혼하였다는 것에 대해 참 불쌍하다는 생각이 듭니다. 이때뿐만 아니라 전에도 보디발의 아내는 남편 몰래 여러 번 이런 일을 저질렀을 것입니다. 그러나 이번엔 요셉에게

접근했지만 일이 뜻대로 되지 않자 그녀는 요셉을 곤경에 빠뜨린 것입니다.

옥에 갇힌 요셉

"이에 요셉의 주인이 그를 잡아 옥에 넣으니 그 옥은 왕의 죄수를 가두는 곳이었더라 요셉이 옥에 갇혔으나"(20절).

요셉은 이때 얼마나 불운합니까? 그는 그의 집에서는 채색옷을 입고 아버지의 사랑을 독차지한 아들이었읍니다. 하지만 그의 형들은 그의 채색옷을 벗기고 그를 구덩이에 던져버렸읍니다. 잠시 후에 그는 다시 끌려나와 알지도 못하는 사람들에게 종으로 팔려가는 신세가 되었읍니다. 그때 그는 불과 17 세의 소년이었읍니다. 그는 얼마전 어머니도 잃었읍니다. 이제는 사랑하는 아버지의 곁을 떠나지 않으면 안 되게 되었읍니다. 모든 인간적 불행이 그에게 한꺼번에 닥치는 듯했읍니다. 그는 아직 미성년이었기에 이러한 변화를 받아들이기엔 아직 나이가 어렸읍니다. 그는 많은 날을 눈물로 지새웠을 것입니다. 외로움과 고향에 대한 그리움에 목놓아 울 때도 있었을 것입니다.

이제 그는 이 새로운 직업에서 잘해 나가고 있었읍니다. 그는 유능하고 용모가 준수한 사람이어서 보디발의 집에서 매우 중요한 직책을 맡게 되었기 때문입니다. 하지만 그때 보디발의 아내가 그에게 다가와 그를 유혹하려 하였읍니다. 이때 그는 도덕적으로 높은 수준에 있었기에 그러한 유혹에 쉽게 넘어가지 않았읍니다. 그러자 보디발의 아내는 그에게 누명을 씌웠읍니다. 요셉은 이제 그의 앞날이 암담하기만 하였읍니다.

우리는 비록 요셉이 보디발의 가정에서 중요한 직책을 맡고 있었지만 그는 여전히 종의 신분이었다는 것을 기억하여야만 합니다. 보디발의 아내는 시저의 아내와 같은 위치에 있었읍니다. 그러므로 어느 누구도 그녀에 대해서 감히 뭐라고 말할 수 없었읍니다. 그리하여 그녀의 모함은 쉽게 이루어졌읍니다. 결국 불쌍하게 된 것은 요셉이었읍니다. 그는 자신에 대하여 변호할 기회조차 없었읍니다. 그는 자신에 대해 어떠한 해명도 하기 전에 죄인으로 규명되었읍니다. 그는 그 즉시 감옥에 투옥되었는데 그곳은 바로 왕의 죄수들을 가두는 곳이었읍니다.

> "여호와께서 요셉과 함께하시고 그에게 인자를 더하사 전옥에게 은혜를 받게 하시매 전옥이 옥중 죄수를 다 요셉의 손에 맡기므로 그 제반 사무를 요셉이 처리하고 전옥은 그의 손에 맡긴 것을 무엇이든지 돌아보지 아니하였으니 이는 여호와께서 요셉과 함께하심이라 여호와께서 그의 범사에 형통케 하셨더라"(21-23절).

요셉의 삶 가운데는 분명히 하나님의 손길이 함께하시고 있었지만 그에 못지 않게 그에게는 어려운 시험들이 닥쳐왔읍니다. 그는 이번에는 구덩이 속이 아닌 감옥 속에 갇히게 되었읍니다. 아주 절망적인 순간이 아닐 수 없읍니다. 그러나 우리가 여기서 주목해야 할 사실은 하나님께서 요셉과 함께하시고 있었다는 것입니다. 비록 하나님께서 다른 족장들에게처럼 요셉에게는 직접 나타나신 일이 없었지만, 그에게 은혜를 베푸셨읍니다. 첫째로 그분께서는 전옥(典獄)으로 하여금 요셉을 아끼고 믿게 하셨읍니다. 물론 요셉이 용모로는 원래 매우 잘 생겼으며 뛰어나게 유능한 사람이었지만, 우리가 기억하여야 할 것은, 만약 하나님께서 그와 함께하시지 않았다면, 그 모든 것이 그에게 큰 유익이 되지 못했을 것이라는 사실입니다. 하나님께서는 그와 함께하셨으며 그를 인도하셨읍니다. 그에게 있었던 이 모든 일들은 젊은 요셉의 생애에 어떤 목적을 성취하기 위한 밑거름이 되었읍니다.

요셉은 이러한 사실을 깨달았기에 그는 낙심치 아니하고 이 모든 일에 긍정적으로 임했읍니다. 그는 이같은 환경 가운데서도 결코 좌절하지 않았읍니다. 그는 환경에 지배받지 않고 오히려 이런 환경을 다스리며 살았읍니다. 그는 그의 삶 속에 하나님의 손길이 함께하신다는 것을 믿었읍니다. 따라서 그에게는 절망이 있을 수 없었읍니다. 절망은 사단이 가장 좋아하는 무기 가운데 하나입니다. 요셉은 젊은 사람이었지만, 환경의 모든 어려움을 극복하였읍니다. 그의 인생은 우리에게 다음 말씀을 상기시킵니다.
"무릇 징계가 당시에는 즐거워 보이지 않고 슬퍼 보이나 후에 그로 말미암아 연달한 자에게는 의의 평강한 열매를 맺나니"(히 12:11).
하나님의 징계는 젊은 요셉의 인생에 분명히 의의 평강한 열매를 맺게 하셨읍니다.

요셉의 이야기는 우리에게 모든 사람이 다 사단의 유혹에 넘어가는 것은 아니라는 사실을 보여줍니다. 사단은 그가 사람들을 다 넘어뜨릴 수 있다고 말하지만, 사단의 유혹에 넘어가지 않은 사람들이 많이 있읍니다. 요셉은 그러한 사람들 가운데 한 사람이었읍니다. 욥이 그러하였으며, 사도 바울 역시 그러한 사람이었읍니다. 사단은 자신이 모든 인간을 능히 유혹으로 넘어뜨릴 수 있다고 생각하였지만, 마침내는 이 외에도 많은 사람들에게 있어 그것이 불가능하다는 것을 깨닫게 되었읍니다.

요셉이 옥에 갇히는 것이 하나님의 뜻이었읍니까? 사실 그것은 미래를 위하여 꼭 있어야 할 과정이었읍니다. 우리는 이제 그것에 대하여 창세기 40 장에서 자세히 살펴보게 될 것입니다.

제 40 장

술 맡은 관원과 떡 굽는 자의 꿈을 해석하는 요셉 / 꿈의 성취

본 창세기 40 장에 기록된 요셉의 이야기는 그의 인생에 어떠한 발전도 없이 그저 지체되어 있었던 것처럼 보입니다. 우리는 여기에서 옥에 갇혀 있는 요셉의 모습과, 그가 바로의 술 맡은 관원장의 배은망덕으로 옥에 더 갇혀있게 됨을 보게 됩니다. 우리는 이 모든 것이 우리에게 무엇을 의미하는지 의문을 가질 것입니다. 저는 이 모든 것이 하나님께서 요셉의 인생을 통하여 이루고자 하신 계획과 목적을 성취하는 것이었다고 말씀드리고 싶습니다. 우리는 본 장을 연구하면서 이러한 사실을 깨닫게 될 것입니다.

우리는 창세기 37 장에서 간단하게 요셉과 예수 그리스도 사이의 유사점에 대하여 비교하였읍니다. 이제는 우리가 요셉에 대하여 좀 더 깊이 연구해야 할 시점에 와 있는 것 같습니다. 따라서, 유사점을 몇 가지 더 살펴 보도록 하겠읍니다.

첫째로, 요셉은 아버지에 의하여 들에 있는 형들에게 보냄을 받았는데, 예수께서도 당신의 형제들, 즉 이스라엘 집의 잃어버린 양들을 위하여 보내심을 받았읍니다.

둘째로, 요셉이 이유없이 그의 형들로부터 미움을 받았듯이, 예수께서도 자신에 대하여 "저들이 아무 연고없이 나를 미워하는도다"라고 말씀하셨읍니다.

세째로, 요셉이 자신의 형들에 의하여 팔렸듯이, 예수께서도 제자중 한 사람에 의하여 팔리셨읍니다.

네째로, 요셉이 은 20 에 팔렸듯이, 예수께서도 은 30 에 팔리셨읍니다.

다섯째로, 요셉의 형들이 그를 죽이려고 음모를 꾸몄듯이, 예수님의 형제들도 그렇게 하였읍니다.
"자기 땅에 오매 자기 백성이 영접지 아니하였으나"(요 1:11).

여섯째로, 요셉이 그에게는 하나의 무덤과 같은 구덩이에 던져졌듯이, 예수께서도 십자가에 달리셨읍니다.

일곱째로, 요셉이 그 구덩이에서 건져 내어졌듯이, 예수께서도 장사한 지 사흘만에 죽은 자 가운데서 부활하셨읍니다.

여덟째로, 요셉이 아버지께 순종한 것처럼 예수께서도 하나님의 모든 명령에 순종하시므로 아버지를 기쁘시게 하셨읍니다.

아홉째로, 요셉이 그의 형들을 찾기 위하여 아버지로부터 보냄을 받았듯이, 예수께서도 아버지의 뜻을 이루시기 위하여 세상에 오셨는데, 아버지의 뜻은 곧 당신의 잃어버린 형제들을 찾으시는 것이었읍니다.

열번째로, 요셉은 형들에 의하여 조롱을 당하였읍니다. 형들은 요셉이 멀리에서 오는 것을 보고 "꿈 꾸는 자가 오는도다"라고 조롱조로 말하였듯이 예수께서도 당신의 형제들로부터 조롱을 당하셨읍니다. 그들은 예수께서 십자가에 달리셨을 때에도 "네가 그리스도여든 뛰어내리라"고 소리쳤읍니다.

열한번째로, 요셉의 형들이 그를 반기지 않은 것처럼 유대인들도 예수님을 영접하지 않았읍니다.

열두번째로, 요셉의 형들이 모여서 그를 죽이기 위한 공모를 꾸민 것처럼 유대인들도 예수님을 죽이기 위해 함께 모의를 했읍니다.

열세번째로, 요셉의 옷이 피가 묻은 채 그 아버지에게 돌려졌듯이 사람들도 예수님의 옷을 벗기고 그것으로 제비뽑았읍니다.

열네번째로, 요셉은 애굽에 팔려간 후, 오랫 동안 형들과 만나지 못하였읍니다. 이와 같이 예수께서도 하늘로 승천하시면서, 제자들에게 재림하시기까지는 보지 못할 것이라고 말씀하셨읍니다.

열다섯번째로, 요셉이 세상과 육신적인 것과 사단으로부터 시험을 당할 때 그 모든 것을 이겨내었듯이 예수께서도 그러한 것들로부터 시험을 당하셨으나, 시험을 이기시고 승리하셨읍니다.

열여섯번째로, 요셉이, 가나안 땅에 흉년이 임하였을 때 기근으로부터 사람들을 구하여 세상의 구세주가 되었던 것처럼, 예수 그리스도께서는 모든 면에서 온 세상의 구세주가 되셨읍니다.

열일곱번째로, 요셉은 형들의 미움으로 이방인에게 팔렸읍니다. 그는 보디발의 집에서 누명을 썼을 때 자신에 대하여 한 마디 변명도 못한 채 부당하게 고소당하였읍니다. 마찬가지로 예수께서도 당신의 제자에 의하여 종교 지도자들에게 팔려 이방인에게 넘겨졌읍니다. 그분께서는 무죄한 분이셨읍니다.

열여덟번째로, 빌라도는 예수께서 고소당하신 죄를 인정하지 않았읍니다. 그는 예수께서 무죄하신 것을 알면서도 사형에 처할 것을 명령하였읍니다. 마찬가지로 요셉은, 보디발이 그가 무죄하다는 것을 알았음에도 불구하고 고통을 당하여야만 했읍니다.

열아홉번째로, 요셉은 옥에 갇혔을 때 간수의 은혜를 입었읍니다. 그런데 로마 백부장도 예수님을 가리켜 "이는 진실로 하나님의 아들이었도다"라고 고백했읍니다.

끝으로 스무번째로, 요셉은 무죄한 자로 죄인 취급을 받았읍니다. 그는 옥중에서 술 맡은 자에게는 축복의 해몽을 해 주었고 떡 굽는 자에게는 심판의 해몽을 해 주었읍니다. 예수께서도 십자가에 달리셨을 때 좌우 양편에 강도가 있었는데, 그 중 한 사람은 심판을 받고 다른 한 사람은 축복을 받았읍니다.

우리는 본 장에 대하여 좀더 연구해 나가면서 요셉이 그때 옥에 갇힌 것이 왜 하나님의 뜻이었는가를 깨닫게 될 것입니다.

술 맡은 관원과 떡 굽는 자의 꿈을 해석하는 요셉

> "그 후에 애굽 왕의 술 맡은 자와 떡 굽는 자가 그 주 애굽 왕에게 범죄한지라 바로가 그 두 관원장 곧 술 맡은 관원장과 떡 굽는 관원장에게 노하여 그들을 시위대장의 집 안에 있는 옥에 가두니 곧 요셉의 갇힌 곳이라"(1-3절).

이것은 결코 우연한 사건이 아니었읍니다.

본문의 말씀은 우리에게 무엇을 보여줍니까? 그것은 분명히 애굽 왕 바로의 전제적이며 독재적인 위치와 그 정책을 보여 줍니다. 저는 떡 굽는 자가 왜 그처럼 옥에 갇히게 되었는지 모릅니다. 아마 어쩌면 그는 바로의 아침식사로 구운 과자를 태웠을지도 모르는 일입니다. 바로는 이처럼 사소한 문제로 그를 옥에 가둔 것으로 보입니다. 그러면 술 맡은 자는 왜 투옥되었을까요? 아마 그는 바로에게 술을 따르다가 어처구니 없는 실수를 저질러 그곳에 있던 페르시아제 양탄자 위에 그 술을 그만 엎질렀을지도 모릅니다. 이는 단지 추측일 뿐입니다. 성경에는 바로 왕의 빵 굽는 자와 술 맡은 자가 왜 옥에 갇혔는지에 대해서는 아무런 언급이 없읍니다. 다만 중요한 것은 그들이 요셉의 갇힌 곳에 함께 갇혔다는 사실입니다. 그런데 요셉은 감옥에서도 좋은 위치에 있었읍니다. 그가 가는 곳마다 그의 능력이 인정되었기 때문입니다.

"선물은 그 사람의 길을 너그럽게 하며 또 존귀한 자의 앞으로 그를 인도하느니라"(잠 18:16).
여기서 "선물"이란 「사람의 은사」라고도 번역이 됩니다. 요셉의 이같은 은사는 잠언의 말씀처럼 사용되어졌읍니다. 그리고 하나님께서는 아주 분명한 목적을 가지고 그의 삶을 인도하셨읍니다.

"시위대장이 요셉으로 그들에게 수종하게 하매 요셉이 그들을 섬겼더라 그들이 갇힌 지 수일이라"(4절).

요셉은 그들을 수종하는 일을 하였기 때문에 그들과 곧 친숙하게 되었읍니다. 요셉의 직무는 그들이 옥에 있는 동안 그들을 섬기는 것이었읍니다.

"옥에 갇힌 애굽 왕의 술 맡은 자와 떡 굽는 자 두 사람이 하룻밤에 꿈을 꾸니 각기 몽조가 다르더라 아침에 요셉이 들어가 보니 그들에게 근심 빛이 있는지라"(5,6절).

요셉은 낙천적인 사람으로 언제나 밝고 명랑했읍니다. 그런데 바로의 궁중에서 일하는 이 두 사람이 갑자기 어느 날 아침에 얼굴에 매우 근심된 표정을 하고 슬프게 앉아 있는 것을 요셉이 보았읍니다.

"요셉이 그 주인의 집에 자기와 함께 갇힌 바로의 관원장에게 묻되 당신들이 오늘 어찌하여 근심 빛이 있나이까 그들이 그에게 이르되 우리가 꿈을 꾸었으나 이를 해석할 자가 없도다 요셉이 그들에게 이르되 해석은 하나님께 있지 아니하니이까 청컨대 내게 고하소서"(7,8절).

이러한 점에서 볼 때, 요셉은 모든 영광을 하나님께 돌린 사람이었읍니다. 우리는 후에 다른 나라의 궁중에서 이와 같이 행한 다른 한 히브리 청년을 보게 될 것입니다. 그 청년은 바로 다니엘입니다. 다니엘도 이처럼 모든 영광을 하나님께 돌린 사람이었읍니다. 오늘날 우리 모든 그리스도인도 이렇게 해야 하겠읍니다. 만약 우리가 하나님을 위하여 하는 것이라면 그것이 어떠한 일이든 간에 하나님께 영광이 되도록 해야 한다는 것입니다. 그러므로 실제로 하나님께서 그것으로 인해 영광을 받으시도록 해야 하는 것입니다. 우리 가운데 많은 사람들이 하나님께서 우리에게 주시고자 하는 축복을 누리지 못하고 있는 이유는 우리가 하나님께로부터 받은 놀라운 축복에 대하여 하나님께 감사치 아니하고 영광을 돌리지 않기 때문입니다. 우리는 모든 일에 있어 하나님께 영광을 돌려야만 합니다. 요셉은 꿈 해몽에 있어 하나님께 영광을 돌렸읍니다. 그의 말을 들어 보십시오.
"해석은 하나님께 있지 아니하니이까?"

> "술 맡은 관원장이 그 꿈을 요셉에게 말하여 가로되 내가 꿈에 보니 내 앞에 포도나무가 있는데 그 나무에 세 가지가 있고 싹이 나서 꽃이 피고 포도송이가 익었고 내 손에 바로의 잔이 있기로 내가 포도를 따서 그 즙을 바로의 잔에 짜서 그 잔을 바로의 손에 드렸노라 요셉이 그에게 이르되 그 해석이 이러하니 세 가지는 사흘이라 지금부터 사흘 안에 바로가 당신의 머리를 들고 당신의 전직을 회복하리니 당신이 이왕에 술 맡은 자가 되었을 때에 하던 것같이 바로의 잔을 그 손에 받들게 되리이다" (9-13절).

구약성경에서 하나님께서 장차 일어날 사건을 예언하실 때 꿈을 사용하셨다는 것은 재미있는 일입니다. 그런데 신약성경에서는 우리가 하나님께서 그러한 방법으로 역사하신 예를 찾아볼 수가 없읍니다. 왜냐하면 그때는 하나님의 아들로 명확하게 말씀해 주셔서 계시가 완성에 이르렀기 때문입니다. 오늘날, 우리에게도 꿈을 통한 계시가 필요없지만, 그때는 하나님께서 꿈을 통하여 말씀하시기도 하셨으며, 또 그들에게 의미를 전달할 수 있는 상징물을 사용하시기도 하셨읍니다. 술 맡은 자는, 바로에게 술 따르는 일이 과거 자기의 직업이었기 때문에 술을 따르는 일로 그의 꿈에 계시되었읍니다. 우리는 후에 느부갓네살 왕이 어떤 형상을 꿈꾸는 것을 보게 될 것입니다. 그는 형상이나 우상에 익숙해 있었기 때문에 형상에 의해 미래의 일이 계시된 것입니다.

요셉은 그 꿈을 해석하여 술 맡은 관원에게 사흘 후에 복직될 것이라고 확언하였읍니다.

> "당신이 득의하거든 나를 생각하고 내게 은혜를 베풀어서 내 사정을 바로에게 고하여 이 집에서 나를 건져내소서"(14절).

요셉은 술 맡은 관원장에게 다음과 같이 말하였읍니다.
"지금부터 삼일 후면 나리께서는 이곳을 나가게 될 것입니다. 그러나 소인은 다른 사람이 저를 대신하여 저의 사정을 바로 왕께 아뢰 주지 않는다면 이곳에서 늙어 죽을 것입니다. 제가 나리의 꿈을 해몽해 드렸으니 나리도 이곳을 나가시거든 저를 기억하시고 바로에게 고하여 소인을 이곳에서 출감되게 하소서."
이제 요셉은 그에게 자신에 대하여 간단히 소개합니다.

> "나는 히브리 땅에서 끌려온 자요 여기서도 옥에 갇힐 일은 행치 아니하였나이다"(15절).

성경에 기록되어 있지는 않았지만 술 맡은 관원은 아마 그가 요셉을 위하여 바로에게 말하여 주겠다고 약속하였을 것입니다.

> "떡 굽는 관원장이 그 해석이 길함을 보고 요셉에게 이르되 나도 꿈에 보니 흰떡 세 광주리가 내 머리에 있고 그 윗 광주리에 바로를 위하여 만든 각종 구운 식물이 있는데 새들이 내 머리의 광주리에서 그것을 먹더라"(16, 17절).

빵 굽는 자의 꿈도 그에게 의미있는 상징으로 되어 있었읍니다. 그는 각종 구운 식물로 가득찬 그 광주리에 익숙하기 때문입니나.

> "요셉이 대답하여 가로되 그 해석은 이러하니 세 광주리는 사흘이라 지금부터 사흘 안에 바로가 당신의 머리를 끊고 당신을 나무에 달리니 새들이 당신의 고기를 뜯어 먹으리이다 하더니"(18, 19절).

요셉은 그를 위하여 그 꿈을 해석해 주었지만, 그것은 참으로 그에게 불길한 예언이었읍니다. 즉, 삼일 후 그가 출옥되면, 그는 나무에 달리게 될 것이며, 새들이 와서 그의 시체를 뜯어 먹게 되리라는 것이었읍니다.

꿈의 성취

> "제 삼일은 바로의 탄일이라 바로가 모든 신하를 위하여 잔치할 때에 술 맡은 관원장과 떡 굽는 관원장으로 머리를 그 신하 중에 들게 하니라 바로의 술 맡은 관원장은 전직을 회복하매 그가 잔을 바로의 손에 받들어 드렸고 떡 굽는 관원장은 매여 달리니 요셉이 그들에게 해석함과 같이 되었으나 술 맡은 관원장이 요셉을 기억지 않고 잊었더라"(20-23절).

요셉은 이제 가엾은 처지가 되었읍니다. 그때 요셉은 절망적인 곤경에 빠진 것 같습니다. 그는 여기에서 종의 신세뿐만 아니라 보디발의 아내가 무고(誣告)함으로 인하여 감옥에 갇혀있는 신세가 되었읍니다. 소년 요셉이 이렇게 감옥에 갇힌 것은 보디발이 그의 가정에서 일어난 추문을 감추기 위한 것이었읍니다. 요셉이 출옥할 수 있는 한가닥 희망은 술 맡은 자가 그를 기억하여 그에 대한 형편을 바로에게 고하는 길뿐이었읍니다. 그러나 술 맡은 자는 전직을 회복하고 다시 바로의 총애(寵愛)를 받게 된 것만을 기뻐한 나머지 옥에 갇혀 있는 요셉의 딱한 처지를 바로에게 고하는 것은 까맣게 잊어 버렸읍니다. 그런데 하나님께서는 어떠한 목적이 있으셨기 때문에 그를 계속 그곳에 있게 하셨읍니다. 만일 술 맡은 관원장이 바로에게 다음과 같이 말하였다고 가정해 봅시다.

"바로 왕이시여, 그 옥중에는 무죄한 사람이 한 사람 갇혀 있읍니다. 그는 출감되어야 합니다. 그는 무고(無辜)하게 갇혀 있기 때문이지요. 그리고 그는 저를 위하여 저의 꿈을 해몽하여 주었읍니다. 만약 왕께서 그를 석방만 시켜 주신다면 그 은혜는 결코 잊지 않겠읍니다."

이렇게 해서 요셉이 석방되었다면 요셉은 그 뒤로 어떻게 되었을까요? 요셉은 바로가 그의 꿈 해석을 위하여 요셉이 필요하였을 때 아마도 가나안 땅의 자기 집에 가 있었을 것입니다. 그런데 하나님께서는 그가 바로의 가까운 곳에 있기를 원하셨기에, 감옥은 그를 바로의 근처에 있게 하는 아주 좋은 방편이 되었습니다. 그렇게 함으로써, 바로가 요셉이 필요하여 그를 찾는 일에 전혀 어려움이 없게 하셨습니다.

그러한 절망적인 환경 가운데서도 요셉은 하나님께서 그의 삶 가운데 역사하고 계시다는 것을 믿었습니다. 그 결과 그에게는 충실한 믿음의 열매가 맺히게 된 것입니다. **그는 자신의 모든 생활에 있어 충성된 사람이었습니다.** 그는 보디발을 위하여도 충성스럽게 봉사하였읍니다. 그는 옥중에서도 간수들에게 충성된 사람이었습니다. 그는 하나님 앞에 충성된 사람이었으며 모든 일에 그분께만 영광을 돌렸읍니다. 우리는 잠시 후 그가 바로와 자신의 형들에게도 충성된 사람이었다는 것을 보게 될 것입니다. 사실, 그가 그렇게 충성된 인물이 될 수 있었던 것은 하나님께 대한 그의 믿음 때문이었읍니다.

이처럼 요셉의 믿음은 또한 그의 모든 시련과 유혹 가운데서도 그에게 긍정적인 인생관을 갖게 해 주었읍니다. 그리고 그가 매사(每事)에 긍정적이며, 낙관적인 태도를 갖게 된 것도 그의 믿음 때문이었읍니다. 그가 술 맡은 관원장과 빵 굽는 관원장에게 얼마나 친절하였는가를 보십시오. 그리고 우리는 잠시 후 또 그가 그의 형들에게 베푼 친절을 보게 될 것입니다. **그의 믿음은 또한 그를 겸손하게 했읍니다.** 그는 자신의 모든 위업(偉業)에 내하여 하나님께 영광을 돌렸읍니다. 그는 이토록 훌륭한 사람이었읍니다. 요셉이 그렇게 될 수 있었던 것은 무엇 때문입니까? 그것은 하나님을 믿는 그의 믿음 때문이었읍니다. 그는 하나님께 대하여 그의 조상 아브라함이 가졌던 믿음을 갖고 있었으며, 이 모든 것들은 그의 삶 가운데 믿음이 맺어준 열매였읍니다.

요셉은 다른 사람들의 기억에서 사라진 채 감옥에 갇혀 있었었습니다. 그러나 그를 잊지 않으신 분이 한 분 계셨습니다. 바로 하나님이셨습니다. 하나님께서는 항상 그를 떠나지 아니하시며, 그의 삶 속에 역사하시고 계셨습니다.

여기에 우리를 위한 교훈이 있습니다. 저는 당신이 지금 어떠한 환경 가운데 있는지 모릅니다. 그러나 분명한 것은 오늘날 많은 그리스도인들이 남들이 알지 못하는 많은 어려움에 고통을 당하고 있다는 사실입니다. 그러한 어려움들은 사실 어떻게 보면 도무지 해결될 수 없는 것처럼 보이기도 합니다. 막막하기만 합니다. 문제는 조금도 개선되지 않고 있습니다. 하지만 하나님께서는 이 때문에 요셉의 예를 보여 주십니다. 우리의 문제가 요셉의 생애 가운데 역사하신 하나님을 바라볼 때 해결되지 않겠습니까? 하나님께서는 진실로 당신이 하나님께서 당신의 삶 가운데 역사하고 계시다는 것을 알기를 원하십니다. 만약 당신이 하나님의 자녀라면 하나님께서는 당신에게 복이 임하도록 하실 것입니다. 하나님께서 우리를 징계하시는 것은 언제나 우리의 유익을 위함입니다. 우리는 그러한 사실을 결코 잊어서는 안 되겠습니다. 우리 하나님은 얼마나 놀라우신 분이십니까!

제 41 장

바로의 꿈 / 바로의 꿈을 해석하는 요셉 / 애굽의 총리대신이 되는 요셉 / 아스낫과 결혼하는 요셉 / 요셉의 두 아들, 므낫세와 에브라임

본 창세기 41 장의 내용은 요셉이 옥에 갇혀 사람들의 기억에서 잊혀진 채 절망적이고 고독한 가운데 있던 앞 장의 내용과는 전혀 다릅니다. 그러나 그에게 있었던 모든 시련은 하나님께서 그의 인생을 통하여 이루시고자 계획하신 큰 뜻을 성취하기 위함이었읍니다. 만약 우리도 오늘날 우리의 삶 가운데 하나님의 손길이 함께하고 계시다는 것을 인정한다면 우리의 인생관이 바뀌게 될 것입니다. 우리는 앞으로 본 장에서 요셉이 바로의 꿈을 해석하기 위하여 석방되는 것을 보게 됩니다. 그리고 그는 애굽 온 땅의 총리가 되며, 「온」 제사장의 딸 아스낫과 결혼하여 므낫세와 에브라임을 낳게 됩니다.

이것은 죄인에서 일약 한 나라의 총리가 된 사람에 대한 이야기입니다. 저는 인간이 꾸며낸 그 어떠한 이야기도 요셉의 이야기보다 더 우리에게 흥미를 주지는 못하리라고 생각합니다. 우리는 본 장에서 그의 삶 가운데 하나님의 자비로운 손길이 함께하셨다는 것을 분명히 보게 됩니다. 그리고 요셉은 고난 가운데도 하나님께서 그를 돌보시고 계시다는 것을 알았읍니다. 이러한 고난은 그에게 성령의 여러 열매들을 맺게 했읍니다. 그 가운데 하나는 인내의 열매였읍니다. 로마서 5 장 3 절의 "환난은 인내를 이룬다"는 진리를 요셉은 일생을 통하여 분명하게 예증합니다.

우리는 여기에서 그 후 다니엘이 느부갓네살 왕 앞으로 나아갔던 것처럼 젊은 요셉이 이방의 왕인 바로 앞에 나아가는 것을 보게 됩니다. 그 두 사람이 왕 앞에 나아간 것은 왕의 꿈을 해석하기 위해서였읍니다.

그런데 우리는 본 장의 결론 부분에서 온 천하에 기근이 임한 것을 보게 됩니다. 그러면 하나님께서 이러한 기근을 통하여 이루고자 하신 목적은 무엇이었을까요? 하나님께서 기근을 내리신 것은 야곱의 가족을 가나안 족속의 죄로 가득한 가나안 땅에서 인도하여 멀리 애굽의 고센 땅에 정착시키시기 위함이었읍니다. 이것이 바로 그분의 뜻 가운데 하나였읍니다. 하나님께는 그 외에도 많은 뜻이 있었지만, 이것은 우리가 확실히 알 수 있는 분명한 뜻이었읍니다.

앞으로 우리가 요셉에 대하여 계속 연구하는 동안, 어떠한 점에서 요셉과 예수 그리스도 사이에 유사점이 있는지를 계속 주목하시기 바랍니다. 우리는 후에 이러한 유사점들에 대하여 더 많은 것들을 살펴 보게 될 것입니다. 그것은 우리가 알아야 할 중요한 내용입니다.

바로의 꿈

당신은 앞의 창세기 40 장에서 바로의 술 맡은 자와 떡 굽는 자가 요셉이 갇혀 있던 옥에 투옥되었었다는 사실을 기억할 것입니다. 요셉은 그들의 꿈을 아주 정확하게 해석하였읍니다. 그리하여 떡 굽는 자는 나무에 달렸으며 술 맡은 자는 다시 복직하게 되었읍니다. 요셉은 술 맡은 자에게 그가 자기의 억울한 사정을 기억하여 그것을 바로에게 아뢰어 줄 것을 간청하였으나 그는 그것을 그만 잊고 말았읍니다. 그때 하나님께서는 바로에게 하나의 꿈을 꾸게 하셨읍니다.

"만 이년 후에 바로가 꿈을 꾼즉 자기가 하숫가에 섰는데"(1절).

창세기 40 장의 사건 이후 이때까지는 만 2 년의 세월이 흘렀다는 사실을 주목하십시오. 그 후 요셉은 자신이 석방되기만을 기다리면서 옥에서 꼬박 2 년을 더 보냈읍니다.

바로가 꾼 꿈의 내용은 다음과 같았읍니다.

"보니 아름답고 살진 일곱 암소가 하수에서 올라와 갈밭에서 뜯어먹고 그 뒤에 또 흉악하고 파리한 다른 일곱 암소가 하수에서 올라와 그 소와 함께 하숫가에 섰더니"(2, 3절).

이처럼 바로는 꿈 속에서 아름답고 우량한 살진 일곱 암소를 보았으며, 그 뒤에는 매우 파리한 일곱 암소를 보았읍니다.

"그 흉악하고 파리한 소가 그 아름답고 살진 일곱 소를 먹은지라 바로가 곧 깨었다가"(4절).

바로는 잠에서 깨어나 그 꿈이 과연 무엇을 의미하는 것인지 궁금하게 생각하였읍니다. 그는 스스로 꿈을 해석하지 못하였으며 그때 주위에서도 그 꿈에 대하여 그를 도와 줄 수 있는 사람이 아무도 없었읍니다.

"다시 잠이 들어 꿈을 꾸니 한 줄기에 무성하고 충실한 일곱 이삭이 나

> 오고 그 후에 또 세약하고 동풍에 마른 일곱 이삭이 나오더니 그 세약한 일곱 이삭이 무성하고 충실한 일곱 이삭을 삼킨지라 바로가 깬즉 꿈이라 아침에 그 마음이 번민하여 보내어 애굽의 술객과 박사를 모두 불러 그들에게 그 꿈을 고하였으나 그것을 바로에게 해석하는 자가 없었더라"(5-8절).

이처럼 바로가 술객과 박사를 청하여 그들에게 자기의 꿈 이야기를 말하고 있을 때 술 맡은 관원장은 옆에서 그것을 들었읍니다. 마침내 그는 바로에게 다가가서 바로가 원하고 있는 것을 해결해 주어야겠다고 결심했읍니다. 박사들이 아무도 바로에게 꿈 해석을 하지 못하고 있을 때 술 맡은 자가 다가가 다음과 같이 말하였읍니다.

> "술 맡은 관원장이 바로에게 고하여 가로되 내가 오늘날 나의 허물을 추억하나이다"(9절).

술 맡은 관원장의 과거의 잘못은 단순한 허물의 차원을 넘습니다. 그것은 하나의 「죄」였읍니다. 그러나 그의 그러한 「죄」는 하나님의 섭리 가운데 행해진 것입니다. 우리는 혹 그것을 우연의 일치라고 말할지 모릅니다. 요셉에게 있었던 고된 체험들이 그 당시는 납득이 가지 않았을지라도 하나님께서는 특별한 뜻 가운데 그러한 사건들을 있게 하셨읍니다. 그때 술 맡은 관원장은 바로에게 "오, 제가 옥중에서 그에 대하여 왕께 말씀드리겠다고 젊은 친구와 약속한 것을 깜박 잊었나이다. 바로 왕이시여, 그는 왕의 꿈을 반드시 해석할 수 있을 것이옵니다"라고 말했읍니다. 그리고는 자신의 경험을 바로에게 이야기하였읍니다.

> "바로께서 종들에게 노하사 나와 떡 굽는 관원장을 시위대장의 집에 가두셨을 때에 나와 그가 하룻밤에 꿈을 꾼즉 각기 징조가 있는 꿈이라 그곳에 시위대장의 종된 히브리 소년이 우리와 함께 있기로 우리가 그에게 고하매 그가 우리의 꿈을 풀되 그 꿈대로 각인에게 해석하더니 그 해석한 대로 되어 나는 복직하고 그는 매여 달렸나이다"(10-13절).

바로는 술 맡은 관원장의 이야기를 듣고 다음과 같이 말했읍니다. "그게 사실인가? 나는 지금까지 나의 꾼 꿈을 해석하기 위하여 주위의 모든 사람을 총동원하였노라. 그런데 그 젊은이가 너와 떡 굽는 자의 꿈을 해석하였다니 그를 이곳으로 들도록 조처하라. 내 꿈에도 매우 중요한 의미가 있을 것 같구나."

바로의 꿈을 해석하는 요셉

"이에 바로가 보내어 요셉을 부르매 그들이 급히 그를 옥에서 낸지라 요셉이 곧 수염을 깎고 그 옷을 갈아 입고 바로에게 들어오니"(14 절).

요셉이 수염을 깎았다는 사실에 주목하십시오. 당신은 여기에서 그 당시 히브리인들은 수염을 깎지 않았다는 사실을 기억해야 합니다. 그러나 당신은 고대 애굽인들의 조각품과 회화에 그려진 사람들의 턱을 보면 모두가 수염이 깎여져 있는 것을 알 수 있을 것입니다. 많은 통치자들은 자신들의 권위를 높이기 위해서 염소 수염을 턱에 붙이고 다녔지만, 애굽 사람들은 수염을 기르지 않았읍니다.

여기에는 우리에게 주는 놀라운 교훈이 있읍니다. 자, 이제 요셉은 감옥에서 나왔읍니다. 그는 수염을 깎고 죄수복 대신에 애굽인들의 옷으로 갈아입었읍니다. 그것은 그에게 있어 새로운 인생의 시작이었읍니다. 그것은 마치 그리스도에게 있어서의 부활과 같았읍니다. 그는 죽음의 상태에서 다시 살아난 것입니다. 그리고는 이방인들에게 나아갔읍니다. 이것은 그리스도에 관한 놀라운 예표가 됩니다.

"바로가 요셉에게 이르되 내가 한 꿈을 꾸었으나 그것을 해석하는 자가 없더니 들은즉 너는 꿈을 들으면 능히 푼다더라"(15절).

이때에 요셉이 어떻게 하나님께 영광을 돌리는지 보십시오.

> "요셉이 바로에게 대답하여 가로되 이는 내게 있는 것이 아니라 하나님이 바로에게 평안한 대답을 하시리이다"(16절).

요셉은 꿈 해석에 있어 영광을 받으실 분은 하나님이라고 생각했읍니다. 다시 말하건대, 하나님의 자녀들은 자신의 업적에 대하여 모든 영광을 오로지 하나님께만 돌리도록 해야 합니다. 만약 우리의 하는 일이 복된 것이라면 그것은 하나님께서 우리를 통하여 역사하셨기 때문입니다. 요셉은 이러한 사실을 잘 알고 있었기에 이렇게 말한 것입니다.

"이는 내게 있는 것이 아니라, 즉 내가 해몽하는 것이 아니라 하나님께서 바로에게 평안한 대답을 하시리이다."

바로는 자기의 꿈을 요셉에게 반복합니다. 그 두 가지 꿈은 사실상 한 가지 의미였으며, 같은 꿈이었읍니다.

> "요셉이 바로에게 고하되 바로의 꿈은 하나이라 하나님이 그 하실 일을 바로에게 보이심이니이다"(25절).

요셉은 그 두 가지 꿈이 의미하는 바는 하나라고 말했읍니다. 그리고 꿈이 바로에게 두 차례에 걸쳐 보인 것은 그 중요성을 나타내기 위함이었읍니다. 하나님께서 바로에게 꿈을 보이신 것은 그로 하여금 앞으로 할 일을 알게 하시기 위함이었읍니다. 바로의 꿈에 대한 해석은 다음과 같았읍니다.

> "일곱 좋은 암소는 일곱 해요 일곱 좋은 이삭도 일곱 해니 그 꿈은 하나이라 그 후에 올라온 파리하고 흉악한 일곱 소는 칠년이요 동풍에 말라 속이 빈 일곱 이삭도 일곱 해 흉년이니 내가 바로에게 고하기를 하나님이 그 하실 일로 바로에게 보이신다 함이 이것이라 온 애굽 땅에 일곱 해 큰 풍년이 있겠고 후에 일곱 해 흉년이 들므로 애굽 땅에 있던 풍년을 다 잊어버리게 되고 이 땅이 기근으로 멸망되리니 후에 든 그 흉년이 너무 심하므로 이전 풍년을 이 땅에서 기억하지 못하게 되리이다"(26-31절).

우리가 보는 바와 같이 이것은 장차 일어날 사건에 대한 하나의 예언이었읍니다. 즉, 앞으로 칠년 동안 온 애굽 땅에 풍년이 있을 것이며 그 후 칠년 동안은 큰 흉년이 있으리라는 예언이었읍니다.

"바로께서 꿈을 두 번 겹쳐 꾸신 것은 하나님이 이 일을 정하셨음이라 속히 행하시리니"(32절).

기근은 이미 하나님께서 정하신 것이었읍니다. 그래서 하나님께서는 바로가 그것에 대하여 알기를 원하셨읍니다. 이때 요셉은 바로에게 다음과 같이 권합니다.

"이제 바로께서는 명철하고 지혜있는 사람을 택하여 애굽 땅을 치리하게 하시고 바로께서는 또 이같이 행하사 국중에 여러 관리를 두어 그 일곱 해 풍년에 애굽 땅의 오분의 일을 거두되 그 관리로 장차 올 풍년의 모든 곡물을 거두고 그 곡물을 바로의 손에 돌려 양식을 위하여 각 성에 적치하게 하소서 이와 같이 그 곡물을 이 땅에 저장하여 애굽 땅에 임할 일곱 해 흉년을 예비하시면 땅이 이 흉년을 인하여 멸망치 아니하리이다 바로와 그 모든 신하가 이 일을 좋게 여긴지라"(33-37절).

요셉은 바로에게 칠년 동안의 풍년에 남는 모든 곡물을 거두어 들여 다음의 흉년에 대비하여 저장하라고 제안했읍니다.

애굽의 총리대신이 되는 요셉

"바로가 그 신하들에게 이르되 이와 같이 하나님의 신이 감동한 사람을 우리가 어찌 얻을 수 있으리요 하고 요셉에게 이르되 하나님이 이 모든 것을 네게 보이셨으니 너와 같이 명철하고 지혜 있는 자가 없도다 너는 내 집을 치리하라 내 백성이 다 네 명을 복종하리니 나는 너보다 높음이 보좌뿐이니라 바로가 또 요셉에게 이르되 내가 너로 애굽 온 땅을 총리하게 하노라 하고"(38-41절).

우리는 여기서 이 일의 중요성에 대해 살펴봐야 하겠습니다. 요셉이 처음에는 옥에 갇혀 사람들의 기억에서 사라진 채 절망적이고 고독한 처지에 있었습니다. 그러나 이때 그는 다른 사람들이 바로의 꿈을 해몽하지 못함으로 인해 귀한 기회를 얻어 감옥에서 석방되었습니다. 그는 바로의 꿈을 해석하여 주는 데 있어 하나님의 지혜로 했습니다. 그리고 그는 바로가 장차 어떻게 하여야 할 것인가에 대하여도 제시하여 주었습니다. 이 모든 일에 하나님의 간섭하심이 있었습니다.

이제 온 천하에 기근이 임했습니다. 이 기근은 너무도 심해 애굽도 영향을 받았습니다. 애굽 땅은 관개수로시설이 잘 되어 있었기 때문에 거의 강우량에 영향을 받지 않는 곳이었습니다. 거대한 나일 강의 북쪽에 해당되는 청나일(Blue Nile)은 중앙 아프리카에서 발원하여 전 애굽의 필요한 대부분의 물을 공급해 주었습니다. 나일 강이 매년 범람하기 때문에 애굽 땅은 비가 오지 않아도 물이 풍부했고 땅은 언제나 기름졌습니다. 하지만 하나님께서는 이러한 애굽조차도 영향을 받게 될 칠년 동안의 큰 기근이 있을 것을 경고하셨습니다.

이제 바로는 요셉을 통해 그러한 사실을 이해할 수 있었습니다. 우리 국가에 미래에 대한 어떤 통찰력을 지닌 사람이 없다는 것은 매우 유감스러운 일입니다. 우리의 미래 정책은 긴급한 대책으로서는 다소 도움이 되기는 하나 장기적인 안목으로써 예비된 것은 없는 것 같습니다. 어떤 사람이 글래드스톤(Gladstone)에게 위대한 정치가의 기준이 무엇이냐고 물어 본 적이 있습니다. 그는 대답하기를 '위대한 정치가는 앞으로의 50 년 동안 하나님께서 어떤 일을 하실 것인지 그 방향을 잘 파악하는 사람이라'고 말했습니다. 여기, 창세기에서의 바로는 앞으로의 14 년 동안 일어날 일에 대해 듣게 된 것입니다. 우리 국가도 이와 같은 사람이 필요합니다.

이때 요셉은 정치가로서 탁월한 식견을 갖추고 있었으며, 그 누구도 따라갈 수 없는 뛰어난 통찰력을 지니고 있었습니다. 바로는 요셉의 그러한 능력을 첫눈에 알아볼 수 있었습니다. 이제 당신은 하나님께서 요셉을 보디발의 가정에서 그렇게 연단시키신 이유를 깨달았을 것입니다. 우리는 처음에 하나님께서는 요셉을 보디발의 집으로 보내신 이유를 궁금해 했었습니다. 그것은 그가 그곳에서 애굽의 총리로서의 일을 준비해야 했기 때문입니다. 그는 그곳에서 가정 총무로 일을 아주 잘 처리했습니다. 그는 이제 한 가정의 총무가 아니라 전 애굽의 총리가 된 것입니다. 그에게는 실로 놀라운 변화가 생긴 것입니다. 그는 과거 감옥에 수감된 죄인의 몸으로 이제 애굽의 총리에까지 오르게 된 것입니다. 이는 아무도 상상하지 못했던 일입니다.

> "자기의 인장 반지를 빼어 요셉의 손에 끼우고 그에게 세마포 옷을 입히고 금사슬을 목에 걸고"(42절).

그 반지 위에는 인장이 새겨져 있었습니다. 그 인장이 찍히면 그것은 바로의 서명과 똑같은 위력을 발휘하는 것이었습니다. 즉, 그에게는 왕의 서명권이 주어진 것입니다. 이렇게 바로는 요셉을 자신의 대행자로 삼았습니다.

> "자기에게 있는 버금 수레에 그를 태우매 무리가 그 앞에서 소리 지르기를 엎드리라 하더라 바로가 그로 애굽 전국을 총리하게 하였더라 바로가 요셉에게 이르되 나는 바로라 애굽 온 땅에서 네 허락 없이는 수족을 놀릴 자가 없으리라 하고"(43, 44절).

아스낫과 결혼하는 요셉

> "그가 요셉의 이름을 사브낫바네아라하고 또 온 제사장 보디베라의 딸 아스낫을 그에게 주어 아내를 삼게 하니라 요셉이 나가 애굽 온 땅을 순찰하니라"(45절).

바로는 요셉을 『사브낫바네아』라고 이름을 지어주었읍니다. 이 『사브낫바네아』라는 이름은 애굽식의 이름으로 "비밀한 것을 알리는 자"라는 뜻입니다.

"요셉이 애굽 왕 바로 앞에 설 때에 삼십 세라 그가 바로 앞을 떠나 애굽 온 땅을 순찰하니"(46절).

이때 요셉의 나이가 30 세였으니, 그때까지 그는 애굽에서 꼭 13 년을 보낸 것입니다. 그리고 그 가운데 2 년은 술 맡은 자와 떡 굽는 자의 꿈 이야기 사건 이후 옥 중에서 보낸 기간이었읍니다. 그는 아마 그 전에도 약 1 년 정도는 옥에 갇혀 있었을 것입니다. 따라서 그가 보디발의 가정에서 보낸 세월은 약 10 년 정도 될 것입니다. 이러한 사실은 우리에게 요셉이 애굽에 있는 동안 다른 사람들과는 얼마나 격리되어 있었는가를 알게 해 줍니다.

요셉은 애굽에서 13 년만에 오늘날의 수상에 해당되는 위치에까지 올랐읍니다. 그는 애굽 땅에서 바로 왕의 다음가는 지위에 오른 것입니다. 당신은 바로가 요셉을 왜 기꺼이 그 자리에 앉히려 하였는지를 생각해 본 일이 있읍니까? **물론 가장 첫번째 이유는 하나님께서 그와 함께하셨기 때문입니다.** 이에 대해서는 우리가 지금까지 계속 보아 왔읍니다. 하나님의 손은 섭리 가운데 그를 인도하셨읍니다. 요셉 자신도 그의 형들이 그를 해하려 하였으나 하나님께서는 그것을 선으로 바꾸셨다고 말하고 있읍니다. 이것은 우리가 가장 먼저 인정해야 할 사항입니다.

그리고 그 다음으로는 어떤 이유가 있을까요? 많은 학자들은 역사적으로 보아 여기에 나오는 바로가 힉소스 왕조의 왕 가운데 한 사람이었다고 주장합니다. 힉소스 민족은 본래 애굽 본토인이 아니라 아라비아 사막에 있던 베두인족(Bedouins)이었읍니다. 그들은 사막에서 유랑하던 유목민 집단으로, 한때 애굽에 들어와 결국 애굽의 왕위까지 차지하게 된 것입니다. 만약 이것이 사실이라면 바로의 혈통은 실제로 본토 애굽인보다는 요셉에게 더 가까왔으며 이것은 그에게 요셉에 대한 신뢰감을 갖게 했읍니다. 사실 힉소스 왕조시대의 왕들은 애굽에서 그들에게 충실하고 신실한 사람을 발견한다는 것이 쉽지 않았을 것입니다. 왜냐하면 애굽 본토인들은 힉소스의 식민지 백성이기 때문입니다. 그런데 그 성실성은 분명히 요셉의 특징 가운데 하나였읍니다. 하나님께서 그의 삶 가운데 역사하고 계심을 믿는 그의 신앙은 그로 하여금 모든 사람에게 충성된 사람이 되게 한 것입니다. 그는 모든 일 가운데 하나님께서 함께하신다는 사실을 알았기에 요셉은 자신의 일에 신실할 수가 있었읍니다. **또한 민족적 유사성으로 인하여 바로는 요셉을 쉽게 등용할 수 있었던 것입니다.** 하여간 우리가 앞으로 보게 되겠지만 그는 바로에게 아주 충성된 사람이었읍니다.

그런데 이 힉소스 왕조는 훗날 애굽에서 쫓겨나게 됩니다. 이는 출애굽기 1 장 8 절의 이유인 것 같습니다.
"요셉을 알지 못하는 새 왕이 일어나서 애굽을 다스리더니."
이 새 왕은 분명코 히브리 민족과는 물에 기름격이었을 것입니다.

바로는 요셉의 목에 금사슬을 걸어 줌으로써 그가 가지고 있던 것과 똑같은 법적 권한을 요셉에게 부여했읍니다. 그리고 바로는 요셉에게 온 제사장 보디베라의 딸을 아내로 주었읍니다. 그녀의 이름인 『아스낫』은 애굽 여신인 "네이스(Neith)에게 바쳐진 자"라는 뜻입니다. 결국 요셉의 아내는 이방 여인이었던 것입니다.

요셉에게 있어서의 이러한 사건은 예수 그리스도의 생애와 노 비슷한 점이 있읍니다. 요셉이 이방 여인을 신부로 맞은 것과 같이 예수 그리스도께서도 지금 세상에 있는 이방 신부, 즉 교회를 부르고 계십니다.

그리고 본문 가운데는 그리스도와의 또 하나의 유사점이 있읍니다. 요셉은 그의 나이 30 세 때 애굽 왕 바로 앞에 서서 그의 공직 생활을 시작했듯이 예수께서도 30 세에 그분의 사역을 시작하셨읍니다.

> "일곱 해 풍년에 토지 소출이 심히 많은지라 요셉이 애굽 땅에 있는 그 칠년 곡물을 거두어 각 성에 저축하되 각 성 주위의 밭의 곡물을 그 성 중에 저장하매"(47, 48절).

요셉이 "곡물을 거두어 각 성에 저축하였다"는 사실을 주목하십시오. 그는 흉년이 들었을 때 사람들에게 쉽게 분배하기 위하여 미리 준비하고 있었던 것입니다. 저는 1950 년 대의 6.25 사변 직후에 거리에서 식량을 배급받기 위해 길다랗게 줄을 선 광경을 기억합니다. 그러나 요셉은 매우 효과적으로 일을 하고 있읍니다. 그는 남은 식량을 거두어서, 분배를 위해 각 성에 비축하는 것이었읍니다.

> "저장한 곡식이 바다 모래같이 심히 많아 세기를 그쳤으니 그 수가 한이 없음이었더라"(49절).

그 당시 애굽은 세계적인 곡창 지대였읍니다. 그러나 당시 기근이 임하자 요셉의 이같은 경제 정책으로 애굽은 평상시의 2–3 배의 역할을 한 것으로 보입니다.

요셉의 두 아들, 므낫세와 에브라임

여기에서 잠시 요셉의 가족에 대하여 살펴보도록 하겠읍니다.

> "흉년이 들기 전에 요셉에게 두 아들을 낳되 곧 온 제사장 보디베라의 딸 아스낫이 그에게 낳은지라 요셉이 그 장자의 이름을 므낫세라 하였으니 하나님이 나로 나의 모든 고난과 나의 아비의 온 집 일을 잊어버리게 하셨다 함이요 차자의 이름을 에브라임이라 하였으니 하나님이 나로

나의 수고한 땅에서 창성하게 하셨다 함이었더라"(50-52절).

요셉의 두 아들이 태어난 것은 기근이 임하기 전이었읍니다. 그는 그의 큰 아들을 『므낫세』라 불렀읍니다. 그것은 하나님께서 요셉으로 하여금 과거의 고통스러웠던 일들을 이제 잊게 하셨다는 것을 의미합니다. 그리고 또 이 이름은 그가 자기 아버지의 집에 대하여 잊었다는 의미도 내포하고 있읍니다. 처음에는 그가 떠나온 집에 대해 몹시 그리워하였지만, 이제는 그러한 상태에서 벗어난 것입니다.

우리는 본 장의 서두에서 요셉이 옥에서 석방된 후에 바로 왕 앞으로 나아가기 전, 옷을 갈아입고 수염을 깎은 것을 압니다. 우리는 여기서 요셉이 수염을 깎았다는 사실을 그냥 무심코 지나쳐서는 안 됩니다. 여기에는 깊은 상징적인 의미가 담겨 있읍니다. 그 당시 히브리인들은 일반적으로 수염을 길렀읍니다. 따라서 요셉이 수염을 깎고 의복을 갈아입었다는 것은 그가 그 동안의 감옥 생활에서 벗어나 새로운 삶을 시작했다는 뜻입니다. 그는 전혀 새로운 세상에서 살게 된 것입니다. 이렇게 볼 때 그것은 부활을 의미한다고도 볼 수 있겠읍니다. 사실, 그때부터 요셉은 애굽인의 옷을 입고 그들의 언어를 사용하였으며, 그들과 같은 생활을 하였읍니다. 그는 "하나님께서 나를 잊게 하셨다"고 말했읍니다. 그리하여 그는 큰 아들을 『므낫세』라고 부른 것입니다.

그리고 그는 둘째 아들의 이름을 "창성함"이라는 뜻을 지닌 『에브라임』이라 불렀읍니다. 요셉이 그들을 각기 그렇게 부른 것은, 하나님께서 요셉으로 그 아버지의 집에 대하여 잊게 하셨으며, 애굽 땅에서 그를 창성하게 하셨기 때문입니다.

"애굽 땅에 일곱 해 풍년이 그치고"(53절).

7 년 동안의 풍년이 끝나고, 이제는 흉년이 임하기 시작했읍니다. 그때 요셉의 나이는 37 세였읍니다. 창세기 42 장을 우리가 쉽게 이해하려면 우리는 이러한 사실을 마음에 잘 새겨두고 있어야 하겠읍니다.

> "요셉의 말과 같이 일곱 해 흉년이 들기 시작하매 각국에는 기근이 있으나 애굽 온 땅에는 식물이 있더니 애굽 온 땅이 주리매 백성이 바로에게 부르짖어 양식을 구하는지라 바로가 애굽 모든 백성에게 이르되 요셉에게 가서 그가 너희에게 이르는 대로 하라 하니라"(54, 55절).

기근시에 양식을 관리하고 있던 사람이 요셉이었다는 사실에 주목하기 바랍니다. 여기에 또 그리스도와 비슷한 점이 있읍니다. 예수 그리스도께서는 "나는 생명의 떡이라"고 말씀하셨읍니다. 예수께서는 모든 인류를 영생에 이르게 하시는 생명의 양식이 되십니다.

> "온 지면에 기근이 있으매 요셉이 모든 창고를 열고 애굽 백성에게 팔새 애굽 땅에 기근이 심하며 각국 백성도 양식을 사려고 애굽으로 들어와 요셉에게 이르렀으니 기근이 온 세상에 심함이었더라"(56, 57절).

여기서 기근이 온 지면에 있었다는 것을 주목하십시오.

제 42 장

식량을 사기 위하여 열 아들을 애굽으로 보내는 야곱 / 요셉을 알현함 / 담보로 잡히게 된 시므온 / 집으로 돌아가는 아홉 형제들

이제 요셉의 인생에 극적인 사건들이 전개되기 시작합니다. 여기서는 하나님께서 택하신 백성을 보호하시고, 야곱과 그 아들들을 애굽으로 인도하시기 위하여 요셉을 사용하시는 모습이 아주 구체적으로 나타나기 시작합니다. 요셉은 옥에 갇혀 있을 때만 해도 이러한 것에 대해 전혀 짐작조차 하지 못했읍니다. 그럼에도 불구하고 그는 하나님을 믿었읍니다. 그는 그의 믿음 때문에 언제나 모든 일에 긍정적이고 적극적으로 임할 수가 있었읍니다. 사실, 저도 어떠한 역경과 환경 가운데서도 기뻐할 수 있는 그러한 믿음을 갖기를 원합니다. 저는 그것이 매우 어렵다는 것을 잘 알고 있읍니다. 그리고 그것은 오늘날 대부분의 그리스도인들에게 있어서도 거의 마찬가지일 것이라고 생각합니다.

요셉은 그때 사실상 그 나라에서 제일가는 위치에 있었읍니다. 이제 기근은 온 땅에 걸쳐 일어났읍니다. 따라서 사람들은 곡물을 구하기 위하여 각처에서 애굽으로 가고 있었읍니다. 이러한 상황 가운데 야곱의 가족도 예외일 수는 없었읍니다.

야곱은 이 기근 때문에 식량을 얻기 위하여 그의 열 아들을 애굽에 보내야만 했읍니다. 그런데 그는 왜 열 아들만 보내었을까요? 그는 왜 베냐민을 보내지 않았을까요? 그것은 그가 혹 베냐민을 잃을까 두려워하였기 때문입니다. 만약 그가 베냐민까지 잃는다면, 그는 아마 죽고 말았을 것입니다.

그들이 이제 애굽에 왔을 때 요셉은 그의 형들을 알아보았으나 그들은 요셉을 알아보지 못하였읍니다. 왜 그랬을까요? 첫째, 그들은 요셉이 죽었다고 생각하였기 때문입니다. 따라서 그들은 요셉을 전혀 찾지도 않았읍니다. 그들은 요셉을 다시 만나게 될 것을 상상조차 하지 못했읍니다. 반면에 요셉은 그들을 반드시 다시 만나게 될 것으로 믿고 있었읍니다.

또한, 우리는 수많은 세월이 흘렀다는 사실을 기억하지 않으면 안됩니다. 그들이 요셉을 팔 때는 그가 17 세였읍니다. 그러나 이제 요셉의 나이는 37 세였읍니다. 만약 그때가 기근이 시작된 지 1 년 후였다고 생각한다면, 그들은 꼭 21 년만에 요셉을 만난 셈이 되는 것입니다. 이처럼 요셉은 40 세가 가까운 나이에다가 애굽인의 옷을 입고, 그들의 언어를 사용하였으며, 마치 애굽인처럼 행동하였기 때문입니다.

식량을 사기 위하여 열 아들을 애굽으로 보내는 야곱

"때에 야곱이 애굽에 곡식이 있음을 보고 아들들에게 이르되 너희는 어찌하여 서로 관망만 하느냐"(1절).

그들은 식량을 구하기 위하여 어디로 가야 할지, 또는 어떻게 해야 할지를 몰랐읍니다. 단지 어떻게 되겠지 하고 서로가 쳐다보고만 있었읍니다.

> "야곱이 또 이르되 내가 들은즉 저 애굽에 곡식이 있다 하니 너희는 그리로 가서 거기서 우리를 위하여 사오라 그리하면 우리가 살고 죽지 아니하리라 하매"(2절).

이것은 믿음에 대한 좋은 실례입니다. 많은 사람들이 믿음을 아주 신비한 것으로 생각하고 있기에 사실 어떻게 믿어야 할지를 모르고 있읍니다. 저는 믿음을 갖기를 원하지 않는 사람과 얘기를 나눈 적이 있읍니다. 그의 문제는 "어떻게 믿어야 하나?"였읍니다. 그러나 여기에서 야곱이 어떻게 믿었는지를 주목하십시오. 그는 무엇인가를 들었읍니다.

"내가 들은즉 저 애굽에 곡식이 있다 하니."

그리고 그는 자기가 들은 것을 믿었읍니다. 따라서 그곳에 가 곡식을 얻어 오면 그것으로 그의 가족을 살릴 수 있다고 믿었읍니다. 그리고 그는 자신이 믿은 대로 행했읍니다.

"너희는 그리로 가서 거기서 우리를 위하여 사오라 그리하면 우리가 살고 죽지 아니하리라."

믿음이라는 것은 바로 이와 같은 것입니다.

사람들은 종종 "어떻게 하면 제가 예수님을 믿을 수 있을까요?"라고 질문해 옵니다. 야곱은 그때 열 명의 아들들 앞에 서서 그들에게 말합니다.

"내가 저 애굽에는 곡식이 있다 하는 말을 들었는데 그에 대한 믿음을 어떻게 나타내면 좋겠느냐?"

믿음이란 믿는 바대로 행하는 것입니다. 그것이 믿음입니다. 성경은 이렇게 말씀합니다.

"주 예수를 믿으라 그리하면 너와 네 집이 구원을 얻으리라"(행

16:31).
당신도 이 말씀을 듣고 이 말씀을 믿으십시오. 야곱이 바로 그렇게 했읍니다. 야곱이 그의 가족을 살리기 위하여 곡식을 얻은 방법도 바로 그러한 것이었읍니다. 당신과 제가 영생을 얻는 것도 그리스도를 이같이 믿음으로써만 가능합니다.

"요셉의 형 십인이 애굽에서 곡식을 사려고 내려갔으나 야곱이 요셉의 아우 베냐민을 그 형들과 함께 보내지 아니하였으니 이는 그의 말이 재난이 그에게 미칠까 두렵다 함이었더라"(3, 4절).

만약 재난이 야곱의 열 아들들에게 임했다면 야곱은 어떻게 되었을까요? 물론 그들은 다 베냐민보다는 나이가 많은 형들이었읍니다. 그러나 그러한 일은 야곱에게 있어 베냐민을 잃는 것 만큼이나 슬프지는 않았을 것입니다. 베냐민과 요셉은 야곱이 깊이 사랑하였던 라헬에게서 태어난 아들들이었읍니다. 따라서 그는 열 아들들을 보내고, 베냐민만은 자기와 함께 있게 하였읍니다.

"이스라엘의 아들들이 양식 사러간 자 중에 있으니 가나안 땅에 기근이 있음이라"(5절).

우리는 이제 아주 극적인 장면을 맞이하게 됩니다.

요셉을 알현함

"때에 요셉이 나라의 총리로서 그 땅 모든 백성에게 팔더니 요셉의 형들이 와서 그 앞에서 땅에 엎드려 절하매"(6절).

요셉은 그곳에 온 사람들을 지켜보고 있었읍니다. 그는 그들이 양식을 얻기 위하여 자기에게 반드시 오게 될 것을 알고 있었읍니다. 그곳에는 양식을 얻기 위하여 당시의 모든 거주지로부터 모여든 대표자들이 와 있었읍니다. 왜냐하면 기근이 온 땅에 걸쳐 일어났었기 때문입니다. 따라서 요셉은 그들을 지켜보고 있었는데 이 어찌된 일입니까! 그의 열 명의 형들이 와 있는 것이 아닙니까! 그들은 모두 요셉에게 절했읍니다. 그들은 요셉에게 꿇어 엎드렸읍니다. 이때 요셉의 마음은 어떠하였을까요? 그리고 당신의 생각은 어떠합니까? 여기, 요셉의 꿈이 그대로 성취되었읍니다. 당신은 그가 어렸을 때 형들의 곡식단이 그의 곡식단에게 절하는 모습을 꿈꾼 것을 기억하십니까? 그것이 바로 여기에서 실현되고 있읍니다. 요셉의 모든 형들은 그 앞에서 땅에 얼굴을 대고 엎드렸읍니다.

> "요셉이 보고 형들인 줄 아나 모르는 체하고 엄한 소리로 그들에게 말하여 가로되 너희가 어디서 왔느냐 그들이 가로되 곡물을 사려고 가나안에서 왔나이다 요셉은 그 형들을 아나 그들은 요셉을 알지 못하더라" (7,8절).

당신은 요셉이 형들에게 왜 그렇게 거칠게 상대하였는지 아십니까? 그는 그들을 시험하고 있는 것입니다. 우리는 그가 계속하여 그의 형들을 시험하는 모습을 보게 될 것입니다. 그리고 요셉은 그들에게 마음을 꿰뚫는 듯한 몇 가지의 질문을 던집니다.

> "요셉이 그들에게 대하여 꾼 꿈을 생각하고 그들에게 이르되 너희는 정탐들이라 이 나라의 틈을 엿보려고 왔느니라 그들이 그에게 이르되 내 주여 아니니이다 종들은 곡물을 사러 왔나이다 우리는 다 한 사람의 아들로서 독실한 자니 종들은 정탐이 아니니이다"(9-11절).

요셉은 계속해서 형들을 쩔쩔매게 하는 질문을 퍼붓읍니다.

> "요셉이 그들에게 이르되 아니라 너희가 이 나라의 틈을 엿보러 왔느니라 그들이 가로되 주의 종 우리들은 십이 형제로서 가나안 땅 한 사람의 아들들이라 말째 아들은 오늘 아버지와 함께 있고 또 하나는 없어졌나

이다"(12,13절).

요셉은 형들에게 자신의 신분을 밝히지 않은 채 그의 가족에 대하여 가능한 한 많은 소식을 듣고자 애쓰고 있읍니다. 그는 형들에게 그들을 정탐꾼이라고 몰아붙였읍니다.

요셉에게 온 형들은 열 명뿐이었읍니다. 그들은 그들이 실제로는 열두 형제로서 하나는 아버지와 집에 있다고 고백했읍니다. 그리고 다른 하나는 "없어졌다"고 말했는데, 이것은 그들이 그렇게 생각하고 있었기 때문입니다. 다시 말하여 그들은 요셉이 죽었다고 생각하고 있었읍니다. 그러나 그들 앞에 서 있는 사람이 바로 요셉이 아닙니까!

그때 요셉은 그들을 가리켜 정탐꾼이라고 세번째 추궁했읍니다.

"요셉이 그들에게 이르되 내가 너희에게 이르기를 너희는 정탐들이라 한 말이 이것이니라 너희는 이같이 하여 너희 진실함을 증명할 것이라 바로의 생명으로 맹세하노니 너희 말째 아우가 여기 오지 아니하면 너희가 여기서 나가지 못하리라 너희 중 하나를 보내어 너희 아우를 데려오게 하고 너희는 갇히어 있으라 내가 너희의 말을 시험하여 너희 중에 진실이 있는지 보리라 바로의 생명으로 맹세하노니 그리하지 아니하면 너희는 과연 정탐이니라 하고"(14-16절).

요셉은 그 막내 동생을 만나고 싶어합니다. 애굽으로 온 그의 형들은 그의 이복형제들이지만 베냐민은 그의 동복 동생이기 때문입니다.

"그들을 다 함께 삼일을 가두었더라"(17절).

요셉은 형들을 모두 그곳에 있는 감옥에 가두었읍니다.
그 순간 그들은 앞이 캄캄했을 것입니다. 어찌된 영문인지도 몰랐읍니다. 억울했지만 어떻게 하소연할지도 몰랐읍니다.

"삼일만에 요셉이 그들에게 이르되 나는 하나님을 경외하노니 너희는 이같이 하여 생명을 보전하라"(18절).

요셉의 말 가운데 형들에게 자기의 신분을 조금이라도 암시한 부분이 있다면 바로 본문의 말씀일 것입니다. 즉, 그가 "나는 하나님을 경외하노니"라고 말한 부분입니다. 그 당시 야곱과 그 가족 외에도 하나님을 아는 사람들은 분명히 많이 있었읍니다. 그들은 하나님께 나아가기 위하여는 희생제사가 필요하다는 것도 알고 있었읍니다. 그래서 아마도 이러한 것이 요셉의 형들의 관심을 불러 일으키지는 못하였을 것입니다. 오히려 이것은 그들로 하여금 요셉에 대하여 다소 의심을 갖게 하였읍니다. 그러나 요셉은 이를 통하여 하나님을 증거했읍니다. 요셉은 기회만 있으면 하나님께 대하여 증거하였다는 사실에 우리는 주목할 필요가 있읍니다. 그는 여기서도 분명히 하나님을 증거하고 있읍니다. 그는 항상 하나님께 그의 삶을 인도하시는 분으로서 영광 돌렸읍니다. 그가 하나님을 경외한다고 진술한 것은 최소한 형들에게는 공정한 판단이 내려질 것이라는 언질이었읍니다.

"너희가 독실한 자이면 너희 형제 중 한 사람만 그 옥에 갇히게 하고 너희는 곡식을 가지고 가서 너희 집들의 주림을 구하고 너희 말째 아우를 내게로 데리고 오라 그리하면 너희 말이 진실함이 되고 너희가 죽지 아니하리라 그들이 그대로 하니라"(19, 20절).

요셉의 형들은 어른들이었으며, 그 가운데는 50 세가 넘은 사람들도 있었읍니다. 그래서 이때 그들은 자신들이 큰 궁지에 빠져 있다는 사실을 알았읍니다. 그들은 하나님을 경외한다고 말한 요셉의 말에도 불구하고 그들은 그가 앞으로 그들을 어떻게 처리할 것인지를 몰랐기 때문에 누려워하였읍니다. 요셉은 그들이 독실(篤實)한지의 여부를 조사한다는 구실로 그들을 시험하였지만, 그의 진정한 목적은 그의 아우를 다음에 데려오게 하는 것이었읍니다.

"그들이 서로 말하되 우리가 아우의 일로 인하여 범죄하였도다 그가 우리에게 애걸할 때에 그 마음의 괴로움을 보고도 듣지 아니하였으므로

> 이 괴로움이 우리에게 임하도다"(21절).

지금· 벌어지고 있는 장면은 매우 흥미롭습니다. 그들은 히브리어로 이야기하였지만, 요셉은 그들의 말하는 것을 알아들을 수 있었읍니다. 요셉은 계속 통역관을 통하여 그들에게 이야기하였읍니다. 그는 그렇게 할 필요가 없었지만, 그가 그와 같이 한 것은 그들 앞에서 애굽인으로 행세하기 위함이었읍니다. 그때 요셉의 형들은 자신들이 오래 전에 어린 요셉에게 범했던 죄를 솔직하게 고백하였읍니다.

> "르우벤이 그들에게 대답하여 가로되 내가 너희더러 그 아이에게 득죄하지 말라고 하지 아니하였느냐 그래도 너희가 듣지 아니하였느니라 그러므로 그의 피 값을 내게 되었도다 하니"(22절).

그들은 그때 그들이 당하고 있는 일이 하나님께서 그들이 요셉을 학대한 것에 대하여 내리시는 형벌이라고 생각하였읍니다.

담보로 잡히게 된 시므온

> "피차간에 통변을 세웠으므로 그들은 요셉이 그 말을 알아 들은 줄을 알지 못하였더라 요셉이 그들을 떠나가서 울고 다시 돌아와서 그들과 말하다가 그들 중에서 시므온을 취하여 그들의 목전에서 결박하고"(23, 24절).

그들은 자신들에게 일어나고 있는 악한 사건이 그들이 요셉에게 행한 죄 때문이라고 말하였읍니다. 그때 그들은 자신들의 행위에 대하여 진정으로 뉘우치고 있었읍니다. 요셉은 그들이 말하는 것을 듣고 감복하여 울음이 북받쳐 올랐읍니다. 그는 그들에게로 뛰어가 그들 하나하나를 얼싸안고 "형"이라고 부르고 싶었을 것입니다. 그러나 차마 그가 그렇게 하지 못한 것은 베냐민을 여기에서 만나지 못할까 두려웠기 때문입니다.

그는 그때 형들에게 매우 곤란한 시험을 행했읍니다. 그들은 그들 가운데서 한 사람을 그곳에 남겨 놓아야만 하였는데 결국은 시므온이 그곳에 남아있게 되었읍니다. 요셉은 이 모든 것들에 대해 울음을 터뜨리지 않을 수가 없었읍니다. 그러나 그는 형들의 곁을 떠나 밖으로 나가서 울고 아무 일도 없었다는 듯이 얼굴을 닦고 다시 안으로 들어왔읍니다.

저로서는 그들이 그곳에 남아 있을 사람으로 왜 시므온을 택하였는지 전혀 알 수가 없읍니다. 다만 요셉이 밖으로 나간 사이 그 형들이 시므온을 남기기로 결정하였을 것이며, 요셉은 그들의 그러한 결정을 받아들였을 것입니다.

> "명하여 곡물을 그 그릇에 채우게 하고 각인의 돈은 그 자루에 도로 넣게 하고 또 길 양식을 그들에게 주게 하니 그대로 행하였더라"(25절).

요셉은 형들로부터 차마 돈을 받을 수가 없었읍니다. 따라서 그는 그들에게 곡물의 값을 되돌려 주었을 뿐만 아니라 집까지의 여행을 위하여 필요한 여분의 양식도 함께 주었읍니다.

집으로 돌아가는 아홉 형제들

> "그들이 곡식을 나귀에 싣고 그곳을 떠났더니 한 사람이 객점에서 나귀에게 먹이를 주려고 자루를 풀고 본즉 그 돈이 자루 아구에 있는지라 그가 그 형제에게 고하되 내 돈을 도로 넣었도다 보라 자루 속에 있도다 이에 그들이 혼이 나서 떨며 서로 돌아보며 말하되 하나님이 어찌하여 우리에게 이 일을 행하셨는고 하고"(26-28절).

그들은 이것을 하나님께서 그들에게 내리신 심판이라고 생각하였읍니다.

보통의 경우, 이런 식으로 돈을 되돌려 받는 일은 신나고 좋은 일일 것입니다. 만약 당신이 주말에 잘 이용하고 있는 수퍼마켓에 가서 가족들에게 필요한 여러 가지 식료품을 사서 몇 개의 간이 손수레에 가득 싣고 집으로 돌아왔는데 집에 와서 물건 꾸러미를 열어 보니 당신이 물건 값으로 지불한 돈이 모두 그 속에서 발견되었다면 그럴 때 당신은 불쾌합니까? 또 특히 그 모든 물건들을 그 가게 주인이 당신에게 선물로 준 것임을 나중에 알았다면 그 소식은 당신을 걱정스럽게 만들까요? 일상적인 상황에서는 우리가 그것을 기쁜 일로 생각하지 않겠읍니까? 사실 우리는 그것을 하나의 아주 기쁜 일로 받아들일 것입니다.

그런데 야곱의 형들에게는 전혀 그렇지 못했읍니다. 그들은 애굽에서의 그 무정한 총리 때문에 자신들이 아주 큰 곤경에 빠지게 된 것으로 생각했읍니다. 그러므로 이것은 그들에게 오히려 걱정을 더하여 주었을 뿐입니다.

우리는 왜 그들이 즉시 애굽으로 돌아가지 않았을까 하고 궁금하게 생각합니다. 만약 당신이 그런 입장이라면 어떻게 하시겠읍니까? 저는 그들이 애굽으로 다시 돌아가면 매우 난처한 입장이 될까 두려워하였을 것이라고 생각합니다. 그들이 다시 돌아가면 요셉이 그들에게 돈을 훔쳐 달아났다고 죄를 덮어 씌울지도 모르는 일이었읍니다. 그들은 괜히 그런 모험을 무릅쓸 필요가 없는 일이었읍니다. 이에 그들은 그 돈을 나중에 다시 갔다 주려는 의도를 가지고 집으로 계속 갔읍니다.

> "그들이 가나안 땅에 돌아와 그 아비 야곱에게 이르러 그 만난 일을 자세히 고하여 가로되 그 땅의 주 그 사람이 엄히 우리에게 말씀하고 우리를 그 나라 정탐자로 여기기로 우리가 그에게 이르되 우리는 독실한 자요 정탐이 아니니이다 우리는 한 아비의 아들 십이 형제로서 하나는 없어지고 말째는 오늘 우리 아버지와 함께 가나안 땅에 있나이다 하였더니 그 땅의 주 그 사람이 우리에게 이르되 내가 이같이 하여 너희가 독실한 자임을 알리니 너희 형제 중 하나를 내게 두고 양식을 가지고 가서

> 너희 집들의 주림을 구하고 너희 말째 아우를 내게로 데려오라 그리하면 너희가 정탐이 아니요 독실한 자임을 내가 알고 너희 형제를 너희에게 돌리리니 너희가 이 나라에서 무역하리라 하더이다 하고"(29-34절).

그들은 시므온을 그곳 애굽 땅에 남겨 두고 떠났음을 기억하십시오.

> "각기 자루를 쏟고 본즉 각인의 돈뭉치가 그 자루 속에 있는지라 그들과 그 아비가 돈뭉치를 보고 다 두려워하더니"(35절).

물론 그들은 그것을 그들을 묶는 올가미로 생각했읍니다.

> "그 아비 야곱이 그들에게 이르되 너희가 나로 나의 자식들을 잃게 하도다 요셉도 없어졌고 시므온도 없어졌거늘 베냐민을 또 빼앗아 가고자 하니 이는 다 나를 해롭게 함이로다"(36절).

야곱은 참으로 괴로웠읍니다. 그는 이때 과거처럼 자만심이 가득한 사람도, 또 온전한 믿음의 사람도 아니었읍니다. 그는 오직 믿음이 성장하는 단계에 있는 사람이었읍니다. 그는 그 당시 교만하지는 않았지만, 아주 비관적인 상태에 빠져 있었읍니다. 그래서 그는 "이는 다 나를 해롭게 함이로다"라고 말했읍니다. 만일 그의 아들 요셉이라면 이런 상황 가운데서도 그와 같은 말은 하지 않았을 것입니다. 요셉은 바울이 후에 기록한 것과 같은 말을 했을 것입니다.
"우리가 알거니와 하나님을 사랑하는 자 곧 그 뜻대로 부르심을 입은 자들에게는 모든 것이 합력하여 선을 이루느니라"(롬 8:28).
"너희 속에 착한 일을 시작하신 이가 그리스도 예수의 날까지 이루실 줄을 우리가 확신하노라"(빌 1:6).

> "르우벤이 아비에게 고하여 가로되 내가 그를 아버지께로 데리고 오지 아니하거든 나의 두 아들을 죽이소서 그를 내 손에 맡기소서 내가 그를 아버지께로 데리고 돌아오리이다 야곱이 가로되 내 아들은 너희와 함께 내려가지 못하리니 그의 형은 죽고 그만 남았음이라 만일 너희 행하는

길에서 재난이 그 몸에 미치면 너희가 나의 흰 머리로 슬피 음부로 내려 가게 함이 되리라"(37, 38절).

이제 야곱의 인생에 있어서의 모든 관심은 아들 베냐민에게 있었습니다. 당신도 잘 알다시피, 요셉은 그의 가장 사랑하는 아들이었습니다. 왜냐하면 그는 야곱의 사랑하던 아내 라헬에게서 장남으로 태어난 아들이었기 때문입니다. 하지만 그는 그만 그 사랑하는 아들 요셉을 오래 전에 잃고 말았습니다. 이 일은 야곱에게 아주 큰 고통과 슬픔을 가져다 주었습니다. 그런데 이제는 그가 마지막 하나 남은 요셉의 동생마저 잃게 될 위기에 처하게 되었습니다. 따라서 그는 만약 베냐민을 잃는다면 그가 죽게 되리라고 말했던 것입니다. 이는 결코 과장된 표현이 아니었습니다. 왜냐하면 그의 인생의 모든 것이 온전히 베냐민에게 있었기 때문이었습니다. 베냐민은 그에게 있어 마치 생명과 같은 아들이었습니다. 또한 그는 야곱에게 있어 마치 오른팔과 지팡이의 역할을 해 주고 있었습니다. 이처럼 그는 오직 베냐민만을 의지하면서 살았습니다. 그런데 그를 어떻게 선뜻 먼 이방 땅에, 그것도 이같이 위험한 상황 가운데 보낼 수가 있겠습니까? 그로서는 도저히 베냐민을 보낼 수가 없었습니다. 그래서 그는 베냐민을 보내려 하지 않았습니다. 이 때문에 시므온은 한없이 감옥에 갇혀 있어야만 했습니다.

제 43 장

아들들을 애굽으로 다시 보내는 야곱 / 요셉의 집으로 초청되는 형제들

너무도 오랫 동안 기근이 계속되었기 때문에 야곱의 아들들은 베냐민을 데리고 다시 애굽으로 가지 않을 수가 없었읍니다. 그들은 그곳에서 요셉에게 다시 절하고 베냐민을 소개했읍니다. 요셉은 그때도 자신의 신분을 그들에게 밝히지 않았읍니다.

사실 이 43 장은 창세기에서 가장 극적인 장입니다. 저는 지금까지 요셉이 그의 동생 베냐민을 만나는 이 사건보다 더 감격적인 이야기는 들어보지 못했읍니다. 기근이 오랫동안 계속되사 그들은 더 이상 가나안에 머물러 있을 수 없었읍니다. 만일 그때 일찍 기근이 끝났다면 아마도 시므온은 애굽의 감옥에서 그의 남은 여생을 보내야 했을지도 모릅니다. 그렇지 않다 하더라도 적어도 요셉이 그를 석방해 주기까지는 그곳에 있어야 했을 것입니다.

아들들을 애굽으로 다시 보내는 야곱

> "그 땅에 기근이 심하고 그들이 애굽에서 가져온 곡식을 다 먹으매 그 아비가 그들에게 이르되 다시 가서 우리를 위하여 양식을 조금 사라" (1,2절).

그들은 이제 애굽에서 가져온 곡식을 다 먹었읍니다. 이에 야곱은 또 다시 곡식을 사와야만 되었읍니다. 그래서 그는 그의 아들들에게 다시금 양식을 사오라고 말합니다.

> "유다가 아비에게 말하여 가로되 그 사람이 엄히 우리에게 경계하여 가로되 너희 아우가 너희와 함께하지 아니하면 너희가 내 얼굴을 보지 못하리라 하였으니 아버지께서 우리 아우를 우리와 함께 보내시면 우리가 내려가서 아버지를 위하여 양식을 사려니와 아버지께서 만일 그를 보내지 않으시면 우리는 내려가지 아니하리니 그 사람이 우리에게 말하기를 너희 아우가 너희와 함께하지 아니하면 너희가 내 얼굴을 보지 못하리라 하였음이니이다"(3-5절).

본문에서 유다가 말하는 "그 사람"은 물론 애굽의 총리를 말하는 것이지만, 그 사람이 바로 자신들의 아우 요셉인 줄은 저들은 정말 몰랐읍니다. 이때 유다는 그의 아버지에게 다음과 같이 아주 단호하게 말했읍니다.

"만일 우리가 그곳에 가야 한다면, 베냐민도 같이 가야 합니다. 지난번에는 아버지께서 그를 안 보내셨지만 이번에는 그렇게 안 됩니다. 애굽 총리께서 그를 데려오지 않으면 우리를 만나주지 않겠다고 했읍니다."

> "이스라엘이 가로되 너희가 어찌하여 너희에게 오히려 아우가 있다고 그 사람에게 고하여 나를 해롭게 하였느냐 그들이 가로되 그 사람이 우리와 우리의 친족에 대하여 자세히 힐문하여 이르기를 너희 아버지가 그저 살았느냐 너희에게 아우가 있느냐 하기로 그 말을 조조이 그에게 대답한 것이라 그가 너희 아우를 데리고 내려오라 할 줄을 우리가 어찌

알았으리이까"(6, 7절).

이때 야곱은 정말로 암담하기만 하였읍니다. 그는 "도대체 왜 너희는 쓸데없이 그 사람에게 아우가 있다고 말했느냐"고 나무랐읍니다. 그러나 야곱은 애굽의 총리인 요셉이 이미 그러한 사실을 다 알고 있다는 것을 모르고 있었읍니다. 아뭏든 야곱은 자기의 아들들이 그렇게 말한 것에 대해 아주 원망스럽게 생각하고 있었읍니다.

"유다가 아비 이스라엘에게 이르되 저 아이를 나와 함께 보내시면 우리가 곧 가리니 그러면 우리와 아버지와 우리 어린 것들이 다 살고 죽지 아니하리이다 내가 그의 몸을 담보하오리니 아버지께서 내 손에 그를 물으소서 내가 만일 그를 아버지께 데려다가 아버지 앞에 두지 아니하면 내가 영원히 죄를 지리이다"(8, 9절).

요셉의 형들은 그들의 아버지에게 참 조리있게 대답했읍니다. 그들은 본래 애굽의 총리에게 아무것도 말하지 않으려고 했지만 그가 가족 사항에 대해 계속 꼬치꼬치 질문하였다고 말했읍니다. 또 그와 동시에 유다는 자신이 베냐민을 위한 담보자가 되겠다고 나섰읍니다.

당신과 저에게는 우리를 위한 담보자가 계십니다. 그분은 바로 이 유다 지파의 혈통에서 탄생하신 예수 그리스도이십니다. 주님께서는 우리의 담보자가 되심으로 우리의 목자가 되셨으며, 우리를 대신하여 십자가의 형벌을 받으셨읍니다. 주님께서는 친히 땅 위에 오사 우리의 담보자가 되셨고 우리를 위하여 자신의 생명을 바치셨읍니다. 여기서는 이처럼 유다에게 놀라운 그리스도의 예표가 나타나고 있읍니다.

"우리가 지체하지 아니하였다면 벌써 두 번 갔다 왔으리이다"(10절).

유다는 말합니다.
"만약 아버지께서 베냐민을 진작에 가게 하셨다면 우리가 벌써 두 번은 왔다 갔다 했을 것입니다."

> "그들의 아비 이스라엘이 그들에게 이르되 그러할진대 이렇게 하라 너희는 이 땅의 아름다운 소산을 그릇에 담아 가지고 내려가서 그 사람에게 예물을 삼을지니 곧 유향 조금과 꿀 조금과 향품과 몰약과 비자와 파단행이니라"(11절).

그들에게 식량은 부족했지만 다른 것은 어느 정도 여분이 있었던 것 같습니다. 그래서 야곱은 꿀과 비자와 향품을 총리에게 갖다드릴 예물로 마련했읍니다. 야곱은 이 예물이 총리의 마음을 다소는 기쁘게 할 것이라고 생각했읍니다.

> "너희 손에 돈을 배나 가지고 너희 자루 아구에 도로 넣어 온 그 돈을 다시 가지고 가라 혹 차착이 있었을까 두렵도다 네 아우도 데리고 떠나 다시 그 사람에게로 가라 전능하신 하나님께서 그 사람 앞에서 너희에게 은혜를 베푸사 그 사람으로 너희 다른 형제와 베냐민을 돌려보내게 하시기를 원하노라 내가 자식을 잃게 되면 잃으리로다"(12-14절).

이제 야곱은 베냐민에 대한 미련을 포기하고, 그로 하여금 자기 형들을 따라가도록 했읍니다.

이제 그들이 요셉 앞에 다시 서게 되므로 극적인 장면은 시작됩니다.

> "그 사람들이 그 예물을 취하고 갑절 돈을 자기들의 손에 가지고 베냐민을 데리고 애굽에 내려가서 요셉의 앞에 서니라"(15절).

요셉이 베냐민을 보는 순간 그의 마음이 어떠했을지 상상해 보십시오.

요셉의 집으로 초청되는 형제들

> "요셉이 베냐민이 그들과 함께 있음을 보고 그 청지기에게 이르되 이 사람들을 집으로 인도해 들이고 짐승을 잡고 준비하라 이 사람들이 오정에 나와 함께 먹을 것이니라 그 사람이 요셉의 명대로 하여 그 사람들을 요셉의 집으로 인도하니"(16,17절).

요셉이 그들을 자기 집으로 초대한 데에는 분명한 이유가 있었읍니다. 그는 그들과 함께 고향 집의 형편에 대하여 이야기하기를 원했던 것입니다.

> "그 사람들이 요셉의 집으로 인도되매 두려워하여 이르되 전일 우리 자루에 넣여 있던 돈의 일로 우리가 끌려드도다 이는 우리를 억류하고 달려들어 우리를 잡아 노예를 삼고 우리의 나귀를 빼앗으려 함이로다 하고"(18절).

그들은 이때 심히 두려워했읍니다. 그들은 요셉이 그들을 자기 집으로 초대하는 연유를 생각조차 할 수 없었읍니다. 지난번과는 너무도 다른 대접이었읍니다. 더군다나, 애굽의 총리가 미천한 자신들을 식사에 초대하다니요!

만일 이것이 일반적인 상황이었다면 이것은 자랑스러운 일일 것입니다. 만약 대통령이 당신을 청와대의 접견실로 특별히 초대했다면 당신은 이를 자랑스럽게 여기지 않겠읍니까? 당신은 이를 놀라운 특권이라고 생각할 것입니다. 그러나 그들에게는 그러한 특권이 아무런 기쁨이 되지 못했읍니다. 그들에게는 항상 죄책감이 있었읍니다. 그들은 자기 형제를 팔았기 때문에 무슨 일에나 죄의식을 느꼈읍니다. 이처럼 죄는 기쁨을 고통으로 변화시킵니다. 그들은 두려워하면서 왜 자기들을 요셉의 집에 초대하는가고 궁금해 하며 그 이유를 찾고자 했읍니다.

'이 사람이 자루에서 발견된 돈 때문에 우리를 노예로 삼으려고 획책하고 있는 것이 아닌가?'

그러나 그들은 요셉을 이스마엘 사람들에게 노예로 팔기를 조금도 주저하지 않았었읍니다.

> "그들이 요셉의 청지기에게 가까이 나아가 그 집 문 앞에서 그에게 고하여 가로되 내 주여 우리가 전일에 내려와서 양식을 사 가지고 객점에 이르러 자루를 풀어본즉 각인의 돈이 본수대로 자루 아구에 있기로 우리가 도로 가져왔고 양식 살 다른 돈도 우리가 가지고 내려왔나이다 우리의 돈을 우리 자루에 넣은 자는 누구인지 우리가 알지 못하나이다" (19-22절).

그들은 지난번의 사건에 대하여 사과하고 자세히 해명하기 시작했읍니다. 그들은 그들을 요셉의 집으로 안내하는 청지기에게까지 이런 사실을 호소했읍니다.

> "그가 이르되 너희는 안심하라 두려워 말라 너희 하나님 너희 아버지의 하나님이 재물을 너희 자루에 넣어 너희에게 주신 것이니라 너희 돈은 내가 이미 받았느니라 하고 시므온을 그들에게로 이끌어 내고"(23절).

아마도 분명코 이 청지기는 요셉의 전도로 말미암아 살아계시고 참되신 하나님을 믿게 되었을 것입니다. 그의 말로 미루어 봐서 요셉은 그가 하고자 하는 일에 대하여 그에게 최소한 어느 정도는 귀띔해 주었을 것입니다. 청지기가 "너희 돈을 내가 이미 받았느니라"고 말하였을 때 그들은 얼마나 놀랐을까 상상해 보십시오.

> "그들을 요셉의 집으로 인도하고 물을 주어 발을 씻게 하며 그 나귀에게 먹이를 주더라"(24절).

우리는 여기서 손님이 발을 씻는 그 당시의 풍습을 다시 보게 됩니다. 우리는 그러한 풍습을 아브라함에게서 보왔고 또 소돔 성에서 두 천사가 롯의 집을 방문할 때 보았읍니다.

"그들이 여기서 먹겠다 함을 들으므로 예물을 정돈하고 요셉이 오정에 오기를 기다리더니 요셉이 집으로 오매 그들이 그 집으로 들어가서 그 예물을 그에게 드리고 땅에 엎드리어 절하니"(25.26절).

당신은 야곱이 "그 사람"을 위해 예물을 자기 아들들편으로 보냈다는 것을 기억하실 것입니다. 이제 요셉이 자기 집으로 돌아오자 그들은 요셉 앞에서 "땅에 엎드리어" 절합니다. 요셉의 어린 시절의 꿈이 그의 눈 앞에서 실현되고 있읍니다.

"요셉이 그들의 안부를 물으며 가로되 너희 아버지 너희가 말하던 그 노인이 안녕하시냐 지금까지 생존하셨느냐"(27절).

이것은 얼마나 극적인 순간입니까! 요셉은 아마 형들이 그에게 절할 때 높은 보좌는 아닐지라도 존귀한 자리에 앉아 있었을 것입니다. 이어 그들이 절을 마치고 일어섰을 때 그는 그의 형들의 얼굴을 똑바로 보았을 것이며 그들도 역시 요셉을 보았을 것입니다. 이제 요셉이 묻습니다.
"너희 아버지 너희가 말한 그 노인께서는 안녕하시냐?"
요셉은 그의 아버지의 근황에 깊은 관심을 가지고 있었던 것입니다.

"그들이 대답하되 주의 종 우리 아비가 평안하고 지금까지 생존하였나이다 하고 머리 숙여 절하더라"(28절).

그들은 여기에서 다시 머리를 숙이고 절했읍니다. 이때는 베냐민도 그 자리에 같이 있었기에 그도 엎드려 요셉에게 절했읍니다.

"요셉이 눈을 들어 자기 어머니의 아들 자기 동생 베냐민을 보고 가로되 너희가 내게 말하던 너희 작은 동생이 이냐 그가 또 가로되 소자여 하나님이 네게 은혜 베푸시기를 원하노라"(29절).

요셉은 이제 베냐민을 바라보았읍니다. 다른 사람들은 모두가 그의 의붓형제였으나 베냐민은 그의 어머니가 낳은 친동생이었습니다. 그는 형들에게 베냐민을 가리켜 "너희가 내게 말하였던 너희 작은 동생이냐?"하고 물었습니다. 그들은 그렇다고 대답했을 것입니다. 그러자 요셉은 베냐민에게 "소자여, 하나님이 네게 은혜를 베푸시기를 원하노라"하고 축복했습니다. 참으로 극적인 순간입니다. 요셉은 이제 더 이상 그의 감정을 억제할 수가 없었습니다.

> "요셉이 아우를 인하여 마음이 타는 듯하므로 급히 울 곳을 찾아 안방으로 들어가서 울고"(30절).

요셉은 꿈에도 그리던 아우 베냐민을 만났습니다. 그 순간 그는 너무도 감정이 북받쳐 올라 도저히 그곳에 더 있을 수가 없었습니다. 그래서 그는 속히 그 자리를 벗어나 안방으로 들어갔습니다. 그곳에서 그는 감정을 억제치 못하고 울음을 터뜨렸습니다. 실로 오랜만의 만남이었습니다. 약 22 년만의 만남이었습니다. 그때 요셉의 나이는 40 세 가량 되었고 베냐민은 청년이었습니다.

> "얼굴을 씻고 나와서 그 정을 억제하고 음식을 차리라 하매"(31절).

이것은 아직 성취되지 않은 어떤 일에 대한 놀랍고도 훌륭한 하나의 예표입니다. 저는 당신이 이러한 사실을 깨닫기를 바랍니다. 스가랴 선지자는 예수께서 언젠가는 자신의 형제들에게 자신을 알게 하실 것이라고 예언했습니다. 그때 그 형제들은 예수께 그분의 옆구리에 있는 창 자국과 그 손의 못자국에 대하여 묻게 될 것입니다. 그러면 그분께서는 그들에게, "이는 나의 친구들의 집에서 받은 상처라"고 말씀하실 것입니다. 사람들은 그때 그분을 알아보고는 눈물을 흘리며 울 것입니다. 그분은 바로 그들을 위하여 구원을 베푸신 분이십니다. 그분은 그들을 구속하시기 위하여 자신의 생명까지 바치신 분이십니다. 이 일은 장차 주님께서 이 땅에 재림하실 때 일어날 사건입니다. 그분께서는 그분의 형제, 곧 이스라엘 민족에게 자신을 나타내실 것입니다. 그리고 거기에는 그분을 아는 남은 자들이 있을 것입니다. 또한 그분께서 초림하셨을 때 믿지 아니했던 수많은 그분의 형제들이 그때는 그분을 알아볼 것입니다.

이와 마찬가지로 요셉의 형제들은 그를 종으로 판 자들이었읍니다. 그들은 그를 종으로 팔아 제거해 버렸읍니다. 그러나 이제는 요셉이 자기 형들에게 자신이 누구인지를 알리려고 합니다. 이와 똑같이 예수 그리스도께서도 앞으로 자신을 알리실 것입니다.

이제, 요셉은 안방으로 들어가 울고난 뒤 그의 감정을 억제하고 얼굴을 씻고 자기 형제들에게 돌아왔읍니다. 그리고 그는 말합니다. "음식을 차리라."

> "그들이 요셉에게 따로 하고 그 형제들에게 따로 하고 배식하는 애굽 사람에게도 따로 하니 애굽 사람은 히브리 사람과 같이 먹으면 부정을 입음이었더라"(32절).

만약 그때 요셉의 형제들이 두려움에 떨고 있지 않았더라면, 그들은 식사에 대하여 몇 가지 특별한 것을 발견할 수 있었을 것입니다. 첫째는 요셉이 애굽 사람과 함께 식사하지 않았다는 것입니다. 애굽인들은 그들끼리만 따로 먹었읍니다. 요셉은 애굽 사람들에게서 떨어져 있었읍니다. 그 형제들은 그 이유를 단순히 요셉이 고위관리였기 때문일 것이라고 생각했을 것입니다.

이제, 또 하나 이상한 일이 일어납니다.

> "그들이 요셉의 앞에 앉되 그 장유의 차서대로 앉히우바 되니 그들이 서로 이상히 여겼더라"(33절).

요셉은 형들을 그들의 나이 순서에 따라 르우벤부터 차례로 자리에 앉게 하였읍니다. 그들은 요셉이 어떻게 그들의 모든 나이를 알고 있

는지에 대하여 깜짝 놀라 서로를 쳐다보며 의아하게 생각했읍니다

> "요셉이 자기 식물로 그들에게 주되 베냐민에게는 다른 사람보다 오배나 주매 그들이 마시며 요셉과 함께 즐거워하였더라"(34절).

요셉은 자기의 음식을 나누어 주면서 특히 친동생인 베냐민에게는 다른 사람보다 다섯 배나 주었읍니다. 그는 자기 동생에 대한 애착심을 결코 감출 수 없었었읍니다. 사실 베냐민은 오랜 기근으로 인해 그동안 음식을 제대로 배부르게 먹어보지 못했을 것입니다. 그에게는 실로 오랫만에 먹어보는 만찬이었을 것입니다.

"그들이 마시며 요셉과 함께 즐거워하였더라."

이것은 영광스런 기쁨의 잔치였읍니다. 요셉이 저들에게 자신이 누구인지를 알리는 그 날은 얼마나 놀라운 날일까요!

제 44 장

형들을 집으로 돌려보내는 요셉 / 베냐민의 자루에서 잔이 발견됨 / 베냐민을 위해 호소하는 유다

여기서 우리는 다시금 아주 극적인 장면을 보게 됩니다. 요셉은 저들에게 양식을 주어 보낼 때 어떤 기막힌 묘책을 마련해 두었읍니다. 그는 그들 서로간의 우애와 그들의, 베냐민과 아버지에 대한 태도를 알아보기 위해 자기 형제들을 시험하기로 한 것입니다. 요셉의 형들은 그를 종으로 팔았다는 것을 기억하기 바랍니다. 그들이 이제는 변화되었을까요? 그들은 자신들이 살기 위하여 베냐민을 종으로 남겨 두려고 할까요? 요셉은 그들에게 자신의 신분을 밝히기에 앞서 이러한 사실을 점검해 볼 필요가 있었읍니다. 이때 요셉은 간단한 시험을 통해 그의 형들이 다시는 요셉을 파는 것과 같은 일을 행하지 않을 것이라는 확신을 얻습니다.

여기서 유다는 형제들의 대변인으로 나섭니다. 그는 여기서 미래

의 사건에 대한 훌륭한 예표로 등장합니다. 즉, 그는 자신이 베냐민을 대신하여 요셉의 종이 되겠다고 나섭니다. 그의 이러한 베냐민에 대한 유창한 변호는 성경에서 가장 감동적인 구절 가운데 하나로 꼽히고 있습니다.

형들을 집으로 돌려보내는 요셉

> "요셉이 그 청지기에게 명하여 가로되 양식을 각인의 자루에 실을 수 있을 만큼 채우고 각인의 돈을 그 자루에 넣고 또 내 잔 곧 은잔을 그 소년의 자루 아구에 넣고 그 양식값 돈도 함께 넣으라 하매 그가 요셉의 명령대로 하고 개동시에 사람들과 그 나귀를 보내니라 그들이 성에서 나가 멀리 가기 전에 요셉이 청지기에게 이르되 일어나 그 사람들의 뒤를 따라 미칠 때에 그들에게 이르기를 너희가 어찌하여 악으로 선을 갚느냐 이것은 내 주인이 가지고 마시며 늘 점치는 데 쓰는 것이 아니냐 너희가 이같이 하니 악하도다 하라"(1-5절).

이제 요셉은 그 형제들을 돌아가라고 보냈읍니다. 이에 그들은 모든 것이 순조롭게 돼 간다고 생각하며 고향을 향해 떠납니다. 그들은 베냐민의 자루에 요셉의 잔이 들어있으리라고는 전혀 생각지 못했읍니다. 그러나 요셉의 집에서 일하는 청지기는 특별한 지시를 받고 그들의 뒤를 좇아왔읍니다. 요셉의 형제들은 조금 가다가 그에게 붙잡혔읍니다. 그 청지기는 여러 군사들을 이끌고 왔읍니다. 이에 청지기는 다짜고짜 그들더러 어찌하여 요셉의 잔을 훔쳐 달아나느냐고 다그쳤읍니다.

> "청지기가 그들에게 따라 미쳐 그대로 말하니 그들이 그에게 대답하되 우리 주여 어찌 이렇게 말씀하시나이까 이런 일은 종들이 결단코 아니 하나이다"(6,7절).

청지기가 요셉이 「점치는 데」 이 잔을 사용하였다고 말한 표현에 잠시 주목하십시오. 요셉은 당시에 애굽에서 제일가는 예언자였읍니다. 그의 미래에 대한 예언은 한 번도 틀린 적이 없었습니다. 요셉은 떡 굽는 자와 술 맡은 자의 장래에 대해 정확히 예언했습니다. 뿐만 아니라 애굽의 모든 술객들과 박사들이 풀지 못했던 바로의 꿈을 해석하여 예언함으로 기근으로부터 애굽과 온 세상을 구한 장본인이었습니다. 하지만 그는 예언할 때에 실제로 잔을 사용하지는 않았습니다. 다만 그가 여기서 그 잔을 「점치는 데」 사용하는 것이라고 말하도록 한 것은 그의 가장 아끼고 중요하게 쓰는 물건이라는 인식을 심어주기 위해서였습니다.

요셉의 예언은 사실 모두 하나님께서 그에게 알려주신 것이었습니다. 이때는 아직 성경의 계시가 완성되기 전이었기 때문에 하나님께서는 종종 이러한 방법으로 역사하셨습니다. 하지만 오늘날은 이미 하나님의 모든 계시가 성경 66권을 통해 완성되었습니다. 우리 인류가 알아야 할 그 모든 하나님의 뜻은 우리가 가지고 있는 성경으로 충분한 것입니다. 이 때문에 우리가 불신자들처럼 점을 쳐서는 안 됩니다. 그리스도인들은 재미로도 점을 봐서는 안 됩니다. 그러한 행위는 하나님을 진노케 하는 행위입니다. 아직도 성도들 가운데 점을 보는 사람이 있다는 것은 참으로 통탄스러운 일입니다. 이는 진리를 거스리는 행위입니다. 주님께서 다시 오실 날이 가까이 올수록 우리는 이러한 것으로부터 우리 자신들을 지켜야 하겠습니다.

> "우리 자루에 있던 돈도 우리가 가나안 땅에서부터 당신에게로 가져왔거늘 우리가 어찌 당신 주인의 집에서 은, 금을 도적질하리이까 종들 중 뉘게서 발견되든지 그는 죽을 것이요 우리는 우리 주의 종이 되리이다" (8, 9절).

그들은 그들 가운데 아무도 그 잔을 가진 자가 없다는 것을 굳게 확신하였습니다.

베냐민의 자루에서 잔이 발견됨

"그가 가로되 그러면 너희 말과 같이 하리라 그것이 뉘게서든지 발견되면 그는 우리 종이 될 것이요 너희에게는 책망이 없으리라 그들이 각각 급히 자루를 땅에 내려놓고 각기 푸니 그가 나이 많은 자에게서부터 시작하여 나이 적은 자에게까지 수탐하매 잔이 베냐민의 자루에서 발견된지라"(10-12절).

베냐민의 자루에 그 잔을 넣도록 청지기에게 지시한 사람은 물론 요셉이었습니다.

"그들이 옷을 찢고 각기 짐을 나귀에 싣고 성으로 돌아오니라"(13절).

그들이 자신들의 옷을 찢은 것은 극도로 절망한 상태를 나타내주는 행위였습니다. 그들은 모두 요셉의 집으로 다시 돌아왔습니다. 우리가 잘 알듯이 그들은 무슨 일이 있어도 베냐민만은 무사히 집으로 데려가려고 했습니다. 그러나 그들의 이러한 생각은 완전히 수포로 돌아갔습니다. 그들은 이제 요셉 앞에서 다시 땅에 엎드렸습니다. 실로 암담하고 고통스러운 순간이었습니다.

"유다와 그 형제들이 요셉의 집에 이르니 요셉이 오히려 그곳에 있는지라 그 앞 땅에 엎드리니 요셉이 그들에게 이르되 너희가 어찌하여 이런 일을 행하였느냐 나 같은 사람이 점 잘 칠 줄을 너희가 알지 못하느냐"(14,15절).

베냐민을 위해 호소하는 유다

이때 유다는 요셉의 앞으로 나왔습니다. 여기서 그는 자신의 그 약속대로 실행합니다. 바로 이 유다 지파를 통해서 그리스도께서 오셨음을 우리는 잊어서는 안 됩니다. 여기서 유다가 참으로 감동적인 말을 합니다. 그는 그들에게 이러한 일이 일어난 것은 그들의 죄 때문이라는 것을 솔직하게 고백했읍니다.

> "유다가 가로되 우리가 내 주께 무슨 말을 하오리이까 무슨 설명을 하오리이까 어떻게 우리의 정직을 나타내리이까 하나님이 종들의 죄악을 적발하셨으니 우리와 이 잔이 발견된 자가 다 내 주의 종이 되겠나이다 요셉이 가로되 내가 결코 그리하지 아니하리라 잔이 그 손에서 발견된 자만 나의 종이 되고 너희는 평안히 너희 아버지께로 도로 올라갈 것이니라"(16, 17절).

요셉은 이때 자기 형제들의 우애를 시험하고자 했읍니다. 그는 죄가 있는 사람은 바로 베냐민뿐이라고 했읍니다. 따라서 베냐민만이 종으로 남아 있어야 했읍니다. 그들은 오래 전에 요셉을 종으로 팔았었읍니다. 이때 요셉은 다음과 같이 말했읍니다.
"베냐민만 여기 남겨 놓아라. 그는 내 종이 되어야 하느니라. 그가 바로 죄를 범한 장본인이니라. 그리고 남은 자들은 모두 집으로 돌아가도 좋으니라."

이제 유다가 말하는 것을 들어보십시오.

> "유다가 그에게 가까이 가서 가로되 내 주여 청컨대 종으로 내 주의 귀에 한 말씀을 고하게 하소서 주의 종에게 노하지 마옵소서 주는 바로와 같으심이니이다"(18절).

여기에서 우리는 요셉의 애굽에서의 지위가 어느 정도였는지를 알 수 있읍니다.

> "이전에 내 주께서 종들에게 물으시되 니희는 아비가 있느냐 아우가 있느냐 하시기에 우리가 내 주께 고하되 우리에게 아비가 있으니 노인이요 또 그 노년에 얻은 아들 소년이 있으니 그의 형은 죽고 그 어미의 끼친 것은 그뿐이므로 그 아비가 그를 사랑하나이다 하였더니 주께서 또 종들에게 이르시되 그를 내게로 데리고 내려와서 나로 그를 목도하게 하라 하시기로 우리가 내 주께 말씀하기를 그 아이는 아비를 떠나지 못

> 할지니 떠나면 아비가 죽겠나이다 주께서 또 주의 종들에게 말씀하시되 너희 말째 아우가 너희와 함께 내려오지 아니하면 너희가 다시 내 얼굴을 보지 못하리라 하시기로 우리가 주의 종 우리 아비에게로 도로 올라가서 내 주의 말씀을 그에게 고하였나이다 그 후에 우리 아비가 다시 가서 곡물을 조금 사오라 하시기로 우리가 이르되 우리가 내려갈 수 없나이다 우리 말째 아우가 함께하면 내려 가려니와 말째 아우가 우리와 함께함이 아니면 그 사람의 얼굴을 볼 수 없음이니이다 주의 종 우리 아비가 우리에게 이르되 너희도 알거니와 내 아내가 내게 두 아들을 낳았으나 하나는 내게서 나간고로 내가 말하기를 정녕 찢겨 죽었다 하고 내가 지금까지 그를 보지 못하거늘 너희가 이도 내게서 취하여 가려 한즉 만일 재해가 그 몸에 미치면 나의 흰머리로 슬피 음부로 내려가게 하리라 하니"(19-29절).

유다는 이렇게, 가정에서 어떠한 일이 있었으며 그들의 아버지의 심정이 어떠하다는 것을 자세히 이야기하였읍니다. 이제 요셉은 자신의 아버지가 형들에게 속았다는 것을 비로소 알게 되었읍니다. 자신을 애굽의 종으로 팔아버리고서 그 아버지에게는 짐승을 만나 죽었노라고 거짓말한 사실을 요셉은 알게 되었읍니다. 그들이 전에 "없어졌나이다"라고 말한 것은 본문의 말씀을 보니까 그가 죽어서 없어졌다는 뜻이었읍니다.

우리는 또 여기에서 한 가지 주목할 것이 있읍니다. 즉, 야곱은 계속 하나님의 은혜 가운데 있었지만 그의 믿음은 그때까지도 완전히 성숙하지 못했다는 것입니다. 그는 아직도 하나님을 의지하지 않고 그의 아들 베냐민을 의지하고 있었읍니다. 만약 베냐민에게 무슨 재난이라도 일어났다면, 그는 아마 죽었을 것입니다. 즉, 그는 슬픔을 견디지 못해 세상을 떠나고 말았을 것입니다.

오늘날 그리스도인들 가운데는 자기의 사랑하는 사람이 죽게 될 때 하나님께 대하여 아주 훌륭한 믿음을 나타내는 사람들이 있읍니다. 반면 어떤 사람들은 이런 일을 당하면 심한 절망 가운데 빠져버리는 사람들도 있읍니다. 사실 당신과 세상을 떠난 그들이 모두 하나님의 자녀된 사람들이라면, 언젠가는 서로가 다시 만나게 될 것입니다. 믿음으로 사는 사람은 그러한 때에 결코 낙심하거나 좌절하지 않습니다. 이렇게 볼 때 야곱은 그 당시까지만 해도 믿음이 장성하지 못했음을 알 수 있습니다.

> "아비의 생명과 아이의 생명이 서로 결탁되었거늘 이제 내가 주의 종 우리 아비에게 돌아갈 때에 아이가 우리와 함께하지 아니하면 아비가 아이의 없음을 보고 죽으리니 이같이 되면 종들이 주의 종 우리 아비의 흰 머리로 슬피 음부로 내려가게 함이니이다"(30, 31절).

우리는 여기에서 유다가 노쇠한 야곱에 대하여 몹시 염려하고 있음을 알 수 있습니다. 그리고 유다는 자기 형제들을 대신해서 대변인 노릇을 했습니다. 만일 다른 형제였더라도 유다와 똑같은 말을 했을 것입니다.

> "주의 종이 내 아비에게 아이를 담보하기를 내가 이를 아버지께로 데리고 돌아오지 아니하면 영영히 아버지께 죄를 지리이다 하였사오니 청컨대 주의 종으로 아이를 대신하여 있어서 주의 종이 되게 하시고 아이는 형제와 함께 도로 올려 보내소서 내가 어찌 아이와 함께 하지 아니하고 내 아비에게로 올라갈 수 있으리이까 두렵건대 재해가 내 아비에게 미침을 보리이다"(32-34절).

유다는 이제 자신이 베냐민 대신에 종이 되겠다고 했읍니다. 아마 다른 형제들도 같은 심정이었을 것입니다. 이로써 요셉의 시험은 끝났읍니다. 형들의 진심을 알게 됐읍니다. 그들은 요셉의 시험에 합격한 것입니다. 그들은 모두 다 종이 되겠다고 이곳에 다시 온 것입니다. 베냐민만 남겨두고 모두 그냥 돌아가라고 해도 저들은 듣지 않고 자신들이 종이 되겠으니 베냐민만은 그냥 돌려 보내달라고 사정했읍니다.

이 일이 있은 후 먼 훗날 바로 이때 형제들을 대표해서 담보자로 자원하고 나선 유다의 혈통에서 한 사람이 나와서 모든 인류의 죄로 인한 형벌을 친히 담당하셨읍니다.
"우리가 아직 죄인되었을 때에 그리스도께서 우리를 위하여 죽으심으로 하나님께서 우리에게 대한 자기의 사랑을 확증하셨느니라"(롬 5:8)
그리스도께서는 우리의 죄값을 대신 담당하신 것입니다.

제 45 장

자신을 밝히는 요셉 / 가족을 애굽으로 초청하는 요셉

여기 창세기 45 장은 바로 앞 장인 창세기 44 장의 내용을 그대로 연결하고 있습니다. 이 장에서는 요셉이 자신이 누구인지를 그의 형들에게 알립니다.

자신을 밝히는 요셉

"요셉이 시종하는 자들 앞에서 그 정을 억제하지 못하여 소리질러 모든 사람을 자기에게서 물러가라 하고 그 형제에게 자기를 알리니 때에 그와 함께한 자가 없었더라"(1절).

요셉은 방에 있는 모든 사람을 내보냈습니다.

"요셉이 방성대곡하니 애굽 사람에게 들리며 바로의 궁중에 들리더라" (2절).

이때는 요셉이 울 곳을 찾아 밖으로 나가지 못하고 그만 그 자리에서 울음을 터뜨렸읍니다. 요셉이 왜 우는지에 대해 요셉 자신 외에는 아무도 아는 사람이 없었읍니다. 그의 형제들도 몰랐읍니다. 요셉의 종들도 몰랐읍니다. 이제 요셉은 더 이상 자신을 숨길 이유가 없었읍니다. 형들에 대한 시험도 다 끝났기에 이제는 자신을 알려도 되겠다고 판단한 것입니다.

이와 마찬가지로 예수 그리스도께서도 다시 오실 그 때에 그분의 형제들에게 자신을 알릴 것입니다. 그분이 처음 오셨을 때는 "자기 땅에 오매 자기 백성이 영접지 아니하고"(요 1:11) 그분을 십자가에 못박았지만, 그분이 두번째 오실 때에는 저들은 그분이 누구이신지 알게 될 것입니다.

"혹이 그에게 묻기를 네 두 팔 사이에 상처는 어찜이냐 하면 대답하기를 이는 나의 친구의 집에서 받은 상처라 하리라"(슥 13:6).

그리스도는 자기 형제들에게 자신을 알리실 것입니다. 그리하여 "그 날에 죄와 더러움을 씻는 샘이 다윗의 족속과 예루살렘 거민을 위하여 열릴"(슥 13:1) 것입니다.

요셉이 자기 형제들에게 자신을 밝히는 이 이야기는 그리스도의 나타내시는 그 날이 얼마나 놀라울지 우리에게 보여줍니다.

요셉은 감정이 너무 격한 나머지 자신을 억제할 수가 없었읍니다. 이 때문에 요셉의 우는 소리가 바로의 집에까지 들리게 되었읍니다. 그러나 그들은 요셉의 집에서 어떠한 일이 일어나고 있는지 알지 못했읍니다.

"요셉이 그 형들에게 이르되 나는 요셉이라 내 아버지께서 아직 살아 계시니이까 형들이 그 앞에서 놀라서 능히 대답하지 못하는지라"(3절).

본문에는 단지, 요셉의 형들이 "놀라서"라고만 표현되어 있는데 이는 충분한 표현이라고 볼 수 없읍니다. 실로 그의 형들은 기절할 정도로 놀랐읍니다. 그들이 마지막으로 요셉을 본 후로 자그마치 거의 25년의 세월이 흘렀읍니다. 죽은 줄로만 알았던 요셉이 온 애굽의 총리가 되어 자기들의 눈 앞에 앉아 있었던 것입니다. 그들은 아마 처음엔 요셉의 말을 믿지 않았을 것입니다. 자신들의 귀를 의심했을 것입니다. 그들은 꿈을 꾸는 것이 아닌가 하고도 생각했을 것입니다. 그래서 그들은 아무 말도 못하고 서로의 얼굴만 쳐다보고 있었읍니다.

"요셉이 형들에게 이르되 내게로 가까이 오소서 그들이 가까이 가니 가로되 나는 당신들의 아우 요셉이니 당신들이 애굽에 판 자라"(4절).

"나는 당신들의 아우 요셉이니."

이 얼마나 극적인 순간입니까! 우리는 여기에서 요셉의 태도가 어떠했는지를 주목해야 하겠읍니다. 진노하거나, 자신의 과거의 일에 대해 앙갚음을 하려 하지 않았읍니다. 인간이라면 누구나 그러한 복수심이 생기게 마련입니다. 그런데도 그는 왜 그렇게 했을까요?

"당신들이 나를 이곳에 팔았으므로 근심하지 마소서 한탄하지 마소서 하나님이 생명을 구원하시려고 나를 당신들 앞서 보내셨나이다"(5절).

이처럼 요셉은 과거에 자기에게 일어난 그 모든 일들에 대해 하나님께서 어떠한 목적 때문에 허락하신 것으로 생각했읍니다. 그의 말대로 하나님께서는 그의 삶 가운데 계속 역사하신 것입니다.

"이 땅에 이년 동안 흉년이 들었으나 아직 오년은 기경도 못하고 추수도 못할지라 하나님이 큰 구원으로 당신들의 생명을 보존하고 당신들의 후손을 세상에 두시려고 나를 당신들 앞서 보내셨나니 그런즉 나를 이리로 보낸 자는 당신들이 아니요 하나님이시라 하나님이 나로 바로의 아비를 삼으시며 그 온 집의 주를 삼으시며 애굽 온 땅의 치리자를 삼으셨나이다"(6-8절).

만일 우리가 우리의 삶 가운데 역사하시는 하나님의 손길을 인정한다면 우리는 남에게 진노한다거나 앙갚음을 하려고 하지 않을 것입니다. 요셉은 이렇게 함으로 이때 또 다시 하나님께 영광을 돌리고 있읍니다.

요셉은 애굽에 올 때 나이가 17 세였읍니다. 그리고 그가 바로 앞에 설 때가 30 세였읍니다. 또한 이때는 7 년 동안의 풍년이 끝나고 2 년 동안의 흉년이 계속되고 있었읍니다. 따라서 요셉의 나이는 39 세였으며, 그때까지 그는 애굽에서 22 년을 산 것이 됩니다. 그는 이러한 모든 것에 대해 하나님의 손길이 함께하셨노라고 고백했읍니다.

가족을 애굽으로 초청하는 요셉

> "당신들은 속히 아버지께로 올라가서 고하기를 아버지의 아들 요셉의 말에 하나님이 나를 애굽 전국의 주로 세우셨으니 내게로 지체말고 내려오사 아버지의 아들들과 아버지의 손자들과 어버지의 양과 소와 모든 소유가 고센 땅에 있어서 나와 가깝게 하소서 흉년이 아직 다섯해가 있으니 내가 거기서 아버지를 봉양하리이다 아버지와 아버지의 가속과 아버지의 모든 소속이 결핍할까 하나이다 하더라 하소서"(9-11절).

만약 그때 야곱과 그의 가족이 가나안에 계속 남아 있었다면, 그들은 살아남지 못했을 것입니다. 그들은 모두 기근으로 인해 멸절되었을 것입니다. 요셉은 그들을 사실상 애굽에서 가장 좋은 고센 땅으로 데려오기를 원했읍니다. 이처럼 하나님께서는 그곳을 세상의 다른 곳과는 구별된 곳으로 삼으셨읍니다. 그리고 더 나아가 하나님께서 그들의 조상들에게 약속하신 대로 하나의 큰 민족을 이루시기 위해 그곳을 마련하신 것입니다. 또한 요셉의 형들의 그러한 삶을 보아서도 그들은 그곳을 떠나지 않으면 안 되었읍니다.

> "당신들의 눈과 내 아우 베냐민의 눈이 보는바 당신들에게 이 말을 하는

것은 내 입이라"(12절).

그들은 아직까지도 놀란 상태로 말을 못하고 있었었습니다. 이제는 엎드린 상태에서 일어나 요셉을 바라보고 있었을 것입니다.

"당신들은 나의 애굽에서의 영화와 당신들의 본 모든 것을 다 내 아버지께 고하고 속히 모시고 내려오소서 하며 자기 아우 베냐민의 목을 안고 우니 베냐민도 요셉의 목을 안고 우니라"(13, 14절).

이것은 두 친형제 사이에서 볼 수 있는 감격적인 장면입니다.

"요셉이 또 형들과 입맞추며 안고 우니 형들이 그제야 요셉과 말하니라"(15절).

다른 형제들은 넋을 잃고 쳐다보고 있다가 이제는 요셉을 알아보기 시작했읍니다. 그러면서 이제 그들은 요셉과 껴안으며 함께 울었읍니다.

그러자 그때 이러한 소식이 널리 알려지기 시작했읍니다.

"요셉의 형들이 왔다는 소문이 바로의 궁에 들리매 바로와 그 신복이 기뻐하고"(16절).

이 소식은 요셉의 온 집에 뿐만 아니라 다른 여러 곳으로도 퍼져나갔읍니다. 이 소식은 드디어 바로에게까지 들려지게 되었읍니다. 바로는 그 소식을 듣고는 참으로 기뻐했읍니다. 왜 바로가 기뻐했을까요? 이때 바로는 힉소스 족속으로서 막연하나마 요셉의 가족과는 같은 셈족 계통의 사람이었기 때문입니다. 이와 같은 연고로 바로는 조상이 다른 애굽 본토인들보다는 같은 조상을 가진 충성스런 요셉을 완전히 신임하고 그에게 모든 권한을 맡긴 것입니다. 그러므로 그는 자기와 같은 혈통의 사람이 보다 많아지게 되었다는 점에서 기뻐한 것입니다.

"바로는 요셉에게 이르되 네 형들에게 명하기를 너희는 이렇게 하여 너희 양식을 싣고 가서 가나안 땅에 이르거든 너희 아비와 너희 가속을 이끌고 내게로 오라 내가 너희에게 애굽 땅 아름다운 것을 주리니 너희가 나라의 기름진 것을 먹으리라 이제 명을 받았으니 이렇게 하라 너희는 애굽 땅에서 수레를 가져다가 너희 자녀와 아내를 태우고 너희 아비를 데려오라"(17-19절).

여기서 바로가 요셉에게 수레를 보내라고 명한 것을 주목하시기 바랍니다. 이는 아주 특별한 대우였습니다. 그 수레는 아무나 탈 수 없는 것이었습니다. 아마도 저들은 수레를 난생 처음으로 타보게 될 것입니다. 요즘으로 말하자면 헬기 정도나 될지 모르겠습니다. 그들은 이제 애굽의 VIP 대접을 받게 된 것입니다.

"또 너희의 기구를 아끼지 말라 온 애굽 땅의 좋은 것이 너희 것임이니라 하라"(20절).

바로는 또 이어서 이렇게 말합니다.
"너희들은 어떠한 것도 가져올 필요가 없느니라. 내가 너희에게 필요한 것을 모두 주리라."

"이스라엘의 아들들이 그대로 할새 요셉이 바로의 명대로 그들에게 수레를 주고 길 양식을 주며 또 그들에게 다 각기 옷 한벌씩 주되 베냐민에게는 은 삼백과 옷 다섯벌을 주고 그가 또 이와 같이 그 아비에게 보내되 수나귀 열 필에 애굽의 아름다운 물품을 실리고 암나귀 열 필에는 아비에게 길에서 공궤할 곡식과 떡과 양식을 실리고 이에 형들을 돌려 보내며 그들에게 이르되 당신들은 노중에서 다투지 말라 하였더라 그들이 애굽에서 올라와 가나안 땅으로 들어가서 아비 야곱에게 이르러 고하여 가로되 요셉이 지금까지 살아 있어 애굽 땅 총리가 되었더이다 야곱이 그들을 믿지 아니하므로 기색하더니"(21-26절).

이를 들은 야곱은 그의 아들들의 그러한 보고를 결코 믿을 수 없었읍니다.

> "그들이 또 요셉이 자기들에게 부탁한 모든 말로 그 아비에게 고하매 그 아비 야곱이 요셉의 자기를 태우려고 보낸 수레를 보고야 기운이 소생한지라"(27절).

이제 노쇠한 야곱은 마침내 그 아들들의 말을 확실히 믿게 되었읍니다. 그와 동시에 그는 애굽으로 가고 싶은 생각이 간절해집니다.

> "이스라엘이 가로되 족하도다 내 아들 요셉이 지금까지 살았으니 내가 죽기 전에 가서 그를 보리라"(28절).

이 얼마나 놀라운 순간입니까! 요셉의 살아있다는 소식을 들은 야곱은 얼른 가서 그를 만나보고 싶었읍니다. 하지만 그는 그렇다고 해서 가나안을 떠나 애굽에 정착할 생각은 전혀 없었읍니다. 다만 잠시 가서 아들 요셉을 만나보고 다시 돌아올 생각이었읍니다. 그러나 그의 생각대로 되지 않았읍니다. 그는 오직 죽어서야 가나안 땅으로 돌아올 수가 있었읍니다. 그는 애굽 땅에서 죽은 것입니다. 그때 그의 가족은 모두 애굽 땅에서 살고 있었지만, 야곱 만큼은 가나안 땅에 장사되었읍니다.

제 46 장

애굽으로 이동하는 야곱과 그 가족 / 재회하는 야곱과 요셉

앞에서 말씀드렸듯이 야곱은 아마도 그가 애굽으로 가서 불과 몇 년 동안만 머무르게 될 것으로 생각했읍니다. 그리고 그렇게 행차하는 것도 어쩐지 머뭇거려지고 썩 내키지가 않았읍니다. 야곱은 하나님께서 그의 조상 아브라함과 이삭에게 애굽을 떠나고 또 들어가지 말라고 명하신 것을 잘 알고 있었읍니다. 특히 아브라함은 그곳에 가서 많은 고통을 받기도 했읍니다. 이 때문에 그 당시 야곱에게는 애굽 땅으로 내려가느냐 마느냐는 중요한 문제였읍니다. 그가 애굽에 내려가기로 결정하는 데에는 큰 용기와 믿음이 필요했읍니다. 이러한 상황 가운데서 그에게는 참으로 하나님의 인도가 있어야 했읍니다.

애굽으로 이동하는 야곱과 그 가족

"이스라엘이 모든 소유를 이끌고 발행하여 브엘세바에 이르러 그 아비 이삭의 하나님께 희생을 드리니"(1절).

여기서 야곱이 그 아비 이삭의 하나님께 희생을 드렸다는 것은 놀라운 일입니다. 야곱은 그가 젊었던 시절 가나안 땅을 떠나 하란으로 가는 도중 벧엘에 당도한 일이 있습니다. 그때 그는 거기에서 하나님을 찾았습니까? 아닙니다. 오히려 그는 자신이 하나님으로부터 멀리 떠나 있다고 생각했습니다. 그는 전혀 하나님의 뜻을 찾거나 하나님의 인도하심을 구하지 않았습니다. 젊은 야곱과 이삭의 아내를 구하러 간 아브라함의 종 사이에는 커다란 차이점이 있었습니다. 그 아브라함의 종은 사소한 행동에 있어서까지 하나님의 인도하심을 구하였으나, 야곱은 그의 생애에 하나님이 결코 필요하지 않다고 생각했었습니다. 그는 오랜 후에야 자신의 그러한 삶이 정말 잘못된 것이었다는 사실을 깨달았습니다.

오늘날 그리스도인 가운데는 일 주일 168 시간을 자기의 계획대로만 살면서 하나님은 아예 제쳐두고 사는 사람들이 얼마나 많은지 모르겠습니다. 그들은 그들 마음대로 계획을 세우며, 자기들이 원하는 대로 행합니다. 그러다가 주일날이 되면 그들은 교회에 나와 하나님의 뜻대로 일을 한다고 분주하게 왔다갔다 합니다. 그들에게 있어 하나님의 뜻이란 단순히 교회에 출석하는 것이며, 거기다가 조금 더 첨가한다면 주일학교 반사를 맡아 봉사하는 일입니다. 그들에게 있어서는 그것이 하나님과 관계된 전부입니다. 그런 후 주일 저녁에는 하나님께 안녕히 계시라고 말합니다. 그리고 나머지 일 주일 중 육일은 하나님은 안중에도 없습니다.

이처럼 야곱도 사실은 그의 인생의 대부분의 시간을 하나님께 드리지 못했습니다. 그러나, 이제 그는 브엘세바에 도착하면서 그 아비 이삭의 하나님께 희생을 드립니다.

그러자 하나님께서 영광 중에 그에게 나타나십니다.

> "밤에 하나님이 이상 중에 이스라엘에게 나타나시고 불러 가라사대 야곱아 야곱아 하시는지라 야곱이 가로되 내가 여기 있나이다 하매 하나님이 가라사대 나는 하나님이라 네 아비의 하나님이니 애굽으로 내려가기를 두려워 말라 내가 거기서 너로 큰 민족을 이루게 하리라"(2, 3절).

이때 하나님께서는 야곱에게 애굽 땅에서 그로 큰 민족을 이루어 주시겠다고 약속하셨읍니다. 하나님께서는 과연 이 약속을 지켜주셨을까요? 우리는 그 해답을 출애굽기에서 찾아볼 수 있읍니다.

"이스라엘 자손은 생육이 중다하고 번식하고 창성하고 심히 강대하여 온 땅에 가득하게 되었더라"(출 1:7).

애굽 땅에서 이스라엘 족속의 인구는 무섭도록 증가했읍니다. 그것은 가히 인구 폭발이라고 할 수 있겠읍니다. 이는 무엇을 의미합니까? 그것은 하나님께서 야곱에게 "나는 하나님이라 네 아비의 하나님이니 애굽으로 내려가기를 두려워 말라 내가 거기서 너로 큰 민족을 이루게 하리라"고 하신 그 약속을 이루신 것이었읍니다.

> "내가 너와 함께 애굽으로 내려가겠고 정녕 너를 인도하여 다시 올라올 것이며 요셉이 그 손으로 네 눈을 감기리라 하셨더라 야곱이 브엘세바에서 발행할새 이스라엘의 아들들이 바로의 태우려고 보낸 수레에 자기들의 아비 야곱과 자기들의 처자들을 태웠고"(4, 5절).

여기서의 수레는 바로가 보낸 것임을 당신은 기억할 것입니다. 이제 야곱의 아들들은 그를 수레에 태우고 브엘세바를 떠납니다.

야곱의 인생은 그가 거하였던 장소, 즉 하란, 가나안, 애굽을 중심으로 삼 단계로 나눌 수 있읍니다. 그는 위의 세 곳을 거치면서 영적으로도 세 단계를 거칩니다. 야곱은 젊은 시절 집을 떠날 때 단지 지팡이 하나만 가지고 나왔읍니다. 그가 하란에 갔을 때 그는 육적으로 사는 하나님의 사람이었읍니다. 그 후 하란을 도망쳐 나왔읍니다. 그는 그의 장인 라반으로부터 도망치면서 그의 형 에서를 만나는 것을 몹시 두려워했읍니다. 그 후 그는 자신의 힘으로 싸우는 하나님의 사람이었읍니다. 그는 이제 자신의 힘으로 걷지 않습니다. 또한 더 이상 도망치지 않습니다. 그는 믿음으로 걷습니다.

비록 창세기의 이 부분이 요셉에게 초점이 맞춰져 있기는 하지만, 우리는 여기서 야곱의 영적인 성숙을 결코 간과해서는 안 되겠읍니다. 야곱은 이제 하나님께서 원하셨던 사람이 되었는데, 그 일은 오직 하나님께서 하신 일이었읍니다.

다시 말해서 하란에서의 야곱의 삶은, 하나님께서 택하신 사람으로서 육신적으로만 살아가는 사람에 대한 전형적인 모습이었읍니다. 그리고 가나안 땅에서의 야곱의 삶은 영적인 것과 육적인 것이 서로 다투는 단계에 있는 사람에 대한 전형적인 모습을 보여 줍니다. 반면 애굽에서의 야곱의 삶은 오로지 믿음으로만 행하는 영적인 사람의 모습을 보여 줍니다.

이러한 삶의 삼 단계는 오늘날 우리에게 있어서도 거의 그대로 적용되고 있읍니다. 우리는 육신적으로 살아가던 과거가 있었읍니다. 그때 우리의 모든 삶은 우리의 육신의 뜻대로만 살았던 삶이었읍니다. 그러다가 우리는 복음을 접하고서 하나님을 믿게 되었읍니다. 하지만 그런 다음에도 우리는 아직 온전한 단계에 이르지 못하는 것입니다. 즉, 아직까지는 우리 속에 계신 성령과 우리의 옛 자아가 서로 다투는 단계에 머물러 있게 됩니다. 때로는 그 기간이 꽤 오래가는 사람들도 있을 것입니다. 그리고 마지막 단계에 가서는 그리스도의 은혜와 그분을 아는 지식에서 자라감으로 이제 믿음으로 행하는 때가 오는 것입니다.

"그 생축과 가나안 땅에서 얻은 재물을 이끌었으며 야곱과 그 자손들이 다 함께 애굽으로 갔더라 이와 같이 야곱이 그 아들들과 손자들과 딸들과 손녀들 곧 그 모든 자손을 데리고 애굽으로 갔더라"(6, 7절).

기근 때문에 야곱은 모든 자손, 즉 그의 자녀와 손자, 손녀들까지 데리고 가지 않으면 안 되었읍니다. 그리고 그는 모든 가축도 그들과 함께 데리고 가야만 했읍니다. 그렇게 하지 않으면 그 극심한 기근 때문에 아무것도 살아남을 수 없었기 때문입니다.

다음에 이어지는 8–25 절의 말씀은 야곱의 계보입니다. 그것은 매우 중요한 것입니다. 왜냐하면 그 계보는 장차 예수 그리스도께서 오실 계보이며, 또 앞으로 성경 전반에 걸쳐 계속 나타나는 계보이기 때문입니다.

> "야곱과 함께 애굽에 이른 자는 야곱의 자부 외에 육십육 명이니 이는 다 야곱의 몸에서 나온 자며"(26절).

야곱과 함께 가나안 땅에서 애굽으로 내려온 그의 자손은 모두 66명이었읍니다. 물론 요셉과 그 가족은 그대로 애굽에 남아 있었읍니다.

> "애굽에서 요셉에게 낳은 아들이 두 명이니 야곱의 집 사람으로 애굽에 이른 자의 도합이 칠십명이었더라"(27절).

이렇게 해서 야곱의 가족은 모두 70 명이었읍니다. 여기서 야곱의 각 아들과 그 자손의 이름이 기록되어 있다는 것을 주목하십시오. 그들의 이름이 이처럼 성경에서 자세히 소개되고 있는 이유는 무엇일까요? 무엇 때문에 이 중요한 시점에 이것을 장황하게 나열하고 있는 것일까요? 사실 이 세상에 예수 그리스도보다 더 중요한 것은 아무것도 없읍니다. 여기서 나열된 것은 사실 장차 오시게 될 그분의 계보를 밝힌 것입니다. 즉, 마태복음 1 장은 이 계보를 따라 좀더 상세히 그리스도의 계보를 제시하고 있읍니다. 그리고 또 이것은 누가복음 3 장에서도 자세히 다루어집니다. 이러한 이유에서 이 목록들은 중요한 것입니다.

그리고 또 다른 이유가 있읍니다. 그것은 지극히 개인적인 것입니다. 당신은 「어린양의 생명책」(Lamb's book of life)에 대하여 들어본 일이 있을 것입니다. 문제는 당신의 이름이 그곳에 기록되어 있느냐 하는 것입니다. 우리가 단지 태어남으로써 아담의 계열에 들어가듯이 또한 우리는 거듭남으로써만 그리스도의 계열에 들어갈 수 있읍니다. 그 「거듭남」이란 중생(重生)을 말합니다. 즉, 우리는 예수 그리스도를 우리의 개인적인 구세주로서 영접함으로 중생하게 됩니다. 이러한 중생을 한 사람만이 그 생명책에 기록되게 되는 것입니다. 우리는 그 생명책에 기록된 자들을 가리켜 하나님의 자녀들이라 부를 수 있는 것입니다.

이렇게 생각할 때 당신은 참으로 귀한 존재입니다. 저는 당신을 모르고 또 당신도 저를 잘 모를 것입니다. 그렇지만 우리의 하나님께서는 당신과 저에 대해 아주 잘 알고 계십니다. 그분은 바로 우리의 아버지가 되시기 때문입니다. 사실, 그분께서는 우리의 머리털의 숫자까지도 알고 계십니다. 그분께서는 어느 누구보다도 우리에 대하여 잘 알고 계십니다. 심지어 그분께서는 우리의 어머니가 지금까지 우리에 대하여 알고 사랑한 것보다도 더 많이 우리를 아시고 사랑하십니다. 하나님은 이처럼 우리 개개인에 대한 모든 것을 다 알고 계십니다.

여기에 야곱의 가족 사항이 자세히 기록되어 있는데 사실 그 대부분의 이름은 우리와 아무런 관계도 없는 사람들입니다. 저는 솔직히 그러한 이름들에 관심조차 없읍니다. 하지만 하나님께서는 그들 한 사람 한 사람을 모두 귀하게 생각하시며 또 기뻐하셨읍니다. 하나님께서는 그들을 모두 기록하시면서 그들 하나 하나에 지대한 관심을 가지셨읍니다. 왜 그런 관심을 가지셨을까요? 그것은 저들 모두가 하나님의 자녀들이었기 때문입니다. 이는 정말 중요한 질문입니다.
"당신은 하나님의 자녀가 되었읍니까?"
"당신의 이름은 생명책에 기록이 되었읍니까?"

이제 야곱은 그의 모든 가족과 함께 애굽으로 왔습니다.

> "야곱이 유다를 요셉에게 미리 보내어 자기를 고센으로 인도하게 하고 다 고센 땅에 이르니"(28절).

재회하는 야곱과 요셉

다시금 우리는 여기에서 매우 감격적인 장면을 보게 됩니다.

> "요셉이 수레를 갖추고 고센으로 올라가서 아비 이스라엘을 맞으며 그에게 보이고 그 목을 어긋맞겨 안고 얼마 동안 울매"(29절).

요셉은 그의 아버지와 목을 어긋맞겨 서로 안고 그 자리에서 울음을 터뜨렸습니다. 성경에서는 그들이 "얼마 동안" 울었다고 기록되었습니다. 저는 여기서 "얼마 동안"이 어느 정도의 시간이었는지는 모르겠습니다만 이는 아무 의미없는 간단한 악수 정도가 아님을 의미합니다. 그 감동이란 진실한 것이었습니다. 이것은 얼마나 놀라운 만남입니까!

> "이스라엘이 요셉에게 이르되 네가 지금까지 살아 있고 내가 네 얼굴을 보았으니 지금 죽어도 가하도다"(30절).

이때 나이 많은 야곱은 얼마나 기뻤을까요! 사실 이 당시 야곱은 거의 죽을 나이가 되었을 것입니다. 그는 이때 거의 130 세 정도가 되는 나이였기에 이곳까지 오는 것 자체도 그에게는 쉽지 않았을 것입니다. 하나님의 도우심이 있었기에 그가 이곳으로 무사히 올 수 있었을 것이라고 저는 생각합니다. 그는 애굽에서 그리 오래 살지 못했지만, 그 기간 동안 요셉과 함께 살았습니다. 한편, 우리는 그가 이 기간 동안은 "믿음으로 살았던 하나님의 사람"이었음을 기억해야 하겠읍니다. 그래서 그는 그 이름이 이제부터는 「이스라엘」로 불리워집니다.

"요셉이 그 형들과 아비의 권속에게 이르되 내가 올라가서 바로에게 고하여 이르기를 가나안 땅에 있던 내 형들과 내 아비의 권속이 내게로 왔는데 그들은 목자라 목축으로 업을 삼으므로 그 양과 소와 모든 소유를 이끌고 왔나이다 하리니 바로가 당신들을 불러서 너희의 업이 무엇이냐 묻거든 당신들은 고하기를 주의 종들은 어렸을 때부터 지금까지 목축하는 자이온데 우리와 우리 선조가 다 그러하니이다 하소서 애굽 사람은 다 목축을 가증히 여기나니 당신들이 고센 땅에 거하게 되리이다" (31-34절).

그 당시의 사람들은 오늘날 우리가 대도시 지역에서 목축을 하는 것과 똑같은 문제를 지니고 있었읍니다. 도시의 주택가에 어떤 사람이 돼지를 기르고자 한다면 그 사람은 심한 곤경을 치러야 할 것입니다. 그의 주위에는 어떤 사람도 얼씬거리지 않을 것이며, 그는 그 지역에서 쫓겨날 것입니다. 이처럼 애굽인들도 목자들을 좋아하지 않았읍니다.

성경에 목자에 대한 언급이 아주 많습니다. 그리고 또 목자와 양과의 비유도 많이 기록되어 있읍니다. 야곱의 가족들도 모두가 양을 치는 목자들이었읍니다. 이스라엘에는 지금도 양치는 사람들이 많습니다. 우리는 양을 치는 사람을 가리켜 "목자"라고 하는데, 그 "목자"는 종종 성경에서 주님을 지칭하고 있읍니다. 그분께서는 양들을 위하여 자기 생명을 바치신 「선한 목자」이십니다. 그분께서는 오늘도 자신의 양들을 돌보고 계시는 「목자장」이십니다. 그리고 그분께서는 장차 오시게 될 「목자장」이십니다. 그분께서는 친히 자신을 가리켜 「목자」라고 말씀하셨읍니다.

그런데 그분께서는 세상 사람들로부터 미움을 받으셨으며, 오늘날까지도 사람들은 그분을 영접하지 않고 있읍니다. 저는 지금 참된 예수 그리스도에 대하여 이야기하고 있읍니다. 자유주의자들은 세상 사람들의 구미에 맞추기 위해서 예수를 변질시켜 놓았읍니다. 그들은 성경에 기록되어 있는 주님과는 전혀 다른 이상한 예수를 만들었읍니다. 그들이 말하는 그 거짓된 예수는 동정녀에게서 나지도 않았으며, 기적을 행하지 않았고, 세상 죄를 위하여 죽지도 않았으며, 죽은 후 육체적으로 부활하지도 않았읍니다. 자유주의자들이 주장하는 그러한 예수는 지금까지 이 땅에 존재한 적이 없읍니다. 성경에서도 그런 예수는 없읍니다. 성경에서 말씀하고 있는 예수님은 동정녀에게서 탄생하시고, 기적을 행하셨으며, 세상의 죄를 위하여 돌아가신 후 삼일만에 부활하신 분이십니다. 그분이 바로 세상 사람들이 싫어하는 그「목자」이십니다. 그리고 그분께서는 지금도 사람들로부터 미움을 받고 계십니다.

애굽인들은 양치는 목자들을 멸시했읍니다. 요셉은 그의 형제들을 불러 그들이 바로에게 자신들은 목자며 가축치는 자라고 말할 것을 부탁했읍니다. 사실 그들에게는 많은 양들과 가축들이 있었읍니다. 잠시 후 우리는 바로가 그들에게 고센 땅을 주고, 자기의 양을 돌보게 했음을 보게 될 것입니다. 이렇게 함으로써 이스라엘의 자손들은 애굽 땅에서 목자가 되었읍니다.

이제, 야곱의 가족들이 고센 땅에 살게 되는 것은 매우 놀라운 일입니다. 이스라엘 사람들에게는 그 고센 땅도 하나의 고향이 될 수 있을 것입니다. 요셉이 죽고 난 후 그들은 애굽 땅에서 종이 되었으나 하나님께서는 계속 그들과 함께하고 계셨읍니다. 그들은 그곳에서 큰 민족을 이루었으며 하나님께서는 모세의 영도 아래 그들을 그곳에서 인도하여 내셨읍니다.

성경에는 하나님께서 요셉에게 나타나셨다는 기록이 한 번도 없지만, 우리는 하나님께서 그의 생애 가운데 역사하고 계셨다는 것을 분명하게 알고 있읍니다. 요셉이 이스라엘의 온 가족을 애굽 땅에서 살 수 있도록 하기 위하여 그가 먼저 이곳에 와서 그 길을 예비했다는 것이 이제 명백합니다.

제 47 장

> 형들과 아버지를 바로에게 소개하는 야곱 / 야곱을 가나안에 묻을 것을 약속하는 요셉

우리는 바로 앞 장에서 야곱과 그 가족이 어떻게 해서 애굽 땅에 오게 되었는지를 보았습니다. 요셉은 의도적으로 자신의 가족들을 고센 땅에 정착하도록 했습니다. 사실 그곳은 그 당시 애굽에서 가장 비옥한 땅이었습니다. 하지만 그때는 기근이 한창 심한 때였으므로 어느 땅이나 바로에게는 그리 중요하게 여겨지지 않았습니다.

우리는 본 창세기 47 장에서 지금까지의 야곱과는 전혀 다른 아주 훌륭한 야곱의 모습을 보게 될 것입니다. 우리가 성경에서 처음 야곱을 보았을 때는, 그가 그렇게 좋게 보이지는 않았습니다. 사실, 우리는 야곱이 애굽으로 내려갈 때에야 비로소 그의 성숙한 모습을 볼 수 있었습니다. 본 장에서는 그의 그러한 면이 아주 잘 나타나고 있습니다.

온 땅에 임했던 기근은, 끝나가면서 더욱 그 정도가 심했읍니다. 온 세계가 이러한 기근의 영향을 입고 있었지만, 유독 가나안 땅과 애굽 땅만이 이렇게 언급되고 있는 것은 그 두 지역이 구속사의 전개에 있어 긴요했기 때문입니다.

형들과 아버지를 바로에게 소개하는 야곱

"요셉이 바로에게 가서 고하여 가로되 나의 아비와 형들과 그들의 양과 소와 모든 소유가 가나안 땅에서 와서 고센 땅에 있나이다 하고"(1절).

요셉은 이제 그의 아버지와 형들을 애굽의 바로에게 소개하려고 합니다. 그는 바로에게 그들을 위하여 고센 땅을 달라고 요구하기도 전에 그들을 그곳에 있게 했읍니다. 당신은 여기에서 그의 그러한 의도를 엿볼 수 있을 것입니다. 왜냐하면 그들이 먼저 그곳에 있으므로 해서, 바로는 그 땅을 그들에게 보다 쉽게 주게 되었기 때문입니다. 하여튼 그들은 그곳에 먼저 들어와 벌써 짐을 풀어 놓았을 것입니다.

"형들 중 오인을 택하여 바로에게 보이니 바로가 요셉의 형들에게 묻되 너희 생업이 무엇이냐 그들이 바로에게 대답하되 종들은 목자이온데 우리와 선조가 다 그러하니이다 하고"(2, 3절).

그 당시 애굽에는 목자와 가축업자가 없었다는 것을 앞에서 우리는 살펴 보았읍니다. 애굽 사람들은 목자뿐 아니라 목양하는 것 자체를 아주 싫어했읍니다. 따라서 이스라엘의 자손들이 목축업을 하는 것은 애굽인들이 하지 않던 일을 개척할 수 있는 아주 좋은 기회였읍니다.

"그들이 또 바로에게 고하되 가나안 땅에 기근이 심하여 종들의 떼를 칠 곳이 없기로 종들이 이곳에 우거하러 왔사오니 청컨대 종들로 고센 땅에 거하게 하소서 바로가 요셉에게 일러 가로되 네 아비와 형들이 네게

> 왔은즉 애굽 땅이 네 앞에 있으니 땅의 좋은 곳에 네 아비와 형들로 거하게 하되 고센 땅에 그들로 거하게 하고 그들 중에 능한 자가 있는 줄을 알거든 그들로 나의 짐승을 주관하게 하라"(4-6절).

애굽인은 목축하는 일을 싫어하였기 때문에, 바로는 자기의 짐승을 길러줄 사람이 필요하였읍니다.

이때 요셉은 그의 아버지를 바로에게 소개하였는데 우리는 여기서 야곱의 자세를 주목할 필요가 있읍니다. 이때의 야곱은 지금까지의 그의 생애 가운데 그 어느 순간보다도 가장 훌륭한 모습을 보여 줍니다.

> "요셉이 자기 아비 야곱을 인도하여 바로 앞에 서게 하니 야곱이 바로에게 축복하매"(7절).

이때 야곱은 애굽의 왕 바로를 축복했읍니다. 그는 자기 이름에 합당한 삶을 살기 시작한 것입니다. 그는 이제 하나님을 위한 증거자가 된 것입니다. 언제나 낮은 자가 높은 자로부터 축복을 받기 마련인데 야곱은 하나님에 대한 증거자로서 바로를 축복하였읍니다.

> "바로가 야곱에게 묻되 네 연세가 얼마뇨"(8절).

만일 야곱이 이때까지, 과거 자기를 지배하였던 옛 성품에 따라 살고 있었다면, 그는 아마도 바로에게 다음과 같이 말했을 것입니다.
"글쎄요, 바로 임금님. 제 나이가 지금 130 세이온데, 저는 임금님께 제가 지금까지 인생을 통해 이룩했던 위대한 일에 대해 말씀드리고 싶습니다. 저는 제가 어떻게 형을 속여 그의 장자권과 축복을 빼앗았는지와, 어떠한 방법으로 장인을 속여 부자가 되었는지에 대하여 말씀드리겠읍니다."
그리고 그는 "저는 지금 열두 명의 아들을 낳았는데요"하면서 자기 가족에 대하여도 자랑스럽게 이야기하였을 것입니다. 그러나 그는 그때 완전히 다른 사람이었습니다. 그러면 이제 그의 말을 들어 보십시오.

"야곱이 바로에게 고하되 내 나그네 길의 세월이 일백삼십 년이니이다 나의 연세가 얼마 못 되니 우리 조상의 나그네 길의 세월에 미치지 못하나 험악한 세월을 보내었나이다 하고"(9절).

여기서 잠깐 그의 나이를 살펴보겠습니다. 그는 130 세에 애굽으로 내려왔고 147 세 때 세상을 떠났습니다. 그러니까 그는 애굽에 17 년 동안 머문 것이 됩니다. 그가 애굽으로 내려올 때만 해도 그는 죽음의 문턱에 가 있었습니다. 그러나 요셉이 살아 있음을 확인하고 또 그와 함께 있는 기쁨이 그의 생을 17 년 더 연장시킨 것입니다.

다시 말하지만 야곱이 바로와 이렇게 대화하게 된 것은 바로에게 자신에 대하여 자랑할 수 있는 좋은 기회였습니다. 그러나 그때 야곱은 참으로 변화된 사람이었습니다. 그는 자기 나이가 130 세지만 그의 인생에 자랑할 것이 아무것도 없다고 말했습니다. 자신의 나이가 얼마 못 된다고 자신을 낮추었습니다. 그는 자기가 과거, 노인이었던 자기 아버지를 속인 것에 대하여 자랑스럽게 이야기하지도 않았습니다. 그 대신 그는 자기 생애가 조상들에 비교하여 지극히 짧다고 말했습니다. 그러면서 그는 "우리 조상의 나그네 길의 세월에 미치지 못하나 험악한 세월을 보내었나이다"라고 했습니다. 여기서 우리는 그의 달라진 모습을 볼 수 있습니다. 과거에 그가 하던 말과는 분명히 차이가 있습니다. 그는 그 인생의 모든 영광을 하나님께만 돌리고 그가 이룩한 많은 것들에 대하여는 이제 아무런 자랑도 하지 않았습니다.

"야곱이 바로에게 축복하고 그 앞에서 나오니라"(10절).

사실 이때가 야곱에게는 매우 좋은 기회였습니다. 바로에게 인정받을 수 있는 다시 없이 좋은 기회였읍니다. 그러나 그는 그러한 기회를 결코 이용하지 않았읍니다. 왜냐하면 자신의 모든 일은 하나님의 은혜로 말미암아 이루어진 것이라는 사실을 이제는 잘 깨닫고 있었기 때문입니다. 자신은 하나님 앞에서 한갓 죄인에 불과하다는 사실을 너무도 잘 알고 있었기 때문입니다.

오늘날 우리는 그리스도인들 사이에서 자랑을 많이 하는 것을 듣습니다. 우리는 모임 속에서 어떤 사람을 두고 그가 한 행위에 대해 칭찬하려고 합니다. 우리는 그들이 얼마나 대단한가에 대해 이야기합니다. 그러나 진실을 말한다면 우리는 단지 죄인의 무리일 뿐이며 우리가 자랑할 것이란 우리에게 은혜를 베푸셔서 길이 참으신 놀라운 구세주뿐이라는 것입니다. 그분만이 우리 모두의 자랑이 되십니다.

> "요셉이 바로의 명대로 그 아비와 형들에게 거할 곳을 주되 애굽의 좋은 땅 라암세스를 그들에게 주어 기업을 삼게 하고"(11절).

여기서 「라암세스」란 곧 「고센」 땅을 말하는 것입니다.

> "또 그 아비와 형들과 아비의 온 집에 그 식구를 따라 식물을 주어 공궤하였더라 기근이 더욱 심하여 사방에 식물이 없고 애굽 땅과 가나안 땅이 기근으로 쇠약하니"(12, 13절).

만약 이러한 극심한 기근 가운데 야곱이 그의 가족과 함께 계속 가나안 땅에 남아 있었다면, 그들은 굶어 죽었을 것입니다. 애굽 땅에도 곡물이 쌓여 있긴 하였으나 더 이상 생산은 못 하고 있었읍니다. 기근은 마침내 애굽을 포함한 아프리카 대륙 전역에 퍼졌읍니다. 그것은 곡물 생산을 위하여 반드시 필요하였던 나일 강의 물이 말랐기 때문이었읍니다.

> "요셉이 곡식을 팔아 애굽 땅과 가나안 땅에 있는 돈을 몰수히 거두고

그 돈을 바로의 궁으로 가져오니"(14절).

여기서 어떤 사람들은 그때 요셉이 백성들의 빈곤을 이용하여 땅을 매점(買占)하였다고 비난합니다. 다시 말해 그가 토지를 저당잡아 그것을 모두 사들였다는 것입니다. 저는 이것이 요셉에 대한 부당한 비난이라고 생각합니다. 먼저 우리가 알아야 할 것은 그는 바로의 대행자였다는 것입니다. 그는 이 일을 자신을 위해서 한 것이 아니었습니다. 즉, 그는 자신이 부유해지기 위하여 그렇게 한 것이 아니었습니다. 그러므로 그는 어느 모로 보나 결코 부정한 사람이 아니었습니다. 그는 기근을 이용하여 개인적인 이익을 취한 것이 아닙니다.

이것에 대한 실례로 세계 2 차대전 말엽에 미국에 우라늄이 부족한 적이 있었습니다. 어떤 이가, 특히 아리조나에서 개인 토지 중에 우라늄이 있음을 발견했습니다. 그래서 당국은 그들의 땅을 상당한 값을 지불하고 사들였습니다. 그들은 정부를 이용한 것일까요? 저는 그렇게 생각하지 않습니다. 수요 공급의 법칙이 작동한 것일 뿐입니다.

애굽의 땅에도 똑같은 원리가 작용한 것 같습니다. 요셉은 바로를 대신해 땅을 사들이고 그들에게 식량을 제공함으로 생계를 유지할 수 있게 했습니다. 저는 요셉이 수요 공급의 법칙에 따라 행한 것이라고 생각합니다.

"애굽 땅과 가나안 땅에 돈이 진한지라 애굽 백성이 다 요셉에게 와서 가로되 돈이 진하였사오니 우리에게 식물을 주소서 어찌 주 앞에서 죽으리이까 요셉이 가로되 너희의 짐승을 내라 돈이 진하였은즉 내가 너희의 짐승과 바꾸어 주리라 그들이 그 짐승을 요셉에게 끌어 오는지라 요셉이 그 말과 양떼와 소떼와 나귀를 받고 그들에게 식물을 주되 곧 그 모든 짐승과 바꾸어서 그 해 동안에 식물로 그들을 기르니라 그 해가 다 가고 새 해가 되매 무리가 요셉에게 와서 그에게 고하되 우리가 주께 숨기지 아니하나이다 우리의 돈이 다하였고 우리의 짐승 떼가 주께로 돌아갔사오니 주께 낼 것이 아무것도 남지 아니하고 우리의 몸과 전지뿐

> 이라 우리가 어찌 우리의 전지와 함께 주의 목전에 죽으리이까 우리 몸과 우리 토지를 식물로 사소서 우리가 토지와 함께 바로의 종이 되리니 우리에게 종자를 주시면 우리가 살고 죽지 아니하고 전지도 황폐치 아니하리이다 그러므로 요셉이 애굽 전지를 다 사서 바로에게 드리니 애굽 사람이 기근에 몰려서 각기 전지를 팖이라 땅이 바로의 소유가 되니라"(15-20절).

이처럼 그 당시는 기근이 아주 심했읍니다.

> "요셉이 애굽 이 끝에서 저 끝까지의 백성을 성읍들에 옮겼으나"(21절).

백성들이 식량을 쉽게 공급받을 수 있도록 하기 위해 요셉은 백성들을 곡물이 저축되어 있는 주요 성읍들로 이주시켰읍니다. 당신은 요셉이 처음에 곡물들을 저장해 두기 위하여 그 성읍들을 택했던 사실을 기억할 것입니다. 바로 이 장소에 애굽의 백성들을 옮긴 것입니다.

> "요셉이 백성에게 이르되 오늘날 내가 바로를 위하여 너희 몸과 너희 전지를 샀노라 여기 종자가 있으니 너희는 그 땅에 뿌리라 추수의 오분 일을 바로에게 상납하고 사분은 너희가 취하며 전지의 종자도 삼고 너희의 양식도 삼고 너희 집 사람과 어린 아이의 양식도 삼으라"(23, 24절).

요셉은 기근이 다음 해에 끝나게 될 것을 알았읍니다. 따라서 그는 백성들에게 종자(種子), 곧 곡식들의 씨를 뿌리라고 말했읍니다.

> "그들이 가로되 주께서 우리를 살리셨사오니 우리가 주께 은혜를 입고 바로의 종이 되겠나이다 요셉이 애굽 토지법을 세우매 그 오분 일이 바로에게 상납되나 제사장의 토지는 바로의 소유가 되지 아니하여 오늘까지 이르니라"(25, 26절).

야곱을 가나안에 묻을 것을 약속하는 요셉

"이스라엘 족속이 애굽 고센 땅에 거하며 거기서 산업을 얻고 생육하며 번성하였더라 야곱이 애굽 땅에 십칠 년을 거하였으니 그의 수가 일백 사십칠 세라 이스라엘의 죽을 기한이 가까우매 그가 그 아들 요셉을 불러 그에게 이르되 이제 내가 네게 은혜를 입었거든 청하노니 네 손을 내 환도뼈 아래 넣어서 나를 인애와 성심으로 대접하여 애굽에 장사하지 않기를 맹세하고 내가 조상들과 함께 눕거든 너는 나를 애굽에서 메어다가 선영에 장사하라 요셉이 가로되 내가 아버지의 말씀대로 행하리이라 야곱이 또 가로되 내게 맹세하라 맹세하니 이스라엘이 침상 머리에서 경배하니라"(27-31절).

아마도 야곱이 가나안 땅으로 돌아가 묻히기를 원한 데에는 몇 가지 이유가 있을 것입니다. 우선 그때 그 나이가 147 세나 되었기에 그는 애굽 땅에서 죽게 되지나 않을까 염려했던 것입니다. 그리고 그는 요셉이 바로를 위하여 애굽의 모든 토지를 매입하는 데 성공하였기 때문에, 그의 가족이 애굽에서 안정이 되면 결코 가나안 땅으로 돌아가지 않을 것이라고 생각했읍니다. 그는 자신의 나이를 보아서도 곧 죽게 되리라는 것을 알고 있었읍니다.

야곱의 이러한 생각은 하나님께서 그의 조상들에게 해주신 언약에 대한 믿음이 있다는 증거입니다. 그는 단순히 그의 고향을 그리워했기 때문에 그곳에 묻히고 싶어했던 것은 아니었읍니다. 이것은 우리가 반드시 주목해야 할 점입니다. 성경에서는 자주 이러한 언약에 대한 믿음이 나타납니다. 즉, 아브라함은 그가 가나안 땅에 장사되기를 원하였는데 그것은 그가 그곳에서 부활하게 될 것을 믿었기 때문입니다. 그리고 이삭도 그와 똑같은 믿음을 가지고 있었읍니다. 이제 야곱도 그의 조상들과 똑같은 믿음을 표현하고 있는 것입니다.

구약의 소망은 이 땅 위에 세워질 그리스도의 왕국에 있었읍니다. 그 왕국이 건설될 때 이스라엘의 대소망은 성취될 것이며 이 소망 가운데 죽은 모든 이스라엘 백성들은 그 왕국의 백성으로 다시 부활할 것입니다. 이 때문에 야곱은 애굽 땅에 장사되기를 원치 않았읍니다. 만약 그가 하나님께서 그에게 주신 약속에 대하여 믿음과 소망을 갖지 않았다면, 그가 어디에 장사되든 무슨 차이가 있겠읍니까?

물론 오늘날의 우리는 죽은 후 우리의 육신이 어디에 묻히더라도 아무런 상관이 없읍니다. 주께서 재림하실 때 우리가 어디에 묻혔을지라도 우리는 모두 부활할 것입니다. 우리의 육체와 영혼은 하나가 되어 신령한 몸으로 변화될 것입니다. 우리는 모두 이러한 소망 가운데 살고 있읍니다.

여기서 야곱은 우리와는 달리 하나님께서 허락하신 약속의 땅에서 부활하기를 소원했읍니다. 이는 그가 이제는 믿음의 사람이 되었음을 보여주는 증거가 되는 것이기도 합니다.

제 48 장

> 야곱을 문병하는 요셉 / 에브라임과 므낫세를 축복하는 야곱

본 장은 야곱의 임종 직전의 병과 그가 요셉의 두 아들에게 축복한 것에 대하여 기록하고 있습니다.
"믿음으로 야곱은 죽을 때에 요셉의 각 아들에게 축복하고 그 지팡이 머리에 의지하여 경배하였으며"(히 11:21).

또한 이 창세기 48 장은 야곱이 영적으로 더욱 성숙했음을 보여주는 더 많은 증거들이 나타나고 있습니다. 실로 야곱은 인생의 길고 긴 여정을 걸어왔습니다. 혹시라도 당신은 야곱의 인생 말년에 나타났던 이러한 모습들이 그의 인생 초기에는 없었다는 것에 대해 유감스럽게 생각할지 모르겠습니다. 그러나 우리는 이것을 통해 영적인 성숙은 단번에 이루어지는 것이 아니라 시간이 걸리는 것이며, 그에 따라 점차로 성숙하고 발전하는 것임을 배워야 할 것입니다. 그것은 순간적으로 일어나는 어떠한 감각적인 체험이 아닙니다. 오히려 그

것은 지속적으로 성령 안에서 행하는 것이라고 말할 수 있겠읍니다. 야곱은 젊은 시절에는 주로 옛 성품에 사로잡혀 살았었읍니다. 그에게서 새로운 성품이 발견되기 시작한 것은 그가 연만했을 때였읍니다.

저가 과거에 시무했던 교회에서 있었던 일입니다. 어느 부부가 예배를 마치고 단상 앞으로 나오곤 한 일이 있었읍니다. 저는 그들에게 무엇을 원하느냐고 물었읍니다. 그러자 그들은 하나님께서 그들에게 역사하시기를 원한다고 대답하였읍니다. 알고보니 그들은 매주일 단상 앞으로 나왔읍니다. 그들은 갑자기 완전히 성숙한 그리스도인이 되게 하는 어떤 감각적이고 순간적인 체험이 있기를 바랬던 것입니다.

그러나 성경은 우리에게 "우리 주 곧 구주 예수 그리스도의 은혜와 저를 아는 지식에서 자라 가라"(벧후 3:18)고 말씀합니다. 우리는 야곱의 경우만을 보더라도 성령의 열매가 풍성히 맺혀지기까지는 많은 시간을 기다려야 한다는 것을 알 수 있을 것입니다. 그러나 우리는 우리의 삶이 영적으로 장성한 분량에 이르기까지 오랫 동안 참으시는 하나님께 감사해야 할 것입니다. 또한 하나님께서 우리에게 성숙을 강요하시거나 억지로 간섭하시지 않는 것에 감사해야 할 것입니다. 하나님께서는 야곱을 영적으로 성숙시키심에 있어 매우 오랫동안 참으셨읍니다. 이처럼 하나님께서는 당신과 저에게도 그렇게 하실 것입니다.

야곱을 문병하는 요셉

"이 일 후에 혹이 요셉에게 고하기를 네 부친이 병들었다 하므로 그가 곧 두 아들 므낫세와 에브라임과 함께 이르니 혹이 야곱에게 고하되 네 아들 요셉이 네게 왔다 하매 이스라엘이 힘을 내어 침상에 앉아 요셉에게 이르되 이전에 가나안 땅 루스에서 전능한 하나님이 내게 나타나 복을 허락하여"(1-3절).

당신은 이 늙은 야곱의 가슴을 가득 채우는 기쁨을 상상할 수 있습니까? 이제, 야곱이 가장 사랑하였던 아들 요셉은 그의 두 아들을 데리고 야곱에게 왔습니다. 야곱은 그가 요셉을 다시 볼 수 있으리라고는 꿈에도 생각하지 못했었습니다. 왜냐하면 그는 요셉이 짐승에게 살해되었다고 믿었었기 때문입니다. 하지만 그는 요셉이 애굽에서 총리가 되었음을 보게 되었습니다. 그는 이 모든 것이 하나님의 역사였음도 알게 되었습니다. 야곱은 그때까지 애굽에서 17 년이나 살았읍니다. 이제 야곱은 나이가 너무 많아 거의 죽을 날이 다 되었지만, 온 힘을 다해 침상 한가운데 앉았읍니다. 이때 야곱은 지난 날 하나님께서 루스에서 그에게 나타나신 것을 기억했읍니다.
"이전에 가나안 땅 루스에서 전능한 하나님이 내게 나타나 복을 허락하여."

야곱은 인생의 길고 긴 길을 여행해 왔읍니다. 우리는 지금 믿음의 사람 야곱을 보고 있읍니다. 그는 이때 하나님께 대해 온전한 믿음을 갖고 있었읍니다. 그는 자신을 자랑하지 않았읍니다. 그는 젊은 시절에는 어떤 것을 소유하기 위해서는 수단과 방법을 가리지 않았었읍니다. 하지만 지금의 야곱은 그때의 야곱과는 전혀 달랐읍니다. 그는 이제 과거에 자기에게 나타나셨던 벧엘의 하나님을 기억했읍니다. 그러면서 야곱은 요셉에게 "하나님께서 그곳에 나타나사 나를 축복하셨느니라"고 말했읍니다.

> "내게 이르시되 내가 너로 생육하게 하며 번성하게 하여 네게서 많은 백성이 나게 하고 내가 이 땅을 네 후손에게 주어 영원한 기업이 되게 하리라 하셨느니라"(4절).

본문 가운데서 야곱이 언급한 하나님의 언약의 내용에 특별히 주의를 기울이십시오. 왜냐하면 그것은 성경 전체에 걸쳐 나타나고 있는 것이기 때문입니다. 하나님께서는 아브라함과 이삭과 야곱의 계보에 이 언약을 주셨읍니다. 그 언약에는 백성과 땅과 복이라는 세 가지의 특별한 요소가 있읍니다. 그러나 바로 여기에 나타나 있는 것처럼 하나님께서 야곱에게 다음 중요한 두 가지를 언약하셨읍니다. 첫째는 "내가 너로 생육하게 하며, 번성하게 하여 네게서 많은 백성이 나게 하겠다"는 것과 둘째는 "내가 이 땅을 네 후손에게 주어 영원한 기업이 되게 하리라"는 것이었읍니다.

이에 반해 언약의 세번째 부분인 "땅의 모든 족속이 너와 네 자손을 인하여 복을 얻으리라"(창 28:14)는 약속은 당신과 저에게 직접 해당되는 아주 중요한 것입니다.

지금 당신과 제가 이와 같은 하나님의 은혜 가운데 거하고 있는 것도 하나님께서 수천년 전 언약하신 세 가지 약속 중 두 가지가 성취되었기 때문입니다. 성취되지 않은 하나는 유대인들이 아직 이스라엘 땅을 차지하지 않았다는 것입니다. 그들은 약간의 영토는 사용하고 있는데 그것이 전쟁의 씨가 되고 있읍니다.

에브라임과 므낫세를 축복하는 야곱

"내가 애굽으로 와서 네게 이르기 전에 애굽에서 네게 낳은 두 아들 에브라임과 므낫세는 내 것이라 르우벤과 시므온처럼 내 것이 될 것이요 이들 후의 네 소생이 네 것이 될 것이며 그 산업은 그 형의 명의하에서 함께하리라"(5, 6절).

본문은 야곱의 두 손자, 즉 요셉의 두 아들이 각자 하나씩의 지파를 형성하게 될 것이라는 예언입니다. 혹자는 야곱의 아들들이 12 명이고 이때 요셉에게서 두 지파가 나오기 때문에, 이스라엘의 지파는 13 지파라고 생각할지 모르겠읍니다. 요셉 지파는 없으나 에브라임과 므낫세 지파가 있기 때문에 그것은 누가 계산하여도 틀림없는 13 지파입니다. 그러나 성경에는 이스라엘이 12 지파로 나타나 있읍니다. 그러면 어떻게 된 것입니까? 그것은 레위 지파가 지파 수에 포함되지 않기 때문입니다. 즉, 그들은 제사장 지파가 되어, 일정한 지역에 거주하지 아니하고, 단지 제사장으로서 다른 지파들 사이에 흩어져 살았읍니다. 따라서 그들은 지파로 계수되지 않은 것입니다. 그들을 전체 지파수에서 제외시킨 분은 바로 하나님이십니다. 하나님께서는 그와 같은 방법으로 12 지파를 세우신 것입니다. 그것이 바로 하나님의 원하시는 방법이었읍니다.

이때 에브라임과 므낫세는 야곱이 애굽으로 오기 전에 태어났기 때문에 모두 17 세가 넘었읍니다. 여기서 그들은 각각 하나씩의 지파를 형성하게 됩니다.

이제 야곱은 그의 사랑하는 아내였던 라헬을 회상합니다.

> "내게 관하여는 내가 이전에 밧단에서 올 때에 라헬이 나를 따르는 노중 가나안 땅에서 죽었는데 그곳은 에브랏까지 길이 오히려 격한 곳이라 내가 거기서 그를 에브랏 길에 장사하였느니라(에브랏은 곧 베들레헴이라)"(7절).

만일 우리가 찬송가 120 장인 "오 베들레헴 작은 골"이라는 곡을 듣는다면 예수님의 탄생을 제일 먼저 생각하겠지만, 이 찬송을 만일 야곱이 듣는다면 그는 아마도 그의 사랑했던 아름다운 아내 라헬을 생각할 것입니다. 그의 몸은 애굽에 있었고 또 애굽에서 죽게 되겠지만 그의 마음만은 라헬이 묻힌 그곳에 가 있었읍니다. 그가 지금 라헬의 곁을 떠나 있다는 것 자체가 그에게는 하나의 고통이었읍니다.

> "이스라엘이 요셉의 아들들을 보고 가로되 이들은 누구냐 요셉이 그 아비에게 고하되 이는 하나님이 여기서 내게 주신 아들들이니이다 아비가 가로되 그들을 이끌어 내 앞으로 나아오라 내가 그들에게 축복하리라" (8, 9절).

이삭과 야곱은 모두 나이들어 늙었을 때 앞을 잘 볼 수가 없었읍니다. 그들이 그렇게 된 것은 아마도 강렬한 태양 빛에 영향을 받은 것으로 보입니다. 오늘날까지도 중동 지방에서는 여러 종류의 눈병이 만연하고 있읍니다. 그들 가운데 상당수의 노인들은 보행을 잘 못할 정도로 시력이 좋지 않습니다. 그렇다고 완전한 맹인은 아니지만 보는 데 큰 불편을 겪고 있는 것만은 사실입니다. 야곱도 예외는 아니었습니다. 그도 나이가 많아 늙게 되자 앞을 잘 볼 수가 없어 요셉의 두 아들을 잘 분간치 못했습니다.

> "이스라엘의 눈이 나이로 인하여 어두워서 보지 못하더라 요셉이 두 아들을 이끌어 아비 앞으로 나아가니 이스라엘이 그들에게 입맞추고 그들을 안고"(10절).

야곱의 어린 두 손자는 자기 할아버지의 이같은 애정 표현에 아마 좀 당황했을 것입니다.

> "요셉에게 이르되 내가 네 얼굴을 보리라고는 뜻하지 못하였더니 하나님이 내게 네 소생까지 보이셨도다 요셉이 아비 무릎 사이에서 두 아들을 물리고 땅에 엎드려 절하고"(11,12절).

야곱의 두 손자들은 할아버지의 그와 같은 애정 표현에 그만 달아나려 했던 것 같이 보입니다.

> "우수로는 에브라임을 이스라엘의 좌수를 향하게 하고 좌수로는 므낫세를 이스라엘의 우수를 향하게 하고 이끌어 그에게 가까이 나아가매"(13절).

요셉은 야곱이 자기 아들들을 축복할 수 있도록 하기 위하여 그들을 할아버지에게로 이끕니다. 이스라엘의 오른손 앞에 설 아들이 우선권을 얻을 것입니다.

> "이스라엘이 우수를 펴서 차자 에브라임의 머리에 얹고 좌수를 펴서 므낫세의 머리에 얹으니 므낫세는 장자라도 팔을 어긋맞겨 얹었더라"(14절).

에브라임은 므낫세보다 큰 자가 될 사람이었습니다. 나중에 우리는 민수기에서 므낫세 지파는 광야를 지날 때 에브라임 지파의 깃발 아래 행진하였다는 것을 알 수 있을 것입니다. 여호수아는 에브라임 지파 출신이며 많은 훌륭한 인물들이 에브라임 지파에서 나왔습니다. 따라서 에브라임이 훗날 므낫세보다 앞서는 지파가 되었다는 것에 대해서는 의심의 여지가 없습니다.

자, 이제 야곱은 그 두 손자를 어떻게 축복했을까요? 야곱은 눈이 잘 보이지 않았지만 요셉이 어떻게 하고 있는지를 알았습니다. 요셉은 그의 장자를 야곱의 오른손에 있게 하고, 차자는 그의 왼손에 있게 했습니다. 그러자 야곱은 어떻게 했습니까? 그는 자기의 손을 서로 바꾸었습니다. 그는 자기 손을 어긋맞겨 오른 손을 차자인 에브라임의 머리에 얹었습니다.

그는 왜 그렇게 했을까요? 그가 두 손자들에 대하여 남다른 사랑을 갖고 있었다는 것에는 의심의 여지가 없습니다. 그들은 그가 사랑하는 아들인 요셉의 아들들이었습니다. 그가 요셉의 차자인 에브라임의 머리에 오른손을 얹고 축복한 것은 의도적인 것이었습니다. 그가 그렇게 한 것은 즉흥적인 마음에서 나온 것이 아닙니다. 그는 하나님의 계시와 늘 접촉하고 사는 가운데 하나님의 예언적 식견을 가졌던 것입니다. 그래서 인간의 질서대로 축복한 것이 아니라 하나님의 질서대로 축복하여 하나님이 원하시는 자에게 더 큰 축복을 하려 한 것입니다. 야곱이 자기 내키는 대로 축복한 것이 아닙니다.

이것은 성경 전체에 걸쳐 나타나고 있는 원리 하나를 보여 줍니다. 예를 들어 다윗이 왕으로 선택될 때에도 그러했습니다. 그는 분명히 이새의 막내 아들이었습니다. 그러면 하나님께서 왜 그를 택하셨을까요? 하나님께서는 이것을 통하여 우리에게 위대한 영적 진리를 보여주고 계십니다. 하나님께서는 자연 출생의 순서에 따라 사람을 택하시지 않습니다. 하나님의 택하심은 세상의 제도나 관습에 따라 좌우되지 않습니다. 동서고금을 막론하고 일반적으로 장남이 그 가정을 대표합니다. 그러나 하나님은 항상 장남을 택하시지는 않았습니다. 즉, 하나님은 세상적 원리에 따라 택하시거나, 사람의 능력 본위로 택하시지 않습니다. 이런 사실은 우리가 꼭 알아야 할 진리입니다. 물론 하나님께서는 사람의 재능을 사용하실 수도 있습니다만, 그 재능은 하나님께 온전히 헌신되어져야만 하는 것입니다. 즉, 그 재능은 그분을 위하여만 사용되어야만 하는 것입니다. 만일 그리스도인들이 가지고 있는 달란트들이 교회 부흥을 위해서 사용되었다면 벌써 오래 전에 당신이 살고 있는 그 지역은 변화되었을 것입니다. 우리 주위에는 유능한 그리스도인들이 많이 있음에도 불구하고, 교회의 부흥이 더딘 것이 무엇 때문이겠습니까? 그것은 그들의 달란트가 하나님의 사역을 위해 사용되지 않고 있기 때문입니다. 우리의 모든 달란트는 하나님을 위한 일에 철저히 헌신되어 사용되어져야 하겠읍니다.

이렇게 해서 야곱은 손자들의 머리 위에 손을 어긋맞겨 얹으므로써 요셉의 둘째 아들인 에브라임에게 큰 자의 축복을 내렸읍니다.

> "그가 요셉을 위하여 축복하여 가로되 내 조부 아브라함과 아버지 이삭의 섬기던 하나님, 나의 남으로부터 지금까지 나를 기르신 하나님"(15절).

"나의 남으로부터 지금까지 나를 기르신 하나님."
이 말씀은 야곱의 더없이 높은 영적 수준을 보여줍니다.

> "나를 모든 환난에서 건지신 사자께서 이 아이에게 복을 주시오며 이들로 내 이름과 내 조부 아브라함과 아버지 이삭의 이름으로 칭하게 하시오며 이들로 세상에서 번식되게 하시기를 원하나이다"(16절).

"나를 모든 환난에서 건지신 사자께서 이 아이에게 복을 주시오며."
이제 그에게는 구원자가 되시는 놀라우신 하나님 외에는 아무것도 자랑할 것이 없었습니다. 그리고 그들은 야곱이 축복한 그대로 세상에서 크게 번성하였습니다.

> "요셉이 그 아비가 우수를 에브라임의 머리에 얹은 것을 보고 기뻐 아니하여 아비의 손을 들어 에브라임의 머리에서 므낫세의 머리로 옮기고자 하여 그 아비에게 이르되 아버지여 그리 마옵소서 이는 장자니 우수를 그 머리에 얹으소서"(17,18절).

이 말에 대하여 야곱이 어떻게 대답하였는지 보십시오.

> "아비가 허락지 아니하여 가로되 나도 안다 내 아들아 나도 안다 그도 한 족속이 되며 그도 크게 되려니와 그 아우가 그보다 큰 자가 되고 그 자손이 여러 민족을 이루리라 하고"(19절).

"그 자손이 여러 민족을 이루리라."
이 말씀은 잘 깨달아야 할 중요한 말씀입니다.

요셉은 자신도 장자가 아니었기에 야곱의 이러한 행동에 순종할 수 밖에 없었습니다. 그는 야곱의 열두 형제 중에 열한번째였음에도 불구하고, 야곱의 장자의 축복은 오직 그의 아들들에게만 내려졌습니다.

> "그 날에 그들에게 축복하여 가로되 이스라엘 족속이 너로 축복하기를 하나님이 너로 에브라임 같고 므낫세 같게 하시리라 하리라 하여 에브라임을 므낫세보다 앞세웠더라 이스라엘이 요셉에게 또 이르되 나는 죽으나 하나님이 너희와 함께 계시사 너희를 인도하여 너희 조상의 땅으로 돌아가게 하시려니와"(20,21절).

야곱의 하나님께 대한 신앙을 보십시오.

> "내가 네게 네 형제보다 일부분을 더 주었나니 이는 내가 내 칼과 활로 아모리 족속의 손에서 빼앗은 것이니라"(22절).

즉, 요셉은 그의 두 아들 덕분에 다른 형제들이 받은 것보다 더 많은 유산을 받을 수 있었습니다.

이것은 분명 요셉에게 주어진 개인적인 선물이었습니다(요 4:5 참조). 그곳은 요셉이 묻힌 수가성 가까이에 있는 산마루였습니다. 요셉이 이렇게 특별히 땅을 더 받은 것은 그에게서 두 지파가 생겼기에 땅을 더욱 많이 필요로 했기 때문입니다. 그 땅은 야곱이 처음 아모리 족속에게서 산 땅이었습니다. 하지만 훗날 야곱은 그 땅을 다시 탈취했습니다. 야곱은 그들이 보내오는 진상품을 되돌려 보내고서, 무력으로써 그 땅을 되찾았습니다. 이 때문에 그 땅은 오늘날까지 분쟁이 끊이지 않는 지역이 되고 있습니다. 오늘날 이스라엘 국가가 서해안에 제방을 쌓기를 소원하고 있는 곳이 바로 이곳입니다.

제 49 장

야곱의 축복과 예언 / 르우벤에 대한 예언 / 시므온과 레위에 대한 예언 / 유다에 대한 예언 / 스불론에 대한 예언 / 잇사갈에 대한 예언 / 단에 대한 예언 / 갓에 대한 예언 / 아셀과 납달리에 대한 예언 / 요셉에 대한 예언 / 베냐민에 대한 예언 / 야곱의 유언과 죽음

본 장은 노쇠한 야곱이 임종하는 장면을 기록하고 있다는 점에서 중요한 의의가 있다 하겠읍니다. 사실, 우리는 앞 장인 창세기 48 장에서 그가 힘을 내어 침상에 앉아 요셉의 아들들을 축복하였을 때 그에게 임종이 다가왔다는 것을 알 수 있었읍니다.

이제 요셉의 아들들이 나가자 야곱의 직계 나머지 아들들이 들어왔읍니다. 그래서 야곱의 주위에는 12 명의 아들들이 둘러 앉게 되었읍니다. 그에게는 각 아들에게 줄 고별 멧세지가 있었읍니다. 그는 장자로부터 시작하여 차례로 그들에게 장차 있을 일을 예언하였읍니다. 사람이 임종시에 말하는 것은 모두가 아주 중요한 것입니다. 왜

냐하면 사람이 죽음에 이르면 대개 진실을 말하기 때문입니다. 야곱이 임종에 앞서 전한 유언은 그것이 예언적이었다는 점에서 중요한 의미가 있읍니다. 그것은 야곱의 열두 아들이 장차 각기 지파를 형성할 때 그들에게 어떠한 일이 있을 것인가에 대한 예언이었읍니다. 그런데 그 때의 예언들은 대부분 역사적으로 실현되었읍니다.

이것은 우리가 야곱의 인생에 있어 그의 믿음을 엿볼 수 있는 마지막 기회입니다. 그는 장차 이스라엘 민족의 12 지파로서 가나안 땅에 거하게 될 그의 아들들에게 말하고 있었읍니다. 이것은 얼마나 놀라운 믿음입니까! 그때 가나안 땅에는 가나안 족속이 거주하고 있었으며 야곱의 가족은 애굽에서도 아주 좋은 땅에 자리잡고 있었다는 것을 기억하십시오.

야곱의 축복과 예언

> "야곱이 그 아들들을 불러 이르되 너희는 모이라 너희의 후일에 당할 일을 내가 너희에게 이르리라"(1절).

우리는 여기에서 하나의 중요한 표현을 보게 됩니다. 우리는 성경에서 자주 사용되고 있는 몇 가지의 표현들이 있다는 것을 발견할 것입니다. 그 가운데 하나가 바로 본문에 있는 "후일"이란 표현입니다. 이스라엘 민족의 마지막 때는 교회의 마지막 때와는 다를 것입니다. 우리가 본문을 이해하려면 당시의 시대적인 상황을 정확하게 이해하는 것이 필요합니다. 이때 야곱은 이스라엘 민족의 마지막 때와 그들의 자손들로부터 발전하여 민족을 형성하게 될 12 지파에게 장차 일어날 일에 대해 말합니다.

저의 친구 한 사람이 야곱의 열두 아들들과 그들로부터 나온 종족들에 관한 예언에 대한 이론을 세미나에서 발표한 적이 있읍니다. 그에게는 항상 새로운 의견이 있었기 때문에 저는 그와 이야기하기를 좋아했읍니다. 그때 저는 그 종족들에 대한 예언, 특히 신명기 33 장에서 모세에 의해 주어진 예언의 놀라운 성취에 감탄해 마지 않았읍니다.

많은 사람들이 이스라엘 민족에 대한 예언들의 성취에 대해 말하고 있읍니다. 물론 그들의 말은 옳습니다. 하지만 우리는 이스라엘을 12 지파로 나누고, 그 각 지파에 대해 하나님께서 말씀하신바 예언에 대해서 구분함으로써 그 범위를 좁힐 수도 있읍니다. 하나님의 예언은 각 지파에 대한 것뿐만 아니라 민족에 대한 것까지도 성취되었읍니다. 이러한 예언의 성취는 아주 주목할 만한 것입니다.

> "너희는 모여 들으라 야곱의 아들들아 너희 아비 이스라엘에게 들을지어다"(2절).

이제 야곱은 침상에 앉아 있었읍니다. 야곱은 히브리서 11 장 21 절에 기록된 것처럼 지팡이를 의지하고 있었읍니다. 사실 야곱은 죽기 직전까지 계속 활동하였으며, 앞으로도 더 살 수 있기를 원했읍니다. 사람은 갑자기 죽음에 임하면 매우 당황하게 됩니다. 죽음은 보통 우리의 건강이 가장 좋지 못할 때 찾아오게 됩니다. 하지만 그때도 우리는 이 세상에서 계속 살기를 원합니다. 야곱은 자기가 더 이상 살 수 없다는 사실을 이제 알았읍니다. 그는 더 살기를 원하였지만, 그것은 불가능한 일이었읍니다. 야곱은 여러 가지 면에서 보아 매우 훌륭한 사람이었읍니다.

르우벤에 대한 예언

> "르우벤아 너는 내 장자요 나의 능력이요 나의 기력의 시작이라 위광이 초등하고 권능이 탁월하도다마는 물의 끓음 같았은즉 너는 탁월치 못하

리니 네가 아비의 침상에 올라 더럽혔음이로다 그가 내 침상에 올랐었도다"(3, 4절).

당시의 족장들은, 오늘날 우리에게 매우 큰 관심사가 되고 있는 유전의 법칙을 인정하였읍니다. 즉, 부전자전(父傳子傳)입니다. 야곱은 르우벤이 자신을 너무도 많이 닮았다는 사실을 알았읍니다. "물의 끓음 같았은즉"이라고 했는데 이것은 야곱의 젊었을 때의 모습과 아주 흡사했읍니다. 그런데 그것은 또한 그의 맏아들에게도 마찬가지였읍니다. 또 "너는 탁월치 못하리니"라고 했는데 르우벤은 결코 탁월한 사람이 못 되었읍니다. 그에게는 장자가 갖춰야 할 탁월한 성품이 전혀 없었읍니다. 따라서 그는 장자로서의 지도자적 위치를 잃었으며, 장자권을 박탈당했읍니다.

오늘날도 그와 같은 사람들이 많이 있읍니다. 그들은 현 위치에 만족한 나머지 자신이 좀더 나아진다거나 어떤 영역에 있어 탁월해지기를 원치 않습니다. 자신을 계발함에 따라 얼마든지 발전할 수 있음에도 그것을 그냥 사장시켜 버리는 경우가 허다합니다. 몰라서 그런 경우도 있겠지만 대부분은 자신이 원치 않기 때문에 그렇게 돼버리는 것입니다.

야곱이 여기에서 언급한 르우벤에 대한 내용은 참으로 수치스러운 이야기입니다. 저는 이에 대해서는 일부러 깊이 다루지 않았읍니다. 왜냐하면 이런 내용을 깊이 다룰 만한 아무런 이유가 없기 때문입니다. 현대의 문학, 연극, 영화, 그리고 TV 등에는 우리가 염증을 느낄 정도로 외설적인 것들이 많이 있읍니다. 하나님께서는 우리가 죄 가운데 오랫동안 머물러 있기를 원치 않으십니다. 사실, 그분께서는 우리에게 다음과 같은 교훈을 주셨읍니다.

"종말로 형제들아 무엇에든지 참되며 무엇에든지 경건하며 무엇에든지 옳으며 무엇에든지 정결하며 무엇에든지 사랑할 만하며 무엇에든지 칭찬할 만하며 무슨 덕이 있든지 무슨 기림이 있든지 이것들을 생각하라"(빌 4:8).

하지만 하나님께서는 우리로 하여금 인간의 진정한 모습을 알게 하시기 위하여 인간의 그러한 죄를 기록하신 것입니다.

시므온과 레위에 대한 예언

다음의 두 아들들은 함께 분류됩니다. 그들은 레아에게서 태어난 아들들로 친형제였읍니다.

> "시므온과 레위는 형제요 그들의 칼은 잔해하는 기계로다"(5절).

당신은 그들이 어떻게 하여 세겜 성에 오게 되었으며 또 한 사람이 그들의 여동생을 강간한 것 때문에 그들이 그 성읍의 모든 거민을 살해하였다는 것을 기억할 것입니다. 즉, 그들은 성읍 전체에 보복 행위를 가했읍니다. 그들은 크게 잘못한 것입니다. 야곱은 이때 그들에게 그러한 사실을 상기시키고 있읍니다.

> "내 혼아 그들의 모의에 상관하지 말지어다 내 영광아 그들의 집회에 참예하지 말지어다 그들이 그 분노대로 사람을 죽이고 그 혈기대로 소의 발목 힘줄을 끊었음이로다 그 노염이 혹독하니 저주를 받을 것이요 분기가 맹렬하니 저주를 받을 것이라 내가 그들을 야곱 중에서 나누며 이스라엘 중에서 흩으리로다"(6, 7절).

우리는 레위에게서 하나님의 놀라운 은혜를 보게 됩니다. 그들이 이스라엘 여러 지파 가운데 흩어져 있었던 것은 사실이지만 그것은 그들이 제사장 직분으로 선택되었기 때문이었읍니다. 레위처럼 극악한 범죄를 저지른 사람을 택하여 제사장 지파의 조상으로 삼으신 것은 온전히 하나님의 은혜였읍니다.

또한 우리 같은 죄인이 제사장 나라의 백성이 된 것도 오로지 하나님의 은혜 때문입니다. 오늘날 모든 신자는 제사장입니다. 그 가운데는 과거 술주정뱅이, 창녀, 그리고 살인자도 있습니다. 그 사람들이 어떻게 하나님 나라의 제사장이 될 수 있었습니까? 그들도 우리처럼 하나님의 놀라우신 은혜로 제사장이 된 것입니다.
"너희가 알거니와 너희 조상의 유전한 망령된 행실에서 구속된 것은 은이나 금같이 없어질 것으로 한 것이 아니요 오직 흠 없고 점 없는 어린 양 같은 그리스도의 보배로운 피로 한 것이니라"(벧전 1:18,19).
그리고 이어 베드로 사도는 계속해서 이렇게 말합니다.
"너희도 산 돌 같이 신령한 집으로 세워지고 예수 그리스도로 말미암아 하나님이 기쁘게 받으실 신령한 제사를 드릴 거룩한 제사장이 될지니라"(벧전 2:5).
이것은 누구에 대한 말입니까? 이는 바로 그리스도의 보배로운 피로 구속함을 받은 사람들에 대하여 말한 것입니다.

르우벤은 범죄함으로 말미암아 자기의 분깃을 잃었으며 시므온과 레위도 마찬가지였습니다. 이 때문에 이들 중 어느 지파에서도 훗날 왕이 나오지 않게 되었습니다. 그리고 야곱에게는 또 한 명의 범죄한 아들이 있었습니다. 우리는 이제 그에 대한 하나님의 은혜가 어떠한 것이었는지를 보겠습니다.

유다에 대한 예언

"유다야 너는 네 형제의 찬송이 될지라 네 손이 네 원수의 목을 잡을 것이요 네 아비의 아들들이 네 앞에 절하리로다"(8절).

"네 아비의 아들들이 네 앞에 절하리로다."
이것은 장차 주 예수 그리스도께서 유다의 계열에서 오실 것이며, 따라서 모든 백성이 그 앞에 절하게 될 것이기 때문이었습니다.

> "유다는 사자 새끼로다 내 아들아 너는 움킨 것을 찢고 올라 갔도다 그의 엎드리고 웅크림이 수사자 같고 암사자 같으니 누가 그를 범할 수 있으랴"(9절).

그리고 다음 구절은 성경에서 가장 주목할 만한 예언 가운데 하나입니다.

> "홀이 유다를 떠니지 아니하며 치리자의 지팡이가 그 발 사이에서 떠나지 아니하시기를 실로가 오시기까지 미치리니 그에게 모든 백성이 복종하리로다"(10절).

"실로가 오시기까지."
여기서 『실로』는 통치자입니다.

우리는 성경에서 여자의 후손이 태어나게 될 것이라는 예언을 이미 살펴보았는데, 그것은 그리스도에 대한 최초의 예언이었읍니다. "내가 너로 여자와 원수가 되게 하고 너의 후손도 여자의 후손과 원수가 되게 하리니 여자의 후손은 네 머리를 상하게 할 것이요 너는 그의 발꿈치를 상하게 할 것이니라"(창 3:15).
여기서 "여자의 후손"은 바로 뱀의 머리를 상하게 하실 분이십니다. 그분은 장차 세상의 죄의 권세를 물리치고 승리하실 분이십니다. 이러한 첫번째 예언이 바로 창세기에서 나타났었읍니다. 그리고 그 "후손", 곧 그리스도에 대한 예언은 아브라함과 이삭과 야곱에게 다시 확증되었읍니다. 이제 여기서는 다시금 유다의 계열에서 오시게 될 것이 확증되었읍니다. 또한 『실로』란 "안식과 평강"이라는 뜻입니다. 그리스도께서는 우리에게 안식을 주시는 분이십니다. 비록 주님께서는 세상에 계시는 동안 사람들로부터 외면당하셨지만, 세상 사람들을 향하여 "수고하고 무거운 짐 진 자들아 다 내게로 오라 내가 너희를 쉬게 하리라"(마 11:28)고 말씀하셨읍니다. 『실로』는 바로 그분이십니다. 이렇게 볼 때 『실로』는 이미 오신 것입니다.

그리스도께서는 『실로』이실 뿐만 아니라 또한 장차 홀(笏)을 가지실 분이십니다. 세상을 통치하게 될 그 왕의 홀이 못자국 난 그분의 손에 쥐어질 것입니다. 우리는 본 장의 24 하반절에서 "이스라엘의 반석인 목자가 나도다"라고 기록되어 있는 것을 볼 수 있을 것입니다. 그래서 이 『실로』는 또한 목자요 반석이 되십니다. 또한 우리는 민수기 24 장 17 절에서 한 별이 야곱에게서 나올 것이라고 예언되어 있는 것을 봅니다. 그리스도의 탄생이 의미하는 모든 것을 한번 생각해 보십시오. 그분은 여자와 족장들에게 이미 약속되어진 "후손"입니다. 그리고 그분은 안식을 가져다 주실 「실로」이십니다. 또한 그분은 홀(笏)을 가지신 「왕」이십니다. 그리고 그분은 자신의 생명까지 양들을 위해 바치신 「목자」이시며, 또 언젠가는 다시 오실 「목자장」이십니다. 한편으로, 그분께서는 건축자들이 버렸으나 모퉁이의 머릿돌이 되신 「반석」이십니다. 또 그분께서는 우리들의 교회를 비추고 계시는 샛별과 같은 「별」이십니다. 그분이 오신 것은 아담으로부터 셋에 이르기까지의 계열을 통해서입니다. 그리고 그 계열은 셋으로부터 노아, 셈, 아브라함, 이삭과 야곱을 거쳐 이제 유다에게까지 내려왔읍니다. 이처럼 하나님께서는 언제나 섭리와 계획 가운데서 이러한 일을 이루고 계신다는 사실을 잊지 마십시오. 이것은 우리가 깨달아야 할 아주 중요한 진리입니다.

> "그의 나귀를 포도나무에 매며 그 암나귀 새끼를 아름다운 포도나무에 맬 것이며 또 그 옷을 포도주에 빨며 그 복장을 포도즙에 빨리로다 그 눈은 포도주로 인하여 붉겠고 그 이는 우유로 인하여 희리로다"(11,12절).

본문은 누구에 대한 예언입니까? 이는 곧 메시야, 왕, 그리고 구세주로서 나귀를 타고 예루살렘 성에 입성하실 그리스도에 대한 예언입니다.

"그 옷을 포도주에 빨며."

여기서의 포도주는 어떤 포도주입니까? 그것은 곧 피의 포도주입니다. 즉, 그분 자신의 피입니다. 그리스도께서 재림하실 그 때에도 그 옷이 붉을 것입니다. 이에 대해 "어찌하여 네 의복이 붉으며 네 옷이 포도즙 틀을 밟는 자 같으뇨"(사 63:2)라는 질문이 던져지게 될 것입니다. 하지만 이때 그분의 옷이 붉은 이유는 그분의 피 때문이 아니라 그분의 원수들의 피 때문에 붉게 될 것입니다. 이는 곧 그리스도께서 심판주로 재림하실 것에 대한 예언입니다.

이처럼 유다에 대한 예언은 성경에서 가장 주목할 만한 예언들 가운데 하나입니다.

스불론에 대한 예언

"스불론은 해변에 거하리니 그곳은 배 매는 해변이라 그 지경이 시돈까지로다"(13절).

스불론은 여기서 예언한 대로 가나안 땅의 북쪽 해변을 따라 산 지파였습니다.

잇사갈에 대한 예언

"잇사갈은 양의 우리 사이에 꿇어 앉은 건장한 나귀로다 그는 쉴 곳을 보고 좋게 여기며 토지를 보고 아름답게 여기고 어깨를 내려 짐을 메고 압제 아래서 섬기리로다"(14, 15절).

잇사갈도 또한 결국에는 가나안 땅 북쪽에 자리잡게 되었습니다. 그들은 국가의 대부분의 노동력을 제공했기에 이스라엘의 중추적인 역할을 감당했습니다. 즉, 그들은 노동자들이었습니다. 본문이 의미하는 바도 역시 그것입니다. 우리는 대다수의 국민, 즉 당신과 저와 같은 일반 서민들의 문제에 대해 많은 관심을 갖고 있습니다. 사실 우리와 같은 일반 서민은 TV에 출연할 수 있는 기회가 거의 없습니다. 대개 우리가 TV에서 볼 수 있는 사람들은 보통의 차원을 넘는 특별한 사람들입니다. 그리고 사람들은 그들에 대해서 명사(名士)로 간주하는 경향이 있습니다. 물론 그들은 어떤 분야에 대해 전문가인 것은 사실이지만 그렇다고 그들이 반드시 국가에 중추적인 역할을 하고 있는 것은 아닙니다. 사실 한 나라를 지탱하고 존속시키는 사람들은 유명 인사가 아닌 무명의 일반 대중인 것입니다. 이런 의미에서 볼 때 스불론과 잇사갈 같은 작은 지파야말로 이스라엘 민족이 약속의 땅에 들어가게 될 때 그들에게 없어서는 안 될 중요한 사람들이었읍니다.

단에 대한 예언

> "단은 이스라엘의 한 지파 같이 그 백성을 심판하리로다 단은 길의 뱀이요 첩경의 독사리로다 말굽을 물어서 그 탄 자로 뒤로 떨어지게 하리로다 여호와여 나는 주의 구원을 기다리나이다"(16-18절).

단 지파는 장차 하나님의 구원이 필요하게 되리라는 예언입니다. 왜냐하면 단은 악한 행위에 빠지게 되었기 때문입니다. 이에 대해서는 우리가 앞으로 성경을 계속 연구하면서 살펴보기로 하겠읍니다.

갓에 대한 예언

> "갓은 군대의 박격을 받으나 도리어 그 뒤를 추격하리로다"(19절).

이는 가나안 땅 북쪽에 거주하였던 또 하나의 지파였읍니다. 사실 단이 이스라엘의 최북단에 있었읍니다.

아셀과 납달리에 대한 예언

"아셀에게서 나는 식물은 기름진 것이라 그가 왕의 진수를 공궤하리로다 납달리는 놓인 암사슴이라 아름다운 소리를 발하는도다"(20, 21절).

아셀 지파가 차지한 가나안 북쪽 해안 지방은 아주 비옥했기에 그들의 식물은 왕의 식탁에 오를 정도였읍니다. 그리고 납달리 지파는 갈릴리 호수 북쪽에 있는 산지에 다소 고립되었기 때문에 암사슴처럼 다소 자유로왔다고 말할 수 있겠읍니다.

요셉에 대한 예언

"요셉은 무성한 가지 곧 샘 곁의 무성한 가지라 그 가지가 담을 넘었도다"(22절).

요셉은 가나안 땅을 떠나 애굽으로 내려갔지만, 그곳에서도 계속 하나님을 증거했읍니다. 그 후 그들의 두 아들, 에브라임과 므낫세가 할당받은 땅은 훗날 사마리아 땅이 되었읍니다. 그 사마리아 땅은 그리스도 당시에는 이방 땅으로 불리워졌읍니다. 그곳은 복음을 전하지 않으면 안 될 광대한 땅이었기에 드디어 복음이 전파되게 되었읍니다. 바로 우리 주님께서 친히 그곳에 복음을 전파하신 것입니다. 우리는 요한복음 4 장에서, 주님께서 우물가에 있던 여인을 시작으로 사마리아 사람들에게 복음을 전하시는 모습을 볼 수 있읍니다.

"활 쏘는 자가 그를 학대하며 그를 쏘며 그를 군박하였으나 요셉의 활이 도리어 견강하며 그의 팔이 힘이 있으니 야곱의 전능자의 손을 힘입음이라 그로부터 이스라엘의 반석인 목자가 나도다 네 아비의 하나님께로 말미암나니 그가 너를 도우실 것이요 전능자로 말미암나니 그가 네게 복을 주실 것이라 위로 하늘의 복과 아래로 원천의 복과 젖먹이는 복과 태의 복이리로다"(23-25절).

요셉의 두 아들인 에브라임과 므낫세는 매우 뛰어나고 중요한 지파가 되었읍니다. 이 때문에 결국 그들로 인해 왕국의 분열이 생기게 됩니다. 그들은 이처럼 매우 강대한 지파가 되었읍니다.

> "네 아비의 축복이 네 부여조의 축복보다 나아서 영원한 산이 한없음 같이 이 축복이 요셉의 머리로 돌아오며 그 형제 중 뛰어난 자의 정수리로 돌아오리로다"(26절).

야곱은 여기서 요셉과 그로부터 나올 두 지파를 자꾸 이스라엘의 하나님이시요 창조주시요 구속주가 되시는 분께 이끌려고 합니다. 왜 그랬을까요? 그것은 훗날 이 두 지파, 특히 에브라임 지파가 이스라엘을 우상 숭배로 이끌게 되기 때문입니다. 즉, 반란을 일으켜 북 이스라엘을 세워 남 유다와의 경계선에 두 개의 금송아지를 갖다놓게 한 여로보암이 바로 에브라임 지파 사람이었읍니다. 그래서 이 임종의 순간에 야곱은 그들에게 그 아비의 하나님께 돌아오라고 촉구하고 있는 것입니다.

베냐민에 대한 예언

> "베냐민은 물어 뜯는 이리라 아침에는 빼앗은 것을 먹고 저녁에는 움킨 것을 나누리로다"(27절).

베냐민 지파는 다소 과격하고 잔인한 면을 지니고 있었읍니다. 그들의 그러한 면 때문에 그들은 훗날 이스라엘의 나머지 지파와 전쟁을 하게 됩니다(삿 20 장 참조).

하지만 베냐민은 유다 지파와 인접해 거주했고 또 비슷한 점도 많았읍니다. 그래서 그들은 후에 왕국이 남북으로 분열될 때 유다 지파를 좇아 갔읍니다. 이렇게 해서 베냐민 지파만이 유일하게 다윗의 집에 거하게 되었읍니다.

야곱의 유언과 죽음

> "그가 그들에게 명하여 가로되 내가 내 열조에게로 돌아가리니 나를 헷 사람 에브론의 밭에 있는 굴에 우리 부여조와 함께 장사하라"(29절).

우리는 야곱에게 있어 죽음이 결코 그의 마지막이 아니라는 것을 압니다. 그는 이제 그의 조상들과 함께 거하게 될 것입니다. 그는 자기 몸이, 아브라함이 헷 사람으로부터 산 막벨라 굴에 장사되기를 원했읍니다. 그는 자기가 그 땅에서 부활할 때까지 그곳에서 머물게 될 것을 확신했읍니다.

> "이 굴은 가나안 땅 마므레 앞 막벨라 밭에 있는 것이라 아브라함이 헷 사람 에브론에게서 밭과 함께 사서 그 소유 매장지를 삼았으므로"(30절).

야곱은 그의 가정의 역사에 대해 아주 잘 알고 있었읍니다. 그 당시 그에게는 자기 가정에 대한 어떤 문서화된 기록은 없었을 것입니다. 그럼에도 불구하고 그는 이러한 지식을 그의 머리에 잘 기억하고 있었읍니다.

> "아브라함과 그 아내 사라가 거기 장사되었고 이삭과 그 아내 리브가도 거기 장사되었으며 나도 레아를 그곳에 장사하였노라"(31절).

야곱의 관심은 레아의 곁에 장사되는 데 있었던 것은 아니었읍니다. 그는 오직 그가 원하는 장소에서 부활하고 싶었기 때문이었읍니다. 물론 이때 그의 사랑했던 아내 라헬은 베들레헴에 묻혀 있었읍니다.

> "이 밭과 거기 있는 굴은 헷 사람에게서 산 것이니라 야곱이 아들에게 명하기를 마치고 그 발을 침상에 거두고 기운이 진하여 그 열조에게로 돌아갔더라"(32, 33절).

야곱이 마지막 순간까지 그의 발이 마룻바닥 위를 딛고 있었다는 것은 재미있는 사실입니다. 그는 인생 초기에 육신적인 것에만 사로잡혀 있었습니다. 그를 야곱, 곧 탈취자라고 부른 것은 그가 태어날 때 형의 발꿈치를 잡고 나왔기 때문입니다. 그리고 그는 자신의 이름 그대로 살았습니다. 그는 자기가 보는 것은 무엇이든지 가지고 싶어하는 욕심 많은 사람이었습니다. 이에 그는 자기가 원하는 것이라면 수단과 방법을 가리지 않고 취하였습니다. 젊었을 때 그는 오로지 자신의 힘과 능력만을 믿고 살아갔습니다. 그는 자신의 지혜와 재능만을 의지했습니다. 그는 스스로 살아갈 수 있다고 생각했기에 그에게는 하나님이 필요하지 않다고 믿었습니다. 그는 곧 오만함과 고집과 자기 주장과 호전성과 비열함과 야비함 등이 가득한 사람이었습니다.

하나님께서는 그런 야곱을 브니엘에서 치셨습니다. 하나님께서는 그를 복종하게끔 하시기 위해서 그의 환도뼈를 위골시키셨습니다. 아마도 그가 그래도 복종치 않았다면 하나님께서는 그보다 더한 목뼈를 치셨을지도 모르는 일입니다. 그 때문에 그는 평생토록 다리를 절어야 했습니다. 그래서 그는 항상 걸을 때면 지팡이를 사용할 수밖에 없었습니다. 이제 그는 그의 임종을 맞았습니다. 이때 그는 그의 지팡이를 의지해 그의 침상에 걸터앉아 있었습니다. 그가 숨을 거둘 때가 되자 그는 그의 두 다리를 침상 위에다가 올려 놓았습니다. 그리고는 그의 지팡이를 침상 아래로 내려 놓았습니다. 그는 이제 죽음을 기다리며 자리에 누웠습니다. 그는 참으로 긴 생애를 살았습니다. 그는 하나님의 약속을 의지하여 그 약속의 땅에서 다시 부활하게 될 그날을 바라보며 믿음의 임종을 맞이합니다.

"이 사람들은 다 믿음을 따라 죽었으며 약속을 받지 못하였으되 그것들을 멀리서 보고 환영하며 또 땅에서는 외국인과 나그네로라 증거하였으니"(히 11:13).

제 50 장

야곱의 장사 / 형제들의 두려움을 달래는 요셉 / 요셉의 죽음과 장사

본장은 가나안 땅에서의 야곱의 장사와 애굽에서의 요셉의 죽음과 장사에 대하여 기록하고 있읍니다. 그러므로 창세기의 마지막 장인 본 50 장은 분위기가 아주 침울합니다. 죽음이 강조되고 있는 것은 창세기의 특징 가운데 하나라고 이미 말씀드렸읍니다. 하나님께서는 아담에게 "…네가 먹는 날에는 정녕 죽으리라"(창 2:17)고 말씀하셨읍니다. 그 후 바울도 "…이와 같이 모든 사람이 죄를 지었으므로 사망이 모든 사람에게 이르렀느니라"(롬 5:12)고 기록하고 있읍니다. 창세기는 인간의 범죄와 죽음에 대한 실례(實例)들로 가득차 있읍니다. 즉, 창세기는 하나님과 에덴 동산에서의 인간의 역사로부터 시작하여 애굽에서 요셉의 죽음에 대한 내용을 끝으로 결론을 맺습니다. 또한 본 책은 인류에게 있어 죄의 기원에 대하여 자세히 설명하고 있을 뿐만 아니라 인간을 구원하시기 위하여 그 길을 예비하시는 하나님의 은총에 대하여도 자세히 기록하고 있읍니다.

야곱의 장사

"요셉이 아비 얼굴에 구푸려 울며 입맞추고"(1절).

요셉의 이같은 슬픔은 당연한 것이었읍니다. 그는 그의 아버지를 사랑했읍니다.

"그 수종 의사에게 명하여 향 재료로 아비의 몸에 넣게 하매 의사가 이스라엘에게 그대로 하되"(2절).

애굽 사람들은 시체의 부패를 방지하는 기술이 매우 뛰어났읍니다. 당신도 애굽의 미이라에 대하여 많이 들어 봤을 것입니다. 그들은 아직까지도 우리가 발견하지 못하고 있는 시체 보존 방법을 알고 있었읍니다. 이때 요셉은 그의 주치의사를 불러 자기 아버지의 시신을 그렇게 해달라고 부탁했읍니다. 사실 그들은 야곱의 시체를 미이라로 만들었읍니다. 이 때문에 저는 야곱의 미이라가 지금까지도 그가 묻혀 있는 헤브론 땅의 어느 곳에 그대로 보존되어 있을 것으로 믿습니다.

야곱은 그가 죽으면 그를 데려다가 가나안 땅의 막벨라 굴에 장사지내 줄 것을 부탁했읍니다. 그는 그가 부활할 때, 이스라엘 민족과 함께 그곳에서 부활할 것입니다. 오늘날 우리 성도들의 소망은 주님의 재림시에 모두 부활하여 새 예루살렘에 들어가는 것입니다.

"사십일이 걸렸으니 향 재료를 넣는 데는 이 날수가 걸림이며 애굽 사람들은 칠십 일 동안 그를 위하여 곡하였더라"(3절).

의사가 야곱의 시신을 방부하는 데만 꼭 40 일이 걸렸읍니다. 거기에는 분명히 필요한 여러 가지 절차가 있었을 것입니다. 그리고 본문에 보니까 애굽 사람들조차 그를 위하여 곡하였다고 했읍니다. 저는 이것이 형식적인 울음이 아니었을 것으로 생각합니다. 왜냐하면 요셉은 당시 애굽에서 아주 고상하고 인격적인 사람으로서 많은 사람들에게 큰 영향을 끼쳤을 것이기에, 야곱은 그러한 요셉의 부친으로서 매우 존경을 받았을 것이기 때문입니다. 그리고 요셉은 그들의 구세주였지만 그의 아버지인 야곱 또한 하나님의 위대한 종으로서 또 성인(聖人)으로서 애굽에서 남은 그의 여생을 보냈기에 그들은 그러한 야곱에게 아마도 적지 않은 감화를 받았을 것입니다.

> "곡하는 기한이 지나매 요셉이 바로의 궁에 말하여 가로되 내가 너희에게 은혜를 입었으면 청컨대 바로의 귀에 고하기를 우리 아버지가 나로 맹세하게 하여 이르되 내가 죽거든 가나안 땅에 내가 파서 둔 묘실에 나를 장사하라 하였나니 나로 올라가서 아버지를 장사하게 하소서 내가 다시 오리이다 하라 하였더니 바로가 가로되 그가 네게 시킨 맹세대로 올라가서 네 아비를 장사하라 요셉이 자기 아비를 장사하러 올라가니 바로의 모든 신하와 바로 궁의 장로들과 애굽 땅의 모든 장로와"(4-7절).

이로 보아 우리는 요셉이 애굽 땅에서 대단한 존경과 총애를 받았다는 것을 알 수 있습니다. 이것은 아마도 세계 역사상 가장 긴 장례 행렬이었을 것입니다. 그것은 애굽에서 가나안 땅 헤브론까지 가는 긴 행렬이었습니다.

> "요셉의 온 집과 그 형제들과 그 아비의 집이 그와 함께 올라가고 그들의 어린 아이들과 양떼와 소떼만 고센 땅에 남겼으며"(8절).

본문의 내용으로 짐작하건대 바로가 요셉으로 하여금 다시 돌아오게 하기 위하여, 어린 아이들과 양떼와 소떼를 담보물로 두고 떠나라고 하였을지도 모릅니다. 바로는 요셉이 계속 필요하였기 때문에, 그와 헤어지는 것을 원하지 않았습니다.

> "병거와 기병이 요셉을 따라 올라가니 그 떼가 심히 컸더라 그들이 요단강 건너편 아닷 타작마당에 이르러 거기서 크게 호곡하고 애통하며 요

셉이 아비를 위하여 칠일 동안 애곡하였더니 땅 거민 가나안 백성들이 아닷 마당의 애통을 보고 가로되 이는 애굽 사람의 큰 애통이라 하였으므로 그 땅 이름을 아벨미스라임이라 하였으니 곧 요단 강 건너편이더라 야곱의 아들들이 부명을 좇아 행하여 그를 가나안 땅으로 메어다가 마므레 앞 막벨라 밭 굴에 장사하였으니 이는 아브라함이 헷 족속 에브론에게 밭과 함께 사서 소유 매장지를 삼은 곳이더라"(9-13절).

당신은 혹시라도 야곱이 왜 북쪽으로 약 31 ㎞ 정도밖에 떨어져 있지 않은 그의 사랑하는 아내 라헬이 묻혀 있는 베들레헴에 묻히기를 원하지 않았는지 궁금하게 생각할지 모르겠습니다. 저는 여기에 그 이유가 기록되어 있다고 생각합니다. 야곱이 묻히게 된 이 굴은 아브라함이 헷 족속 에브론에게서 산 것입니다. 이에 야곱은 이곳에서 그의 조상들과 함께 묻히기를 소원했던 것입니다. 그들은 모두가 똑같은 부활의 소망을 가지고 있었습니다.

형제들의 두려움을 달래는 요셉

"요셉이 아비를 장사한 후에 자기 형제와 호상꾼과 함께 애굽으로 돌아왔더라 요셉의 형제들이 그 아비가 죽었음을 보고 말하되 요셉이 혹시 우리를 미워하여 우리가 그에게 행한 모든 악을 다 갚지나 아니할까 하고 요셉에게 말을 전하여 가로되 당신의 아버지가 돌아가시기 전에 명하여 이르시기를 너희는 이같이 요셉에게 이르라 네 형들이 네게 악을 행하였을지라도 이제 바라건대 그 허물과 죄를 용서하라 하셨다 하라 하셨나니 당신의 아버지의 하나님의 종들의 죄를 이제 용서하소서 하매 요셉이 그 말을 들을 때에 울었더라"(14-17절).

요셉의 형제들은 아마도 야곱이 죽기 전에 그를 찾아갔을 것입니다. 그래서 그가 죽고 나면 자신들이 과거에 행한 악한 일로 인해 어떤 일을 당할까봐 두렵다고 말했을 것입니다. 그들은 자기 아버지가 죽기만 하면 요셉이 그들에게 악한 감정을 품고 복수할 것으로 생각했던 것입니다. 따라서 야곱은 요셉에게 부탁할 당부의 말을 그들에게 주었으며, 이 때문에 그는 요셉이 형들을 학대하거나 죽이지 않으리라고 확신했읍니다. 요셉은 형들이 야곱의 전언(傳言)을 가지고 그에게 왔을 때 그로 인해 울음을 터뜨렸읍니다. 이때 그들은 자신들의 과거 죄를 뉘우치고 있읍니다.

"그 형들이 또 친히 와서 요셉의 앞에 엎드려 가로되 우리는 당신의 종이니이다"(18절).

당신이 보다시피, 그의 형들이 그 앞에서 꿇어 절하게 되리라던 요셉의 꿈이 다시금 실현되고 있읍니다.

"요셉이 그들에게 이르되 두려워 마소서 내가 하나님을 대신하리이까"(19절).

요셉은 모든 일에 있어 하나님께 영광을 돌렸읍니다.

다음은 우리가 주목할 만한 뛰어난 성구입니다.

"당신들은 나를 해하려 하였으나 하나님은 그것을 선으로 바꾸사 오늘과 같이 만민의 생명을 구원하게 하시려 하셨나니"(20절).

하나님께서는 당신과 제가 알지 못하는 먼 장래의 계획을 가지고 계십니다. 사실 우리는 우리의 코 앞에 닥친 일도 모릅니다. 그러기에 우리는 우리에게 닥친 일에 대해 "왜 하나님께서는 이런 일을 내게 일어나게 하셨는가"하고 묻게 되는 것입니다. 하지만 우리는 하나님께서는 언제나 우리를 위하여 유익한 목적만을 갖고 계시다는 것을 기억하여야 하겠읍니다. 그분께서는 당신의 인생 가운데 유익하지 않은 일이라면 결코 허락하지 않으십니다.

그러면 이제 요셉의 말을 들어 보십시오.

"당신들은 두려워 마소서 내가 당신들과 당신들의 자녀를 기르리이다 하고 그들을 간곡한 말로 위로하였더라 요셉이 그 아비의 가족과 함께 애굽에 거하여 일백십세를 살며 에브라임의 자손 삼대를 보았으며 므낫세의 아들 마길의 아들들도 요셉의 슬하에서 양육되었더라"(21-23절).

본문의 말씀으로 보아 당시 요셉은 그곳에서 110세까지 살면서 고조 할아버지가 되었습니다.

요셉의 죽음과 장사

"요셉이 그 형제에게 이르되 나는 죽으나 하나님이 너희를 권고하시고 너희를 이 땅에서 인도하여 내사 아브라함과 이삭과 야곱에게 맹세하신 땅에 이르게 하시리라 하고 요셉이 또 이스라엘 자손에게 맹세시켜 이르기를 하나님이 정녕 너희를 권고하시리니 너희는 여기서 내 해골을 메고 올라가겠다 하라 하였더라 요셉이 일백십세에 죽으매 그들이 그의 몸에 향 재료를 넣고 애굽에서 입관하였더라"(24-26절).

이로써 창세기는 마쳤읍니다. 창세기는 하나님의 천지 창조에 대한 이야기로 시작하여 요셉이 애굽에서 입관되는 내용으로 그 막을 내립니다. 인류에게 무슨 일이 일어났읍니까? 죄가 하나님의 창조 세계에 들어왔읍니다.

요셉은 이때 왜 가나안 땅으로 가지 않고 이곳에 장사되었을까요? 저는 그 이유를 요셉이 그 당시 애굽의 영웅이었기에 그 가족들이 그의 시신을 가지고 밖으로 나가는 것이 허락되지 않았기 때문이라고 생각합니다. 그는 아마도 애굽인들이 존경하는 훌륭한 애국자 가운데 한 사람이었을 것입니다. 그들의 관습으로 봐서 그들은 아마도 그의 묘에 기념비도 세웠을 것입니다.

그러나 요셉은 그 자손들에게 "너희는 가나안으로 돌아갈 때 여기에서 내 뼈들을 가지고 가라"고 유언했읍니다. 우리는 야곱이 하나님께서 가나안 땅을 그들에게 영원한 기업으로 주시리라고 확신한 것과 똑같은 소망을 요셉에게서도 발견합니다. 따라서 그들은 모두 약속의 땅에서 그들이 부활하기를 원했읍니다. 이처럼 요셉은, 하나님께서 땅 위에 있는 당신의 백성들을 세워 약속의 땅을 유업으로 주시리라고 믿었읍니다.

히브리서 기자는 이러한 것을 요셉의 인생에 있어 가장 훌륭한 믿음의 행동으로 언급하고 있읍니다.

"믿음으로 요셉은 임종시에 이스라엘 자손들의 떠날 것을 말하고 또 자기 해골을 위하여 명하였으며"(히 11:22).

우리는 출애굽기 13 장에서 하나님께서 요셉을 얼마나 높이셨고 또 그의 요구를 얼마나 들어주셨는지를 볼 수 있을 것입니다. 모세와 이스라엘 자손들은 요셉의 그 유언을 잊지 않고 애굽을 떠날 때 요셉의 유골을 가지고 나왔읍니다.

망망한 바다 한가운데서 배 한 척이 침몰하게 되었습니다.
모두들 구명보트에 옮겨탔지만 한 사람이 보이지 않았습니다.
절박한 표정으로 안절부절 못하던 성난 무리 앞에
급히 달려나온 그 선원이
꼭 쥐고 있던 손바닥을 펴 보이며 말했습니다.
"모두들 나침반을 잊고 나왔기에…"
분명, 나침반이 없었다면 그들은 끝없이 바다 위를
표류할 수 밖에 없을 것입니다.

삶의 바다를 항해하는 모든 이들을 위하여
우리는 그 나침반의 역할을 하고 싶습니다.
우리를 구원하신 아름다운 주님을
21세기 문명의 이기를 통하여
널리 전하고 싶습니다.

우리 나침반 가족은
구원의 복음과 진리의 말씀을 전하며
당신의 믿음 성장과 삶을, 가정을, 증거를,
그리고 당신의 세계를 돕고 싶습니다.

그리스도 안에서
우리는 당신을 진실로 사랑합니다.

"하나님은 모든 사람이 구원을 받으며
진리를 아는데 이르기를 원하시느니라."
(디모데전서2장 4절)

"목사님! 고등부 학생들과 부모들에게 선물로 좋아요!"

주일성수도 잘하고 / 입시준비도 잘해서 서울대에 입학한 14명의 신앙과 공부비법!

고딩, 화이팅!

신국판 / 208페이지

「고2 학생이랑 이야기를 나눴는데, "성적이 안돼서 포기했어요, 안 돼요" 라고 하더군요. 왜 포기합니까? 시간 많습니다. 고2라면 아직도 1년 이상 남았습니다. 1년 이상이 짧은 기간 절대 아닙니다.」 – 강태화

「저는 서울대학교는 커녕 서울안에 있는 대학도 못 올 실력이었는데, 하나님이 채워주셨어요. 고3때 내신은 1.5등급 나와서 됐는데, 수능이 전부다 3등급인거에요. 그래도 기도하고 준비하고 또 열심히 하세요. 저는 세 개의 대학을 넣었는데 다 돼서 골라서 갈 수 있는 입장이었어요. 엄마도 깜짝 놀라면서 하나님께 감사했어요.」 – 김태형

교회를 빠지는 고3들에게 한마디

「교회에서 예배 드리는 대신 좀 더 쉴 수도 있고 공부 할 수도 있지만, 우리가 믿고 있는 분이 누구시고, 정말 하나님이 전지전능하시고 우리와 함께 하시는 분 이라는 걸 믿고 있다면 그분을 예배하는 일이 결코 쓸모없는 시간이 아니라고 생각해요.」 – 이승호

「고3때 공부냐 신앙이냐의 양갈래로 갈등하는데 저희 목사님이 항상 하시는 말씀이 한손엔 성경, 한손엔 교과서 였어요. 하나만 치우치는게 아니고 충분히 양쪽을 균형있게 할 수 있다고 생각합니다.」 – 이영범

고3 부모님들께

「자녀가 교회 간다고 해서 공부에 방해되는게 아니고 절대로 절대로 시간을 뺏기는게 아니라는 생각을 하셨으면 좋겠어요. 고3때 교회를 감으로 더 마음에 중심이 잡히고 의지가 잡히고 또 힘을 얻을 수 있다면 오히려 교회를 가야 되는게 맞다고 생각해요. 예배참석 안하고 공부한다고 해도 마음이 부담이 돼 더 능률이 오르지 않아요.」 – 정혜승

힘들었던 점과 극복했던 방법은?

「(하나님의 방법으로 하나님을 의지해야지) 자기의 방법으로 하면 아이가 더 공부를 잘 할 것이라는 생각 때문에 주일날 교회를 안보내고 공부를 시키더라도 실패 할 수 밖에 없어요. 제 사례가 말해주듯이요.」 – 김영완

「비전에 대한 생각을 많이 했어요. 제가 제 공부하는 거지만 '이건 정말로 하나님을 위한 것이다' 라는 생각이 있었어요. '나는 하나님을 위해서 이렇게 공부하니까 하나님이 당연히 붙게 해주시겠지' 라는 마음을 갖고 있었죠.」

- 한손엔 성경 / 한손엔 교과서를!
- 교회생활 – 입시준비 다 잘 할 수 있습니다!
- 내게 딱 맞는 공부법을 찾을 수 있습니다!
- 목회자, 교사에게 생동감 넘치는 예화 제공!

WITH HIM 위드힘 북5

난세의 서바이벌 스토리!

완숙한 인생김치로 태어난 한 인생의 최고역전 드라마!

신간베스트

인생의 벼랑 끝에서도 주님 안에서 희망을 놓지 않으면 살아남을 수 있다!

인터넷에 끊임없이 올라오는 감동서평!!

하나님의 때를 생각하며 인생의 키를 주님께 맡기고자 하는 이들에게 강력 추천한다! – 송이맘

많은 인생의 좌절속에서도 신앙이라는 끈을 놓치지 않는 저자의 모습이 실로 존경스럽다. – 주honey

저자는 좌절을 하나님께서 진실한 믿음을 위해 주신 시련으로 겸허하게 받아들이며 이를 주님의 사랑의 선물로 인식하고 다시일어서는 법을 일깨워 주었다고 고백한다. – 소금인형

심동철 지음

심동철

칼럼리스트
인기 초청강사(단체모임, 세미나 등)
춘천옥할매김치 CEO

■ 강연신청문의

전화 : 017-229-6044
이메일 : goldizzim@naver.com

위드힘 북1
하나님이 하셨어요!
정경주 지음 | 352쪽 | 신국판

그가 체험한 모든 일들은 하나같이 사람이 했다고는 믿을 수 없는 신비의 연속이다. 이 책은 기도할 때마다 나타나는 하나님의 놀라운 역사들을 증거하고 있다.!

위드힘 북2
하나님이 키우셨어요
이은성 지음 | 400쪽 | 신국판

전재산 280불로 시작한 어렵고 힘든 미국생활의시련속에서도 목사, 사업가, 작곡가, 가수, 모델로 자랑스럽게 커준 다섯 아들과의 사랑이야기!

위드힘 북3
하라면 하겠습니다 주님!
김종필 지음 | 272쪽 | 신국판

성령의 강한 이끌림에 순종하는 삶!
지난해 말부터 미국에 알려지기 시작한
'불' 의 설교자 김종필 선교사의 감동실화!

위드힘 북4
절대로 포기하지 마십시오
김진상 지음 | 272쪽 | 신국판

꿈을 포기할 수밖에 없었던 가난한 환경에서도 포기하지 않고 유학길에 올라 끝까지 하나님만 바라보며 도전해 꿈을 이룬 이야기!

매기 성경본문 주석 강해서
창세기 26-50장

2010년 3월 1일 재발행

지은이 J.V. 매기
옮긴이 송용필
발행인 김용호
발행처 나침반출판사
등 록 1980년 3월 18일 / 제 2-32호
주 소 110-616 서울 광화문 사서함 1641호
전 화 본사 (02)2279-6321~3 영업부 (031)932-3205
팩 스 본사 (02)2275-6003 영업부 (031)932-3207

www.nabook.net
nabook@korea.com
nabook@nabook.net

ISBN 978-89-318-1412-5 03230
책번호 라-1302

· 값은 뒷표지에 있습니다.
· 잘못 만들어진 책은 구입처나 본사에서 바꿔드립니다.